G 18282

Paris
1834

Alletz, Edouard

Tableau de l'histoire générale de l'Europe depuis 1814 jusqu'en 1830

Tome 1

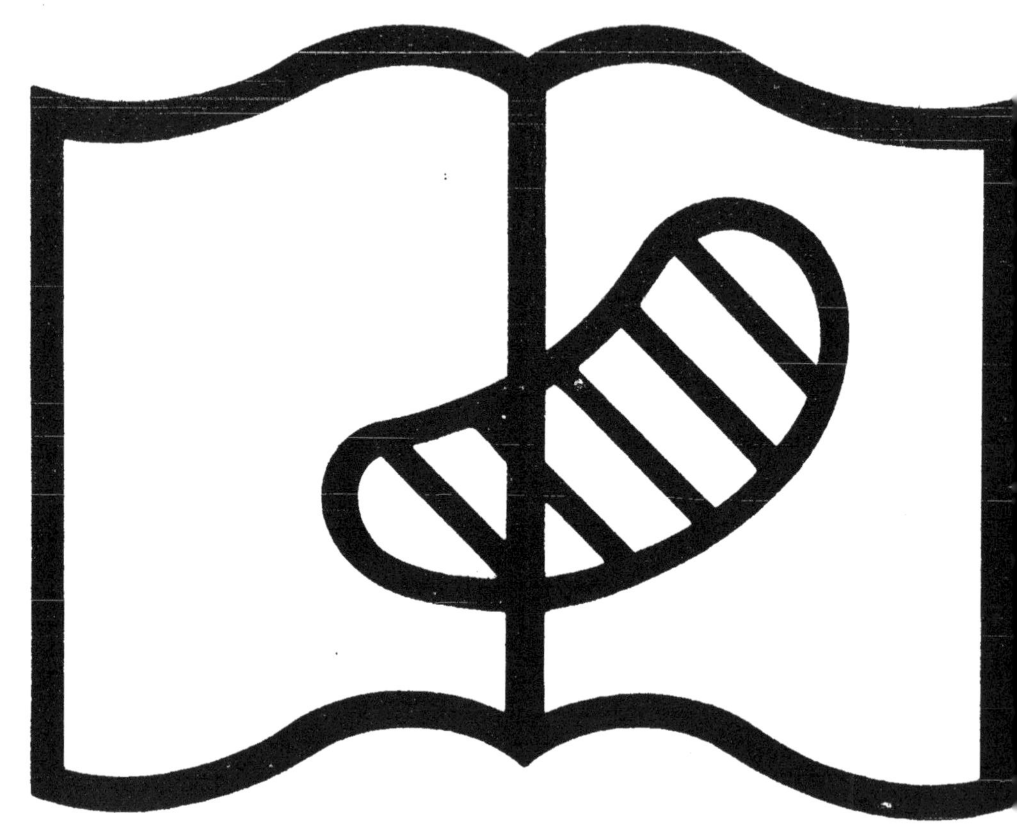

Symbole applicable
pour tout, ou partie
des documents microfilmés

Original illisible

NF Z 43-120-10

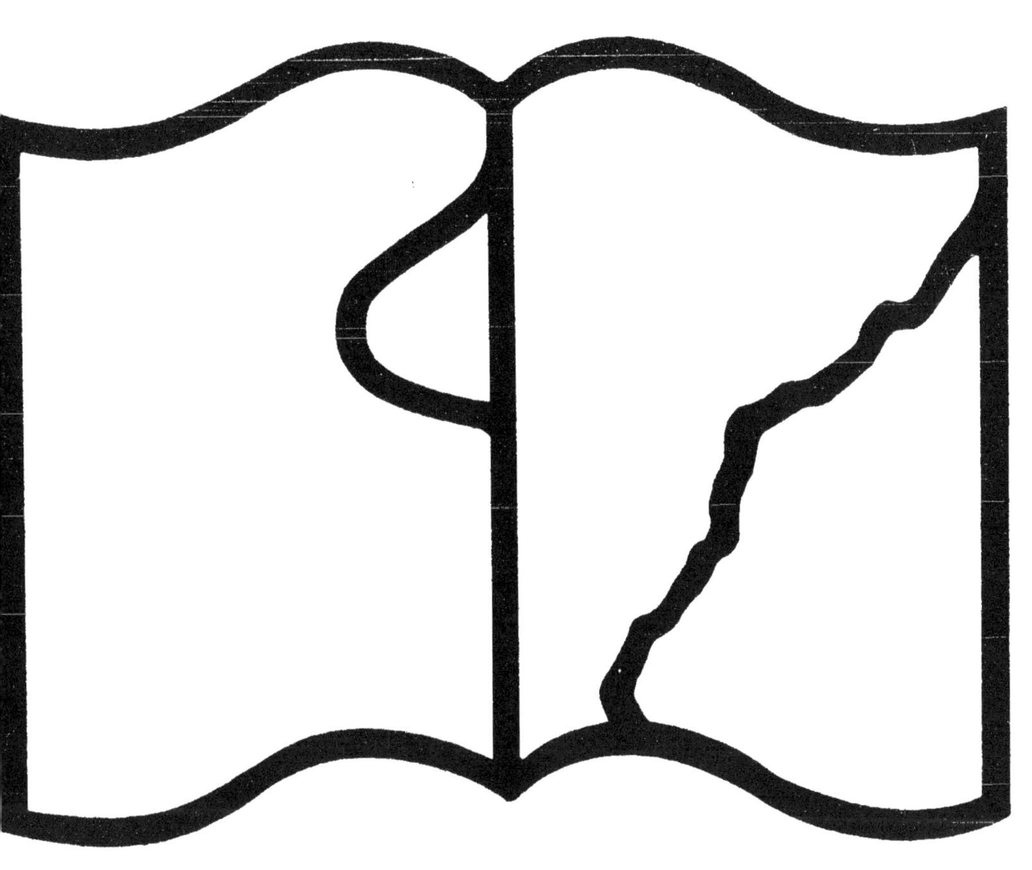

Symbole applicable
pour tout, ou partie
des documents microfilmés

Texte détérioré — reliure défectueuse

NF Z 43-120-11

G

8282

TABLEAU

DE L'HISTOIRE GÉNÉRALE

DE

L'EUROPE.

IMPRIMERIE DE MADAME VEUVE POUSSIN,
RUE DE L'HÔTEL MIGNON, 2, P. A. G.

TABLEAU

DE L'HISTOIRE GÉNÉRALE

DE

L'EUROPE,

DEPUIS 1814 JUSQU'EN 1830.

« On y verra l'enchaînement des affaires humaines ;
et par-là ou connaîtra avec combien de réflexion et
de prévoyance elles doivent être gouvernées. »

BOSSUET. *Discours sur l'Hist. univ.*

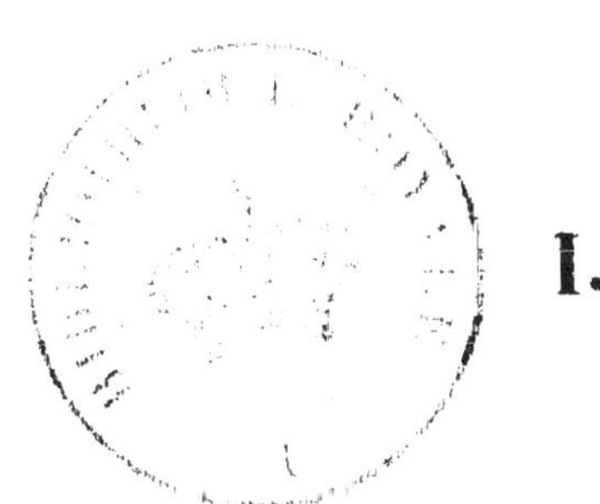

I.

PARIS,

CH. VIMONT, ÉDITEUR-LIBRAIRE,

RUE RICHELIEU, 27.

REY ET GRAVIER,　　TREUTTEL ET WURTZ,
QUAI DES AUGUSTINS, 45.　　RUE DE LILLE.

1834.

AVANT-PROPOS.

On ne trouvera pas dans cet ouvrage les choses secrètes de l'histoire contemporaine. Si je les savais, je serais probablement dans une position à ne pas les dire, et si je les ignore, je ne me vanterai point de les avoir révélées Cet ouvrage est tout simplement un résumé des faits notoires, et une analyse des documens publics. Qu'on juge donc ce livre par ce que j'ai voulu y mettre, et non par ce qu'on désire y trouver.

Il n'est pas bien sûr d'ailleurs que toute la vérité ne soit pas révélée au bout d'un certain temps; car la durée des secrets de la haute politique est bien courte de nos jours. Quelques mois, et les voiles se déchirent; la parole retentit à la tribune, les justifications surviennent, l'intérêt de se taire s'évanouit, et tout ce qu'il y avait encore d'obscur et d'incertain dans les faits se laisse recueillir par l'historien qui attendait le moment de rassembler en un foyer unique toutes les étincelles de cette vérité manifestée en divers lieux, à plusieurs époques, sous un grand nombre de formes.

On ne rencontrera ici ni dissertations, ni portraits, ni parallèles, ni descriptions, mais des matériaux pour le jugement, les actes des cabinets, les opérations de la guerre, les stipulations des traités. On a fait l'histoire philosophique, conjecturale, biographique, pittoresque; j'écris celle des affaires.

J'ai cet avantage, en me bornant à présenter tous les faits, que ceux-ci permettent au lecteur le moins profond d'en tirer quelques réflexions; tandis que si je raisonnais sans raconter, il serait impossible au plus ingénieux des lecteurs de deviner avec exactitude aucun des événemens supprimés, et que si je raisonnais et racontais à la fois, je serais exposé à me contredire ou à me répéter.

Ce n'est pas que je ne joigne une certaine opinion à l'exposé de chaque fait capital; mais je la tire du jugement porté aujourd'hui par la majorité du public sur cet événement; de sorte que, même en jugeant, je fais encore l'office d'historien.

Peut-être n'y a-t-il pas d'autre moyen d'être équitable et de le paraître, en traçant le tableau des révolutions contemporaines?

J'en suis fâché pour les hommes qui adorent une vérité, telle que la fait la passion ou l'esprit de parti. Ils m'accuseront d'avoir altéré l'image qu'ils encensent; mais ma devise dans cette histoire, est celle que j'ai prise pour ma vie : *vera pro gratis loqui.*

Trop souvent les historiens font de leur opinion même un des événemens de leur récit. Il leur arrive alors de mêler si bien leurs pensées à celles de leurs personnages, qu'on ne sait plus s'ils racontent ou s'ils dissertent; si le héros qui parle est celui du livre, ou l'auteur.

Je n'écris pas cette histoire pour donner aux hommes ma passion ou prendre la leur; mais afin de retrouver ce qui a été, et de laisser à chaque conscience le soin de s'éclairer soi-même.

Dans un résumé historique, le point essentiel est de présenter en relief les objets qui méritent le plus d'attirer l'attention. La clarté est due à cette proportion qui fait qu'en donnant telle étendue à un événement, on annonce par-là son degré d'importance. J'ai tâché de me conformer à ce principe, en réglant la distribution de l'espace, moins par le temps qu'ont duré les choses, que par leur grandeur.

Je me suis fait un devoir de citer les sources auxquelles j'ai puisé mes informations, afin de mettre le lecteur à portée de juger si j'ai pris la meilleure voie pour arriver à la connaissance.

Chaque événement, chaque action, chaque document a son trait particulier. L'art d'indiquer ce linéament fait l'exactitude et la concision. C'est en m'appliquant à faire saillir ce qui fait différer chaque chose de toutes les autres de la même nature, que j'ai cherché la couleur et la vérité.

Tout tend, dans le monde physique et intellectuel, à abréger le temps et l'espace. J'entre donc dans l'inclination du siècle, en essayant de faire passer, en quelques heures, sous les yeux de mes lecteurs, l'histoire générale de seize années, et en visant à resserrer dans ces pages ce qui seulement eût mérité un souvenir, après une lecture de plus de cent ouvrages.

Je pense que ce livre comble une lacune : je le crois donc utile, au moins parce qu'il vient le premier.

J'ai suivi l'ordre chronologique dans la reproduction des événemens, de manière à présenter simultanément tous les faits survenus à la même époque, dans les différentes contrées de l'Europe. Ainsi le spectacle de la terre se déroule sous les yeux du lecteur : il voit, d'un coup d'œil, ce qui se passe à la fois sur chaque point du monde.

C'est l'ordre même de la réalité que j'ai fait renaître. Cette réalité a en elle une vie et un intérêt qu'on se hasarde à lui ravir, en cherchant à classer les événemens, autrement que par les dates de leur naissance. Il est d'ailleurs une logique cachée sous l'apparent désordre des accidens de la fortune. Qu'on sache l'apercevoir ou non, on est sûr de la conserver, en ne substituant pas le plan de sa raison personnelle à celui de cette sagesse mystérieuse qui règle les destinées des empires.

J'ai divisé cette histoire générale en neuf époques principales, désignées comme il suit :

Renversement de Napoléon, ou restauration de la famille des Bourbons.

Congrès de Vienne, ou interrègne des Cent-Jours.

Congrès d'Aix-la-Chapelle, ou évacuation du territoire français.

Congrès de Troppau et de Laybach, ou révolutions espagnole, napolitaine, portugaise, brésilienne, piémontaise et grecque.

Congrès de Vérone , ou guerre entre la France et l'Espagne.

Séparation entre le Brésil et le Portugal.

Congrès de Panama, ou affranchissement de l'Amérique espagnole.

Guerre entre la Russie et la Porte, ou indépendance de la Grèce.

Révolution française de 1830.

En divisant ce résumé en neuf *stations*, j'avais présente à l'esprit cette page ingénieuse de Bossuet :

« Voir ce qui regarde ces choses renfermées dans un abrégé, et en découvrir, par ce moyen, tout l'ordre et toute la suite, c'est comprendre dans sa pensée tout ce qu'il y a de grand parmi les hommes, et tenir, pour ainsi dire, le fil de toutes les affaires de l'univers :

« Comme donc, en considérant une carte universelle, vous sortez du pays où vous êtes né et du lieu qui vous renferme, pour parcourir toute la terre habitable, que vous embrassez par la pensée avec toutes ses mers et tous ses pays; ainsi, en considérant l'abrégé chronologique, vous

sortez des bornes étroites de votre âge, et
vous vous étendez dans tous les siècles.

« Mais de même que pour aider sa mémoire dans la connaissance des lieux, on
retient certaines villes principales, autour
desquelles on place les autres, chacune selon sa distance; ainsi, dans l'ordre des
siècles, il faut avoir certains temps mar-
qués par quelque grand événement auquel
on rapporte tout le reste. » (*Disc. sur
l'Hist. univ. —* Avant-Propos).

Il me reste à conjurer l'auguste Vérité,
la vraie muse de l'histoire, de me pardonner mes torts et mes infidélités, certain
que si j'ai offensé ses droits, c'est par er-
reur ou par ignorance, mais jamais par
malice.

Paris, le 15 janvier 1834.

PREMIÈRE ÉPOQUE.

RENVERSEMENT DE NAPOLÉON

DE LA FAMILLE DES BOURBONS.

Les armées des puissances coalisées passent le Rhin. — Marche de leurs colonnes. — Alliance de J. Murat avec l'Autriche. — Accession du Danemarck à la coalition. — Cession de la Norwège à la Suède.—Congrès de Châtillon.—Départ de Napoléon pour l'armée. —Campagne de 1814. — Entrée de Murat dans Rome. — Le pape obtient sa liberté et quitte Fontainebleau pour se rendre en Italie. — Les Norwégiens prennent les armes contre la Suède. — Napoléon laisse échapper l'occasion d'obtenir la paix. — Arrivée du comte d'Artois à Vesoul. — Le prince Eugène Beauharnais tient tête aux Autrichiens en Italie. — Retraite du maréchal Soult sur Toulouse. — Le duc d'Angoulême paraît dans Bordeaux. — Marche audacieuse du maréchal Blücher. — Dissolution du congrès de Châtillon. — Traité d'alliance défensive conclu à Chaumont entre la Russie, l'Autriche, la Prusse et l'Angleterre. — Ferdinand VII, roi d'Espagne, obtient sa liberté. — Funeste manœuvre de Napoléon sur Saint-Dizier. — Combat sous les murs de Paris. — Capitulation des maréchaux Mortier et Marmont. — Entrée des souve-

rains coalisés dans la capitale. — Abdication de l'Empereur en faveur de son fils. — Défection du maréchal Marmont. — Constitution décrétée par le sénat-conservateur. — Renonciation de l'Empereur à la couronne pour sa personne et sa famille. — Belle
retraite du maréchal Soult. — Traité qui confère à Napoléon la
souveraineté de l'île d'Elbe. — Entrée du comte d'Artois dans
Paris. — Prise de Gênes par lord Bentink. — Départ de Napoléon pour l'île d'Elbe. — Abdication d'Eugène Beauharnais,
vice-roi d'Italie. — Déclaration faite par Louis XVIII à Saint-
Ouen. — Son entrée dans la capitale. — Ferdinand VII prononce
la dissolution des Cortès et abolit la constitution de 1812. — Entrée du souverain pontife dans Rome. — Louis XVIII compose
son ministère. — Traité de Paris du 30 mai 1814. — Louis XVIII
octroie une charte à ses sujets. — Traité entre la France et l'Espagne. — Victoire remportée dans l'Amérique du Sud, par un
général espagnol sur les Vénézuéliens, commandés par Bolivar. —
Guerre entre la Norwège et la Suède. — Guerre entre l'Angleterre
et les Etats-Unis. — Prise et dévastation de la ville de Washington par les Anglais. — La Norwège passe sous la domination de la
Suède.

Pour résister à la coalition formée en 1792,
chaque Français était devenu soldat; l'ivresse de
la liberté, le transport que donnaient à toutes les
âmes les passions déchaînées, je ne sais quel mépris de la mort venu des souffrances endurées pendant l'anarchie, et peut-être de l'habitude de voir
le sang couler sur tant d'échafauds, tout conspi-
rait à l'intrépidité de nos armées, rendait la
France égale à plusieurs nations conjurées, et
préparait l'asservissement du monde. Les puissances européennes reculèrent : cette horreur

du repos qui suit toute grande révolution nous enflammait de l'ardeur des conquêtes ; nous traversâmes en vainqueur une partie du monde ; et ce progrès de nos armes qui se soutint quinze années, se continua jusque dans la capitale de l'empire russe. Alors notre fortune était épuisée ; les puissances coalisées s'émurent, et se soulevèrent pour regagner les royaumes perdus ; les batailles de Dresde et de Leipsick affranchirent l'Allemagne, la Hollande, les Pays-Bas, la péninsule italienne. La monarchie de Napoléon se détachait pièce par pièce ; les trônes qu'il avait élevés dans sa course tombaient l'un sur l'autre ; celui de ses lieutenans, à qui il avait mis sur le front la belle couronne de Naples, abandonnait le soin de notre querelle, qui lui paraissait injuste depuis qu'elle était devenue malheureuse ; et bientôt il ne devait plus rester à la France aucune possession hors de ses limites naturelles.

Ce fut un grand jour que celui où cent cinquante mille de ses ennemis passèrent le Rhin (20 décembre 1813), escortés par les souvenirs de leurs défaites passées, de leurs villes prises, de leur fierté humiliée, et par les espérances d'une prochaine vengeance. Ils proclamèrent leur intention de maintenir l'ordre, d'observer la discipline, de faire une équitable distinction entre la nation française et son gouvernement; ils appelaient à leur aide toutes les idées de justice, d'indépendance, de repos et de bonheur auxquelles s'opposait l'esprit ambitieux de Buonaparte; ils s'annonçaient comme les restaurateurs de la paix, les amis du commerce, les vengeurs de la civilisation mourante. Mais il était malaisé à une nation naguère toute conquérante, de regarder ceux qu'elle avait si long-temps abaissés comme ses libérateurs, et d'appeler du nom de liberté le déshonneur de l'invasion.

Cependant les confédérés avaient à cœur de se laver du reproche fait à leur temporisation. Le vieux feld-maréchal Blücher, cet infatigable et rude général de l'armée prussienne, lui à qui sa haine pour Napoléon tint lieu de génie, précipitait la marche de son corps divisé en trois colonnes. Le général Saint-Priest s'emparait de Coblentz; les généraux Langeron et d'Yorck effectuaient leur passage à Caub, et prenaient Bingen; et le général Sacken, passant le Rhin à Manheim, nous y forçait dans nos retranchemens. Une autre armée de cinquante mille hommes envahissait le Brabant, pour convenir avec des troupes anglaises dont l'arrivée tardait encore. Mais si les hommes de la Grande-Bretagne se montraient là les derniers, ses intarissables subsides les avaient devancés sur le champ de bataille. Cette nation marchande escomptait depuis long-temps les profits de la victoire : dans les calculs de son invincible patience, elle n'avait pas craint de hasarder son crédit pour détruire une puissance qui en voulait à son commerce. Déja le Béarn, l'Alsace, la Franche-Comté, ces provinces où commençait la France, étaient envahies; mais on ne voyait pas l'action de Napoléon; tranquille dans Paris, il ne remuait pas encore, soit qu'il voulût autour de lui raffermir les courages par les apparences de la tranquillité de son esprit, soit qu'il lui en coûtât de s'absenter, dans une affaire si imminente, du siége de son empire, et de laisser à elle-même une ville où les dispositions étaient douteuses et dont l'exemple a toujours fait la loi au reste du royaume; soit enfin qu'il eût besoin de se calmer avant d'agir, afin de préparer sa volonté dans le fond de son âme. Toutefois les cosaques avaient paru (janvier 1814) jusque sous les murs de Nancy. Le maréchal Victor avait reçu l'ordre d'arrêter les Bavarois en Alsace; mais il s'était vu forcé d'évacuer cette province et de se replier en Lorraine, d'où, après une action opiniâtre, il fut rejeté sur Lunéville. Le maréchal Marmont ne réussit pas mieux à contenir Blücher et ses Prussiens forts de leur nombre et de leur bel équipement. Harassé sur ses flancs par le comte Sacken qui occupait Worms, Spire et les Deux-Ponts, et par le général d'Yorck qui tenait Trèves et Sarrelouis, il fit sa retraite, et prit position derrière la Sarre qui le protégea de ses eaux.

Le roi de Naples, Joachim Murat, consomme sa défection par une alliance avec l'Autriche, qui s'engage à lui garantir la possession de ses États (11 janvier 1814).

Bernadotte, prince royal de Suède, force le Danemarck par la guerre, à s'unir à la coalition formée pour renverser Napoléon, et en même temps à signer un traité par lequel la Norwège est cédée à la Suède qui, en échange, abandonne au Danemarck la Poméranie suédoise (14 janvier 1814).

Au bout d'un siége qui avait duré cinq mois, les Prussiens prirent d'assaut la place de Wittenberg, si long-temps défendue par le courage du général Lapoype et par le feu de quatre-vingt-seize canons. Ensuite, les places de Custrin et de Glogau capitulèrent, non sans quelque honneur.

Après avoir établi quatre gouvernemens généraux pour l'administration des provinces conquises depuis le commencement de cette année, les coalisés continuaient leur marche vers le cœur de l'empire français. Napoléon était encore à Paris. Le maréchal Mortier fut repoussé dans Chaumont, le maréchal Macdonald sur Namur, Victor dans Commercy, et Marmont sur Verdun. Les souverains alliés établirent leurs quartiers à Châtillon. Alors l'Empereur, occupé dans sa capitale à ramasser des recrues et de l'argent, ne vit plus que la paix pour leur fermer le passage. Considérant que les jours, les heures lui manquaient, il voulut regagner le temps de combattre l'ennemi, en l'amusant par des négociations qu'il se réservait de rompre, si les conditions de la paix se trouvaient inégales à la chance qu'il se serait ménagée en recouvrant des forces. Déjà il avait envoyé comme son plénipotentiaire au camp de Châtillon-sur-Seine, le duc de Vicence chargé de ses instructions, et accoutumé à achever la pensée de son maître.

Sur ces entrefaites, la famille de Louis XVI tournait les yeux du fond de son exil vers ce trône de France dont la ruine devait appuyer ses espérances. On dirait qu'il y a dans l'esprit des héritiers un instinct qui les avertit de s'approcher du mourant, et qui leur révèle le peu de jours qui lui sont comptés. Louis XVIII, chargé de ses infirmités, se bornait à préparer des conduites de gouvernement; mais le comte d'Artois et ses deux fils s'embarquèrent afin de s'offrir à la fortune.

L'absence d'un ministre qui pût négocier les intérêts de l'Angleterre, cette mère et nourrice de la coalition, retardait à Châtillon l'ouverture des pourparlers. Napoléon se réveille; son énergie est préparée; il nomme l'impératrice Marie-Louise régente du royaume, et s'élance à la tête de son armée (25 janvier 1814). Il veut remplacer le nombre par l'activité, multiplier ses troupes en les portant à la fois d'un lieu à un autre, et combattre, sans leur donner le temps de se réunir, les corps agissans de l'armée des agresseurs. Il se précipite à Châlons, coupe en deux l'armée du feld-maréchal Blücher, traverse la forêt du Der rendue impraticable par la fonte des neiges, chasse les Prussiens de la ville de Brienne dans laquelle il fut élevé, et arrive de quelques heures trop tard pour empêcher la jonction des armées du feld-maréchal Blücher et du prince Schwarzemberg, général en chef des troupes de son beau-père. Il accepte la bataille dans la plaine de Bar-sur-Aube (1er février 1814). Les souverains de Prusse et de Russie animent les troupes coalisées de leur présence : c'est le premier combat décisif sur les terres de France, et il s'agit de savoir jusqu'où la fortune doit forcer Napoléon. Il avait appuyé sa droite au-dessus de Brienne, sa gauche à Tremilly, et son centre à la Rothière : cette dernière position, gardée ou prise, décidera du combat. Napoléon la défendit avec sa personne; Blücher y revenait sans cesse comme un lion; enfin, au milieu de la nuit, le général Giulay, à la tête de six mille Russes, en forçant notre aile droite, s'empara de la Rothière, débris sanglant et fumant d'un village. L'Empereur se retira en désordre sur Troyes, et de là sur Nogent. Les coalisés vinrent établir leurs quartiers dans la première de ces deux villes, vieille et fertile capitale de la Champagne.

A cette époque, Murat fit une entrée triomphale dans Rome. Le souverain pontife, à qui Napoléon demandait en vain le sacrifice d'une portion de ses États en lui promettant de lui conserver l'autre, Pie VII est enfin vainqueur par son angélique patience et des maux qu'il souffrait et de son persécuteur. Il est emmené de Fontainebleau et reconduit en Italie.

Le prince Eugène Beauharnais affaibli par la défection de Murat, au lieu d'inquiéter les Autrichiens, pliait devant eux.

L'assemblée des Cortès, en Espagne, se refusait à la ratification de la paix conclue par Napo-

léon avec Ferdinand VII, son prisonnier à Va-
lençay (1).

Cependant on négocie à Châtillon : l'Empereur
avait laissé au nombre de ses pertes sur le champ
de bataille ses plus considérables espérances. Il
s'étonne et abandonne à la discrétion de son plénipotentiaire le soin d'arrêter à tout prix une
guerre qui se rapproche des murs de Paris (2).
Mais quand les conditions proposées lui revin-
rent, quand il sut que les alliés voulaient lui ravir plus que toutes ses victoires, et réduire la
France dans ses anciennes bornes, son génie se
révolta. Il avait juré, en acceptant la couronne,
de maintenir l'intégralité du territoire; et voilà
que le souvenir de ce serment, aidant sa fierté,
il reprend son épée, et par un terrible effort,
joignant de nouveau l'armée russe et prussienne,
il remporte à Champ-Aubert et à Montmirail
deux victoires successives; il couche dans la ferme
de l'*Epine-au-Bois*, où le sang a ruisselé tout le
jour (10 février 1814); il repart pour attaquer le
maréchal Blücher, qui se dirigeait sur Paris, et le
culbute dans la plaine de Vauchamps (14 février
1814), avec la rage d'un homme qui, après avoir

----

(1) Mémoires de Nellerto.

(2) Hist. abrégée des traités de paix, par Schoell, t. x. — Manuscrit de 1814, par M. Fain. — Hist. de la chute de Napoléon,
par Labaume, t. ii. — *New Annual Register*, 1814.

rempli l'Europe de sa domination, n'avait plus d'autre royaume que l'espace qui séparait le champ de bataille et sa capitale. Alors il écrit à son plénipotentiaire à Châtillon de parler plus haut et de marchander la paix. Les confédérés sentaient la faute qu'ils avaient commise en séparant leur deux armées, après la bataille de Brienne. Ce mouvement, qui avait pour but d'envelopper l'Empereur, lui avait permis de les combattre tour à tour. Le feld-maréchal Schwarzemberg, intimidé par nos succès, se mit à reculer; il demanda même une suspension d'armes à Napoléon, qui la lui accorda, et qui, en même temps ordonna encore au négociateur français à Châtillon de hausser son langage.

Ce fut vers ce temps que la ville de Gorcum, dans les Pays-Bas, commandée par le général Rampon, tomba avec toute sa garnison au pouvoir du duc de Saxe-Weimar.

L'Empereur croyait avoir retrouvé le secret de la victoire; des hauteurs de Surville il foudroya les Wurtembergeois; bientôt il apprit qu'à trente lieues de distance l'armée russe et autrichienne se portait sur Nangis : par une célérité prodigieuse, que la vitesse de sa pensée et la grandeur de son commandement peuvent seules faire comprendre, il fit franchir en deux jours cet espace allongé pour ainsi dire par les contrariétés de l'hiver, à toutes ses troupes, qui parurent tout à coup devant les colonnes ennemies, pour leur intercepter le chemin de la capitale et les défier (17 février 1814). Le corps des Russes, commandé par Wittgenstein, fut enfoncé. Ce n'était pas assez pour notre impatience de vaincre; l'ennemi s'était rallié sur les hauteurs de Montereau; mais Napoléon, bien secondé par le maréchal Victor et le général Milhaud, tomba sur les coalisés avec un tel poids de forces réunies et entraînées ensemble, que tout céda à cet effort. Les confédérés s'enfuirent dans la direction de Troyes, ville qui avait déjà servi de retraite à Buonaparte, et qui semblait le pivot des combinaisons de la guerre. En ce moment les destinées de l'Empereur recommençaient à prévaloir; les coalisés se décourageaient; le feld-maréchal Schwarzemberg donnait l'exemple de la retraite, soit qu'il n'écoutât que les conseils de sa froide prévoyance, soit, que l'empereur d'Autriche, plus disposé à réduire l'empire de son gendre qu'à lui ôter la couronne, ne fût pas fâché de laisser languir les travaux militaires (1).

Les nouvelles du midi de la France contribuaient à alarmer les confédérés; Chambéry et Mâcon étaient tombés au pouvoir des Français;

____

(1) New Annual Register; fév. 1814, pag. 226.

le maréchal Augereau, en jetant le rideau de ses troupes devant la Suisse, menaçait d'ôter aux envahisseurs cette grande base de leurs opérations (1).

Le roi de Danemarck s'était soumis, par le traité de Kiel, à la loi des puissances coalisées qui, pour le punir d'être resté fidèle à Napoléon, lui avaient retiré la Norwège cédée à la Suède. Mais les Norwégiens contestant à leur souverain le droit de renoncer à son peuple et de le faire passer sous un autre sceptre, prenaient les armes, et, sous le commandement de Christian-Frédéric, prince royal de Danemarck, s'apprêtaient à combattre pour leur indépendance (2).

Alors Napoléon semblait renouveler la terreur qu'inspirait autrefois sa présence à la tête des armées, et justifier l'attente où l'on était des coups extraordinaires de son génie et de son bonheur partout où sa pensée commandait. Il aurait pu conclure la paix sur des termes honorables; mais, ébloui de ses premiers succès, il ne se retint plus dans aucune mesure; ses prétentions se relevaient, non plus à l'égal des victoires qu'il venait

---

(1) Mémoires pour servir à l'histoire de la campagne de 1814, par F. Koch, chef de bataillon.

(2) Mémoires pour servir à l'histoire de Charles XIV, par M. Coupé, t. II, pag. 154.

de remporter, mais de toutes celles qu'il se croyait encore assuré d'obtenir : ainsi, en rejetant les propositions des confédérés, c'était lui-même qui continuait à se déclarer la guerre. L'une des causes de sa perte fut son assurance excessive dans l'appui de son beau-père; il ne voulut jamais penser que l'empereur François coopérât à une ruine extrême qui dégraderait sa propre fille; et à la vérité ce monarque encourut le soupçon de ralentir les coups portés à un trône d'où dépendait la majesté de l'impératrice Marie-Louise; mais enfin Napoléon prit soin, à force de prétentions orgueilleuses, de rendre inefficaces ses bonnes volontés.

A cette époque, l'exercice violent et continu de toutes ses facultés, le poids des circonstances qui s'aggravaient, l'aigreur impérieuse d'une volonté qui s'indignait des bornes resserrées de sa puissance, tout rendait Buonaparte plus sévère et plus dur envers ses lieutenans. Il reprochait à l'un d'avoir fait manquer un mouvement, à l'autre d'avoir mal veillé à la garde de son artillerie, à celui-là d'avoir retardé la victoire de quelques heures. Il voulait les exiler ou les traduire devant des conseils de guerre (1). Tous ces emportemens étaient de mauvais augure.

----

(1) Manuscrit de 1814, par le baron Fain.

Le comte d'Artois était arrivé à Vesoul; mais les souverains alliés songeaient encore plutôt à vaincre leur adversaire qu'à s'occuper du choix de son successeur. Le frère de Louis XVIII fut invité par eux à ne rien faire pour inciter les esprits. Cependant les couleurs de l'ancienne royauté avaient été arborées dans Troyes : Napoléon jugea que la politique demandait la mort des coupables qu'il aurait épargnés s'il n'eût pris conseil que de son mépris pour le crédit des Bourbons.

Il fondait de grandes prévoyances sur une armée qui, composée de soldats tirés de l'Italie, devait lui arriver de Lyon; mais le roi de Naples s'étant déclaré contre lui, ce renfort qu'il attendait s'en alla grossir le nombre de ses ennemis. Toutefois les Napolitains furent retardés dans leur marche par le remords qui troublait les esprits de Murat.

Tandis que ces choses se passaient, le prince Eugène plus fidèle à celui qui l'avait adopté pour fils, arrêtait sur le Mincio, Bellegarde et ses Autrichiens. Aux frontières de l'Espagne, le duc d'Albuféra, privé d'une partie de son armée que l'on avait dirigée vers le centre des grandes opérations, n'avait pas assez de son courage et de sa patience pour tenir en Catalogne. Lord Wellington avait passé l'Adour, et après une mémorable action livrée sous les murs d'Orthez (27 février 1814), avait forcé le maréchal Soult à déployer dans une retraite sur Toulouse, les ressources de son habileté consommée dans les pratiques militaires. Dès que l'armée du duc de Dalmatie se trouva éloignée de Bordeaux, le maire de cette ville, Irlandais de naissance, enhardi par l'absence des vieilles milices de Buonaparte, se déclara pour les Bourbons (12 mars 1814). Lord Wellington avait amené dans les provinces du midi, en outre de ses troupes disciplinées et de sa formidable artillerie, un prince de la famille de Louis XVI; le duc d'Angoulême parut dans les murs de Bordeaux, et les souvenirs d'une monarchie de plusieurs siècles commencèrent à aider les quatre armées de la coalition à renverser Buonaparte.

Au même temps, le général Carnot protégeait Anvers contre un bombardement médité par l'Angleterre, tandis que la garnison de Berg-op-Zoom dans le Brabant, sous les ordres du général Bizannet, accomplissait l'un de ces beaux faits d'armes qui vont à la postérité, en faisant prisonnier un corps d'Anglais plus nombreux qu'elle-même, et déjà introduit dans la ville (1).

----

(1) Relation de la surprise de Berg-op-Zoom, par le colonel Legrand. — Rapport du général Graham au ministère britannique.

L'impétueux Blücher ne respirait que la ruine de l'Empereur. Jusqu'à ce que ce dernier fût tombé sous ses coups, il aurait volontiers laissé croître sa chevelure, selon la coutume des anciens Gaulois. Furieux de la retraite du prince de Schwarzemberg, il se détermine à prendre entre ses mains la clef de la guerre, celle qui devait lui ouvrir Paris. Il passe l'Aube, se joint à Soissons avec le général prussien Bulow et le général russe Winzingerode; et garnissant les hauteurs de Laon, accepte et gagne la bataille que venait, en toute hâte, lui offrir la colère de l'Empereur (10 mars 1814). La résolution prise par Blücher comme une véritable inspiration de la haine, fut le conseil qui précipita la mauvaise fortune de Napoléon, tant l'inimitié trouve d'inventions sûres à frapper l'objet qui la réveille! En effet, cette marche audacieuse du vieux général, couronnée d'une si prompte victoire, rendit le courage à Schwarzemberg, mit fin aux hésitations du cabinet autrichien, et changea la face de toutes les affaires.

Abattu, défait, à demi détrôné, Napoléon voulait encore dicter au congrès de Châtillon les conditions de la paix. Ses yeux se couvraient des ténèbres d'une obstination invincible dans le fort de ses revers; mais l'Autriche ne pouvait plus le soutenir; le congrès fut dissous après que les quatre puissances confédérées eurent conclu, de nouveau, à Chaumont, un grand et religieux traité de défense mutuelle qui annonçant embrasser durant l'espace de vingt années le bien-être de l'Europe et la répression de l'ambition française, contenait pour l'avenir une politique trop simple pour n'être pas tyrannique (1).

Ferdinand VII obtient sa liberté (13 mars 1814) au milieu des ruines de cet empire français qui tombait de toutes parts. Buonaparte a besoin du peu de troupes qu'il nourrit en Espagne; Ferdinand et son peuple, libres du même coup, se rejoignent; l'auguste prisonnier trouve aux portes de son royaume les Cortès qui l'attendaient, leur constitution à la main. Le président de cette assemblée ne craint pas de saluer le jeune monarque par ces mots : « La nation, qui aurait pu se choisir « un chef parmi ses plus vaillans guerriers, vous « rend une couronne reconquise pour vous et sans « vous. Ayez toujours devant les yeux que vous la « devez à la générosité de vos peuples. La nation « ne met à votre autorité d'autres limites que cette « constitution adoptée par ses représentans. Le « jour où vous les franchiriez verrait se rompre « le pacte solennel qui vous a fait roi (2). »

____

(1) Recueil de Martens, t. v du supplément, p. 683.

(2) Ce discours se trouve dans l'histoire de la révolution d'Espagne, par Ch. L., un vol. in-8°, 1820, pag. 27.

Les Français venaient de remporter un avantage signalé sur les confédérés à Craone, au prix de la mort de dix mille des leurs. Le maréchal Ney se dirigeait sur Châlons; la grande armée se reposait autour de Reims de l'honneur d'être commandée par un chef aussi actif que son Empereur. Dans cette ville, Napoléon se rafraîchissait lui-même de ses fatigues, en expédiant les affaires du royaume, en dictant des ordres à ses ministres, en ne laissant en retard aucun des soins de l'empire. Durant ces veilles qui ne pouvaient suffire à occuper toute son âme, il médita sans doute cette grande manœuvre de guerre qu'il exécuta peu de jours après, dont il attendait la délivrance de son royaume, et qui ouvrit aux confédérés les portes de Paris.

Il conduisit ses troupes à Arcis-sur-Aube, et fit de ce lieu, selon son choix, le champ d'une bataille avec les grandes armées des confédérés. S'il l'eût remportée, la coalition éparse pouvait être forcée à la retraite. Dans cette action, il sentit le besoin de redonner à ses soldats une confiance superstitieuse dans sa fortune; et sous leurs yeux, on dit qu'il fit toucher à son cheval la mèche enflammée d'un obus près d'éclater. La nuit qui interrompit le combat, retenait en balance le sort de l'Europe; soudain Napoléon s'échappe dans l'ombre, laisse le combat inachevé, s'éloigne à marches forcées vers Saint-Dizier, et se flatte d'attirer l'ennemi à sa poursuite. Il croit le mener ainsi hors de France; il veut, de plus, grossir son armée de tous les insurgés de la Lorraine et de la Franche-Comté; le voilà donc qui présente aux colonnes ennemies, pleines d'étonnement, un simulacre de fuite (20 mars 1814). Le lendemain de ce jour mémorable, une partie de l'armée autrichienne, commandée par le prince de Hesse-Hombourg, s'empare de Lyon, la seconde ville du royaume, que le maréchal Augereau n'avait pu défendre. Cependant les souverains alliés décident que la route de Paris étant libre, on la suivra. Buonaparte s'imaginait les épouvanter en les plaçant entre le siége de l'empire et son armée; il ignorait ce que savaient les coalisés, que les Bourbons se nourrissaient un parti dans la capitale (1). Durant plusieurs jours, l'Empereur croit tenir à son amorce toute l'armée confédérée; mais un soir ses illusions se dissipent (25 mars 1814), lorsqu'il apprend d'un soldat fait prisonnier qu'il n'est poursuivi que par le détachement de Wintzingerode, et que les armées réunies de Schwarzemberg et de Blücher

----

(1) Campagne de 1814, par Beauchamp, t. II. — Récit historique de l'abbé de Pradt, sur la restauration. — Campagne de 1814, par Wilson.

se précipitent en masse du côté de Paris. Dans les premiers momens de sa stupeur, remplissant le vœu secret de ses maréchaux, il envoie au roi Joseph, son lieutenant-général à Paris, l'ordre d'épargner à cette capitale les horreurs d'une défense inutile. Afin que la couronne au moins pût demeurer à sa race, il charge aussi M. de Wessemberg, ministre de son beau-père, qu'il tenait parmi ses prisonniers, d'aller lui ménager l'appui de l'empereur François; mais l'habitude de triompher ou de combattre ne permettait pas à Napoléon de s'en tenir à sa première résolution, il la révoque, et ordonne que Paris soit défendu à toute extrémité. Il fait retourner son armée vers cette ville; il dévore les distances; il demande à la destinée quelques heures; devançant ses troupes harassées, il s'est jeté dans une voiture de poste. On disait sur la route que le canon grondait autour de la capitale; enfin à la porte d'une auberge, près des fontaines de Juvisy, il apprend que Paris a capitulé; que les ducs de Trévise et de Raguse n'ont pu défendre cette ville, et qu'il est arrivé trop tard (1).

Les deux maréchaux Marmont et Mortier,

---

(1) Manuscrit de 1814. — Hist. des traités de paix, par Schoell, t. x. — Itinéraire de Buonaparte, depuis son départ de Doulevant; 3ᵉ édit., pag. 2.

auxquels il n'avait laissé que seize mille hommes, devaient observer les mouvemens de Blücher. Bientôt ils avaient reçu à Château-Thierry, l'ordre de rejoindre l'Empereur; mais ignorant sa retraite simulée, ils étaient tombés dans les colonnes autrichiennes et wurtembergeoises, et avaient subi des pertes considérables qui prouvaient la grandeur du péril et de leur résistance. Le passage leur étant fermé de nouveau par l'armée prussienne, ils rétrogradèrent jusqu'à Charenton dont ils occupèrent les hauteurs, sans savoir encore la force des ennemis qui assiégeraient Paris et qu'ils auraient à combattre. Leur dernière espérance était de ménager à Napoléon le temps de revenir : aussi tâchèrent-ils d'inspirer quelque assurance aux esprits étonnés. Ils répandaient que ces ennemis qui se poussaient sous les murs de la capitale, n'étaient qu'un reste égaré de leurs colonnes rompues et mises en déroute par l'Empereur, qui paraîtrait soudain avec sa fidèle armée ; mais d'autres chefs chargés de pourvoir à la sûreté de la plus considérable ville de l'empire, n'osaient la défendre avant d'avoir reçu les ordres de leur maître. Jusque-là, il avait si bien façonné les âmes pour l'obéissance que, dans un péril si imminent, ils aimaient mieux risquer de le perdre que de lui déplaire. Le roi Joseph, commandant en chef de la garde nationale , expédiait à l'Empereur courriers sur courriers, prévoyant sans doute la pensée souveraine, mais agissant comme s'il l'eût ignorée. Enfin, poussé au bout de ces incertitudes par la gravité des conjonctures, il se détermine à envoyer sur les hauteurs qui défendent la ville quelques troupes réunies à la hâte, auxquelles se mêlent, par amour de la patrie, autant de citoyens qu'il s'est trouvé de mousquets pour les armer. Les élèves d'une école instituée afin de tourner au profit de la guerre l'avancement de toutes les sciences, font l'office d'ingénieurs; ils roulent sur les buttes de Saint-Chaumont des pièces d'artillerie qu'ils seront fiers de faire gronder avant le terme de leur apprentissage. La capitale ne ressemblait plus à elle-même. Plus de cet appareil du commerce, de ce mouvement journalier d'une opulente société, de ces plaisirs qui annoncent et accompagnent les douceurs de la paix; la plupart des habitans attendaient dans leurs maisons fermées les suites de ces grandes affaires; d'autres, sur les places publiques, se communiquaient leurs idées ou interrogeaient tantôt un soldat blessé, tantôt des villageois ramenant dans Paris leur famille, leur troupeau, leurs grains dérobés aux horreurs de la guerre et au danger du pillage.

La forêt de Bondy avait vomi les innombrables phalanges des confédérés (29 mars 1814). Il faut qu'elles emportent d'assaut les positions de Belleville et de Montmartre : le sort de Paris, de l'empire français, de l'Europe réside sur ces hauteurs (1). Marie-Louise, régente du royaume, quitte le palais des Tuileries et prend la route de Rambouillet (30 mars 1814). Ce départ est un coup de fortune pour la race des Bourbons. Le roi Joseph désespère de la fortune de son frère et de son propre courage : au premier ébranlement des soldats prussiens autour de Montmartre, il s'enfuit, laissant derrière lui la permission de capituler; mais le courage de nos guerriers était trop enflammé par la longueur de leur première résistance à Pantin et à Romainville : ne leur parlez pas encore de se rendre. Déjà la plaine regorge du sang des confédérés qui commencent à craindre l'arrivée de Napoléon. Ah! s'il eût paru tout à coup pour les forcer à lui faire face, le soleil aurait pu ne pas se coucher sur leur triomphe; mais la Providence le châtie et le retient éloigné. Ici elle se découvre en voulant qu'il tombe avec la pensée vengeresse du peu qu'il s'en est fallu qu'il ne tombât pas. Les deux grandes armées de la coalition se mirent à attaquer ensemble toute la file des hau-

---

(1) Journal de l'armée russe.

teurs, depuis Charonne jusqu'à Montmartre; elles voulaient occuper à la fois partout la bravoure des Français et morceler nos forces; la position de Belleville va être emportée. En vain le duc de Raguse la couvre de l'élite de sa petite troupe, les Russes parviennent à le déloger, lorsqu'une autre partie de leur armée s'empare du village de Charonne. Nos jeunes artilleurs de la butte Saint-Chaumont balayaient encore la plaine avec leurs boulets inépuisables. Ils allaient périr enveloppés; un détachement français court les sauver, et arrache avec peine à leurs canons ces écoliers enivrés du bruit de leur feu, et de leur précoce mépris pour la mort (1). Restait la fortification peu accessible de Montmartre, attaquée avec vigueur par l'armée prussienne; le maréchal Mortier y fait bonne contenance, tandis que le feld-maréchal Blücher tonne à coups répétés par toutes les bouches de ses canons : ce vieillard, presque épuisé avec les fatigues de la campagne et la fougue de son humeur, se soutenait par le désir de se rendre maître de Paris. Il triomphe enfin; les couleurs de son armée montent et se plantent sur Montmartre; et lui, satisfait, et achevant d'être accablé, il ne tarde

____

(1) Histoire de la chute de Napoléon, par Labaume, t. II, p. 363.

pas à se démettre de son commandement (1).

Dans le même temps, le duc de Raguse obtenait un armistice de deux heures, à la condition de s'en servir pour traiter d'une capitulation. Les deux maréchaux se concertèrent ; et la retraite des débris de leur héroïque armée s'ensuivit au coucher du soleil (31 mars 1814).

Le lendemain, les souverains alliés, à la tête de leurs troupes, firent leur entrée dans cette capitale, où chacun de leur pas semblait effacer sous leurs yeux une de leurs humiliations passées.

Les partisans de la famille de Louis XVI jetaient des fleurs sur le passage des étrangers. D'autres Français applaudissaient aussi par l'effet de l'exemple, ou à cause de cet amour du changement qui est dans le cœur de l'homme. Du reste, l'esprit national ne parut que dans l'armée ; et ceci est la plus sévère condamnation du règne de Napoléon. Ses images fondues avec le bronze des canons de l'Europe, peignaient sa puissance fondée sur la gloire des armes. Le peuple, en les laissant renverser, manifesta que le guerrier cesse de régner le jour où il ne sait plus vaincre.

Les souverains alliés promirent de respecter la nouvelle constitution que se donnerait le peuple

---

(1) Hist. des traités, par Schoell, t. x, p. 430.

français ; par-là, ils ne reconnaissaient pas à la famille des Bourbons un imprescriptible droit à la couronne. En exprimant le vœu que cette race de Louis XIV vînt nous commander pour mieux garantir la paix commune, l'Alliance déclarait que leur venue au trône dépendrait des arrêtés de la nation (1). Regarder la souveraineté comme leur propriété inaliénable, ce sera donc, de la part des Bourbons, effacer les clauses d'une promesse qui avait servi à pacifier la France ; ce sera faire mentir toutes les têtes couronnées, et s'ôter d'avance au fond des cœurs l'appui de cette douce obéissance rendue par les peuples au roi qu'ils ont choisi. En servant de gages pour le bonheur du monde, les Bourbons eussent régné par un assez beau titre ; les prérogatives de l'honneur qu'ils avaient d'appartenir au sang de tant de rois auraient été réservées en quelque façon, puisque cet honneur, beaucoup plus que leurs vertus, était une des causes qui les faisait rappeler : mais injuste et mal-avisé sera leur langage, lorsqu'ils sembleront dire : ce n'est qu'à la longue suite de nos ancêtres, et non aux souverains de l'Europe, ni à la nation française, ni à nos personnes mêmes, que nous sommes redevables de la souveraineté.

----

(1) Déclaration des alliés, du 31 mars.

Tandis que les membres du conseil départemental et municipal de Paris osaient les premiers (1), afficher sur ses murailles l'abandon de la foi qu'ils avaient jurée à Napoléon (1er avril 1814), le duc de Vicence tâchait d'intéresser la générosité du jeune empereur de Russie à la cause de Marie-Louise et du roi de Rome. Le sénat, conduit par le prince de Bénévent, frappe enfin les grands coups; il rappelle les griefs de la nation contre Napoléon, les taxes injustes, les grands corps de l'État outragés, une guerre éternelle, les lois anéanties, les libertés de la parole et de la pensée interdites : la morale, la justice et l'humanité étouffées dans le monde, enfin la paix refusée en face de la patrie dépeuplée et saignante ; et à ce compte, le sénat proclame (2 avril 1814) que Napoléon a régné, que l'empire est transporté hors de sa famille, et que le devoir de la nation et de l'armée est de cesser de lui obéir (2). Ces sénateurs accumulant les reproches contre leur ancien maître, se vengeaient de leur servitude passée. Mais sous son règne, ils avaient consenti à leur propre bassesse, et mieux ils peignaient sa tyrannie, plus ils s'accu-

---

(1) Proclamation du conseil départemental et municipal de Paris.

(2) Décret du sénat-conservateur.

saient eux-mêmes. Cependant ils mettent le prince de Bénévent à la tête d'un conseil des cinq, chargé de tenir les rênes du gouvernement. La garde nationale, commandée par le général Dessoles, maintenait l'ordre et la sécurité publique. La plus exacte discipline assujettissait les soldats étrangers. Nos vainqueurs se faisaient à peine sentir, mais c'était assez de les voir.

Napoléon, en apprenant la reddition de sa capitale, avait couru s'enfermer dans le palais de Fontainebleau. Ses troupes, qu'il devançait, ne tardèrent pas à l'y rejoindre. Les ducs de Trévise et de Raguse lui ramenèrent les nobles restes de la fureur de Blücher et des cent mille coalisés qui entouraient Paris : Napoléon se retrouvait à la tête de cinquante mille hommes. Marchons sur Paris! surprenons l'ennemi endormi ou égaré dans cette ville immense! Il ordonne, et sa garde traverse la forêt de Fontainebleau au fort de la nuit.

Le reste de l'armée allait marcher; mais l'ardeur est éteinte dans les généraux; l'image de la patrie se présente à leurs yeux, et Napoléon a deviné que sa fortune ne leur commande plus.

Soudain il abdique (4 avril 1814), en réservant les droits de son fils. Le voilà tombé, tout menaçant encore. Il demeure assez fort pour nuire. Napoléon exige que le roi de Rome lui succède; mais le duc de Raguse, l'un de ses plus chers lieutenans, l'abandonne en ce moment, et, sous un faux prétexte, éloigne de Fontainebleau une partie de l'armée, qui se trouve entraînée malgré elle dans cette défection. C'était le même maréchal qui avait déjà capitulé devant Paris. Il achève donc de mettre la couronne sur le front de Louis XVIII. L'Empereur, qui méprisait tant la nature humaine, s'étonna d'avoir été trahi par Marmont. Sa surprise est un arrêt sévère pour ce maréchal.

Le gouvernement provisoire de la France s'était mis à l'œuvre pour nous donner une constitution nouvelle. Quelques jours avaient suffi pour l'achèvement d'une loi qui devait supporter les destinées de l'Etat; et le sénat-conservateur, se précipitant comme il avait accoutumé de le faire, s'empressa de l'adopter (6 avril 1814), ne mettant à peser ces grands changemens que le temps de les connaître. Cette constitution préservait toutefois les libertés de la nation. Il y était dit que les Français appelaient d'eux-mêmes au trône vide le frère aîné de Louis XVI (1); mais que ce prince commencerait par engager sa foi à cette loi principale (2). En même temps le sénat, se regardant nécessaire au salut de la patrie, se dé-

____

(1) Art. 1. Moniteur du 8 avril 1814.
(2) Art. 29.

clarait perpétuel, et transportait aux biens viagers qu'il avait reçus de Napoléon la même éternité (1).

Le colosse est enfin à terre ; et comme il a mis deux années à glisser du trône, sa chute ne fait plus aucun bruit. On lui arrache une nouvelle renonciation à la souveraineté de France pour sa personne et sa famille (10 avril 1814) ; mais si cette abdication est nécessaire, l'acte du sénat qui l'a fait déchoir n'est donc pas valable. Et si les souverains confédérés fondent sur son devoir d'abdiquer, le droit des Bourbons à nous commander, ceux-ci règnent donc, non parce qu'ils sont les héritiers de Louis XVI, mais ceux de Napoléon.

La garde nationale n'hésita qu'un moment à prendre les couleurs de l'antique monarchie ; bientôt toute la population s'en décora, à l'étonnement de ceux qui le désiraient le plus, des royalistes et des étrangers.

Mais à peine l'ex-Empereur a-t-il abandonné le trône, qu'il s'effraie de voir fuir ce plaisir divin d'échapper à l'ennui en jouant avec des couronnes. Il veut annuler son abdication ; il rassemble ses troupes, il médite une nouvelle expédition ; l'appétit de la guerre lui revient. Vaines résolutions ! regrets inutiles ! Déjà ses principaux

____

(1) Art. 5 et 6.

I.

3

lieutenans ont fait leur soumission, et, en mor-
dant le frein de la nécessité, il accepte, lui naguère arbitre d'un vaste empire qui renfermait
tant de royaumes, la souveraineté d'une petite île
de la Méditerranée.

Le maréchal Soult s'était retiré sur Toulouse.
Wellington qui le suivit de près, trouva le canal
du Languedoc et la Garonne mis à profit pour la
défense de la ville; une formidable artillerie, sur
les débris d'un vieux rempart, menaçait les assiégeans, et cinq redoutes avaient été élevées pour
les arrêter.

On combat ici pour décider ce qui a cessé d'être
incertain (10 avril 1814); la paix est signée dans
Paris, mais les combattans l'ignorent, ou du
moins Wellington cache cette nouvelle pour se
donner le temps d'ajouter à sa gloire. Mais s'il
triomphe, il le doit au nombre. Ses troupes, re-
naissantes sous notre feu lassent nos artilleurs.
Le maréchal Beresford emporte la redoute qui
protégeait à droite notre extrémité (1); nos Français font, avec leurs pièces tonnantes, un fleuve
de sang. Wellington veut la victoire à tout prix;
ses morts s'entassent et forment des échelles à
ceux qui survivent; nos retranchemens sont en-
vahis; alors le maréchal Soult, voulant épargner

____

(1) Annual Register for 1814.

Toulouse, s'immortalise par sa seconde retraite : il cède le terrain, mais non l'honneur de la journée. Si le maréchal Suchet, répondant à son appel, eût marché avec ses vieilles troupes illustrées dans l'Aragon, Wellington enveloppé aurait perdu le dernier combat de cette guerre où il s'était montré plus heureux que grand. Mais la nouvelle semée du renversement de Buonaparte éteignit de ce côté la mèche qui fumait encore.

L'Autriche, la Russie et la Prusse signent avec Napoléon (11 avril 1814), le traité qui, en échange de son abdication, lui assure la domination de l'île d'Elbe, un revenu de petit prince, quelques centaines de gardes, un vaisseau, mais en outre la conservation de son titre d'Empereur. Marie-Louise régnera sur les duchés de Parme et de Plaisance (1).

L'Angleterre dont le plénipotentiaire n'arriva qu'après ce traité conclu, se contenta d'accéder aux clauses territoriales. Cette puissance, qui agit toujours de suite, dédaigna d'accepter l'abdication d'un souverain qu'elle n'avait jamais reconnu.

Marie-Louise, l'ex-régente, alors séjournant à Blois, s'y voit abandonnée par les ministres et

____

(1) Traité de Paris, du 11 avril.—Hist. des traités, par Schoell, t. x et xiii.

les grands fonctionnaires de l'Etat, pressés d'aller au-devant de la royauté. Elle arrive cette royauté : le comte d'Artois la représente; il est entré dans Paris (12 avril 1814). Louis XVIII ne tardera pas. L'agitation qui n'avait cessé de troubler la France depuis 1789, faisait aspirer au calme comme à une chose douce, inconnue, nouvelle. Monsieur, messager de cette monarchie qui nous promettait la paix, la bienveillance, la grâce de la société, la sainteté de la religion, s'avançait entouré de ces idées consolantes, et orné des horreurs d'une guerre que sa présence terminait. De là des cris de joie, des salutations populaires, une curiosité mêlée d'enthousiasme. Depuis la chute de Napoléon, l'amour de la patrie ne savait où se prendre : ce jour-là, il s'attacha à un événement qui renouvelait toutes choses. Mais le plaisir que donne un spectacle inaccoutumé, ou la facilité de s'émouvoir ensemble, expliquent plus souvent la joie du peuple qu'un amour pour des personnes si bien reçues.

La guerre continuait en Italie. Le roi de Naples, coalisé avec le maréchal de Bellegarde et avec lord Bentinck, s'était mis en marche pour faire sortir Eugène Beauharnais de la Lombardie. Le désir de secourir ce royaume tenait le cœur du gouvernement autrichien. Les Anglais s'étaient chargés de la prise de Gênes. Pressant cette ville par terre et par mer, lord Bentinck la réduisit à capituler (21 avril 1814); et en revanche il lui rendit la liberté, et alla jusqu'à ranimer ses anciennes lois (1). Pauvre Gênes! cette résurrection ne sera pas de longue durée.

Le maréchal Bellegarde et Eugène Beauharnais étaient convenus à Schiarino-Rizzino d'un armistice entre les troupes du vice-roi et les armées alliées. Eugène ignorant la chute de Napoléon, traitait en souverain d'une moitié de l'Italie. Par cette convention, les troupes françaises qu'il commandait rentrèrent dans leur patrie avec près de quatre cents canons.

L'Empereur déchu va partir pour le rocher de la Toscane qui lui est échu en partage. Il observe durant les derniers jours un silence profond. Son malheur remplit sa pensée. Marie-Louise et leur fils ne l'accompagneront pas dans son exil. L'empereur d'Autriche les emmène à Vienne. Au moment de monter en voiture, Napoléon promet à ses soldats d'écrire les grandes choses qu'ils ont faites ensemble, et baise en signe d'adieu l'aigle de leur drapeau (20 avril 1814) (2). En traversant la Provence il est obligé de trom-

---

(1) Hist. des Traités, par Schoell, t. x, p. 473.

(2) Manuscrit de 1814.—Mémoires pour servir à l'histoire de la campagne de 1814, par S. Koch.

per, à l'aide d'un déguisement, la fureur populaire; et dans cette extrémité de sa mauvaise fortune, il cède à lui-même jusqu'à se permettre des larmes (1). Le même jour que Buonaparte quitta Paris, Louis XVIII fit son entrée dans Londres; fier de reparaître comme roi de France devant les Anglais, non moins fiers de l'avoir restauré. Le même jour aussi, Joachim Murat restituait le grand duché de Toscane à son souverain légitime. Les hostilités s'arrêtent: les puissances alliées posent avec le comte d'Artois, revêtu du titre de lieutenant-général du royaume, les bases d'une paix aussi générale que le fut la guerre, et où nous rendrons autant que nous avons pris. (**28** avril **1814**). D'un trait de plume, le frère de notre souverain ôta à notre domination, tant en Allemagne que sur le Rhin et la Meuse, en Hollande, dans les Pays-Bas, en Italie, en Espagne et dans la mer Adriatique, cinquante places de guerre: il livre à la coalition leurs riches magasins, leurs arsenaux, douze mille bouches à feu, et assez de vaisseaux de haut rang et de frégates pour composer une flotte magnifique (**2**). Sans doute que les confédérés avaient la force de ravir ce qu'ils

____

(1) Journal du comte Waldbourg-Truchsess, commissaire prussien, p. 27.

(2) Hist. des Traités, par Schoell, t. x, p. 439.

demandaient qu'on leur cédât; mais le comte d'Artois aurait pu disputer, éluder, ajourner; il consentit de trop bonne grâce à la chute de cette gloire française qui se mesurait mieux tout à coup par tant de restitutions.

Le sénat de Milan se propose d'envoyer aux couronnes alliées la prière de maintenir le royaume d'Italie. Le peuple milanais se révolte et demande plus que la conservation du royaume : il prétend à régner lui-même. Il force le palais du sénat, et jouit un jour et une nuit de sa liberté avec excès et barbarie. Eugène Beauharnais, instruit de l'abdication de son bienfaiteur, renonce à l'autorité qu'il tenait de lui; rien de plus noble ni de plus touchant que son adieu aux Italiens (26 avril 1814). Les Autrichiens viennent calmer tout; ils occupent à la fois et le Milanais pour eux-mêmes, et le Piémont au nom du roi de Sardaigne.

La monarchie toute militaire de Napoléon, vivante encore dans les maréchaux, environne Louis XVIII arrivé à Compiègne. Le maréchal Ney, si impétueux à s'émouvoir, fête le vieux roi. La veille de son entrée dans Paris, Louis XVIII écrit à son peuple (2 mai 1814) pour lui promettre un gouvernement représentatif divisé en deux corps, l'impôt volontairement consenti, les libertés de la croyance et de la pensée, enfin l'inviolabilité de la vente des biens appartenant aux émigrés, et l'admissibilité des Français à tous les emplois (1). En même temps il écarte la constitution du sénat-conservateur comme incomplète et précipitée : déjà la lutte entre le droit divin et la souveraineté populaire se déclare ; Louis XVIII ne veut pas régner en vertu d'une constitution ; il désire être reconu roi avant que nous soyons libres.

Enfin accompagné de la fille de Louis XVI, du prince de Condé et du duc de Bourbon, il traverse en calèche découverte les flots du peuple de Paris, qui les connaît à peine et cherche à tirer des augures de l'air de leurs personnes (3 mai 1814). Aucun soldat étranger ne se mêle à cette fête ; les vainqueurs ont deviné ce ménagement pour le souverain qui vient à la suite d'une invasion. Mais la garde impériale de Napoléon, qui marche devant le carosse royal, semble accompagner des funérailles : triste et l'œil baissé, elle dévore l'humiliation qu'on a eu l'imprudence de lui faire subir.

Ferdinand VII prononce la dissolution des Cortès, et abolit la constitution de Bayonne (4 mai 1814), en promettant, dans une proclamation solennelle, « de régler avec d'autre Cortès légitimement assemblés tout ce qui pourra convenir

-----

(1) Moniteur du 8 avril 1814.

au bien de ses royaumes; et de n'imposer dans la suite, à ses sujets, aucune loi qui n'ait été établie du consentement de cette assemblée (1). » Sa foi se lie donc à une constitution prochaine. S'il oublie cette promesse, il ne faudra pas s'étonner qu'on lie de force sa couronne à une constitution.

Ce vénérable pontife qui rejetant les insidieuses propositions de Napoléon, avait dit ce mot sublime: « laissez-moi mourir digne des maux que j'ai soufferts (2)! » Pie VII fait son entrée dans Rome, et vient rendre grâce à Dieu, dans la basilique de Saint-Pierre.

Louis XVIII a déjà composé son ministère: le prince de Bénévent dirigera le cabinet des Tuileries dans ses rapports avec les autres puissances; M. Dambray rendra la justice, et gardera les sceaux de l'Etat; M. l'abbé de Montesquiou administrera les affaires intérieures; MM. Malouet, Dupont et Louis veilleront aux intérêts de la marine, de la guerre et des finances; M. le comte Blacas d'Aulps aura la gestion des deniers du roi.

Arrive enfin ce traité (30 mai 1814) qui tel qu'un résumé de tous les coups de la fortune, doit fixer l'abaissement de notre puissance et détermi-

____

(1) Moniteur du 29 mai 1814.

(2) Hist. des Traités, par Schoell, t. 1 du recueil des pièces officielles.

ner les bornes de notre territoire. La France, l'Autriche, la Grande-Bretagne, la Prusse et la Russie prennent part à cette stipulation solennelle. Nous rentrons, sauf quelques petits accroissemens, dans nos anciennes limites. Tout ce qui a grossi la France depuis 1792 se retire. Quinze millions d'âmes s'en vont, qui obéissaient à Buonaparte et qui s'éparpillent sous différens maîtres. On nous laisse la principauté d'Avignon et le comté de Venaissin, compris autrefois dans les domaines de l'église. La Hollande, régie par la maison d'Orange, verra s'étendre son territoire. La liberté de la navigation est assurée sur le Rhin. L'Allemagne se joindra tout entière, pour que chacun de ses Etats se trouve appuyé sur la force des autres. La Suisse indépendante continuera à se suffire et à se gouverner. L'île de Malte, Tabago, Sainte-Lucie, et cette île de France qui a trop inquiété le commerce anglais, appartiendront à la Grande-Bretagne et lui affermissent sa domination sur les mers. La France rentre en possession du reste de ses colonies. Anvers ne forme plus qu'un port dédié au commerce. La France promet d'acquitter ses dettes là où elle cesse de régner.

Le traité se termine par l'engagement contracté entre toutes les puissances de se réunir à Vienne, dans un congrès général, pour achever de régler les fortunes et les intérêts des monarchies et petits Etats de l'Europe. Par un article additionnel, le roi de France promet de s'efforcer, à l'imitation de la Grande-Bretagne, de faire cesser partout le trafic des noirs ; et dans tous les cas, d'interdire dans un délai déterminé ce commerce inhumain aux sujets français (1). Ainsi finit une guerre qui a désolé l'Europe pendant le quart d'un siècle ; et ainsi semble se préparer un intervalle de repos pour le monde épuisé.

Le frère de Louis XVI, reparaissant sur ce trône rempli durant son exil d'une gloire qui n'était pas la sienne, vient (4 juin 1814) la Charte dans une main et le sceptre dans l'autre, prononcer ces mémorables paroles, en face de l'ancien Sénat et du dernier Corps législatif de l'empire : « Je me flattais de rester toute ma vie le plus fidèle sujet du meilleur des rois, et j'occupe aujourd'hui sa place. Mais du moins il n'est pas mort tout entier : il renaît dans ce testament qu'il destinait à l'instruction de l'auguste et malheureux enfant auquel je devais succéder. C'est les yeux fixés sur cet immortel ouvrage, que j'ai préparé les institutions auxquelles l'autorité suprême peut seule donner la force, la permanence et la majesté dont elle est elle-même revê-

______

(1) Hist. des Traités, par Schoell, t. x, p. 485.

tue (1). » Ainsi le vieux monarque fait l'acte d'un maître en nous donnant des libertés. Il s'était engagé, aux portes de sa capitale, à mettre sous les yeux du Sénat et du Corps législatif le travail qu'il aurait fait avec une commission choisie dans le sein de ces deux corps (2). Et voilà comme il remplit sa foi royale ! Toute la France devait croire qu'il avait pris l'engagement d'appeler les deux corps de l'Etat à délibérer sur son ouvrage ; mais il élude sa promesse par un jeu de mots : selon lui, mettre la Charte sous les yeux des chambres, c'est la leur faire lire. Par cet escamotage subtil, indigne de la loyauté d'une âme royale, il croit avoir affermi sa puissance, et il prépare la ruine de son successeur. La Charte octroyée semble laisser au roi le pouvoir de sauver l'Etat. Cette vague disposition, reçue sans examen (3), réserve aux Bourbons la faculté de se perdre ; et c'est par-là que leur monarchie périra.

Wellington, couvert de tous les ordres de l'Europe, reçoit en personne (10 mai 1814) les félicitations de la Chambre des communes d'Angleterre. Tous les membres, la tête découverte,

---

(1) Moniteur du 5 juin 1814.
(2) Déclaration de Saint-Ouen.
(3) Art. XIV.

lui décernent par leurs acclamations une récompense plus relevée et plus nationale que le don qu'il a reçu de la couronne en dignités et richesses. Les divisions qui troublent la maison du prince régent se manifestent de nouveau. La princesse Charlotte prend parti pour sa mère ; et, sous prétexte de son désir de la consoler, refuse la main du jeune prince d'Orange , qui l'aurait emmenée en Hollande. La princesse de Galles se décide à quitter l'Angleterre avant que son innocence ait été pleinement reconnue, et après que son revenu se trouve augmenté : ces deux circonstances nuisent à sa cause dans l'opinion commune.

Les quatre grandes puissances avaient promis la Norwège au roi de Suède comme une récompense de son effort contre Napoléon : la Grande-Bretagne s'emploie à forcer les Norwégiens, et les bloque dans leurs ports pour les réduire, par la famine, à devenir sujets d'une puissance qu'ils détestent. Ce procédé fait jeter les hauts cris aux membres de l'opposition dans le parlement anglais (1). Cependant les Norwégiens ne se demandent pas si la résistance est inutile : ils résistent. Leur liberté nationale leur devient plus

______

(1) Edinburgh-Review , vol. xxiii , avril 1814, p. 79.

chère depuis qu'elle semble près de s'évanouir ;
ils veulent s'en rassasier jusqu'au bout en la défendant de toutes leurs forces (1). Déjà pour
montrer qu'ils veulent durer comme un peuple,
ils se donnent une constitution et un roi (17 mai
1814). Leur diète rassemblée à Eidswold, a pro-
mulgué une charte (2) qui établit une représentation nationale divisée en deux chambres, et elle
a mis sur la tête du prince royal , Christian Fré-
déric, cette couronne qui n'est plus au roi de
Danemarck sans être au roi de Suède, et qui ne
serait au prince Christian que s'il la pouvait défendre. Celui-ci, cousin-germain du monarque,
ne consulte plus. Remettre les forteresses aux
Suédois, ce serait trahir la confiance de la nation et la laisser livrée aux horreurs de l'anarchie : « il est l'héritier du trône ; le sceptre de Norwège est flottant ; il accepte donc le rôle glorieux
d'un Arminius et d'un Pélage (3). » D'un autre
côté, le prince royal de Suède s'adresse aux Norwégiens (17 juillet 1814). « Il leur rappelle que les
petits Etats sont toujours les jouets des plus puis-

____

(1) Mémoires pour servir à l'histoire de Charles XIV, p. 156.

(2) Voyez cette constitution dans l'ouvrage précédent, et dans
la collection des constitutions, par MM. Dufau, Duvergier et Guadet, t. III, p. 322.

(3) Mémoire publié en allemand sous le titre d'*Eclaircissemens*.

sans; qu'ils ne peuvent pas former un gouvernement isolé; et que la nature et la politique veulent que les Norwégiens et les Suédois soient amis et frères. » La guerre s'allume : le roi de Suède, malgré son grande âge, veut assurer en personne la reddition de la Norwège : il a quitté Uddevalla pour se rendre à bord d'un vaisseau de ligne : De là sa présence commande. Son feld-maréchal, le comte d'Essex, a passé la frontière à la tête de vingt mille hommes, et a occupé Berby et Gracsbaka. Les Norwégiens se replient sans faire grande résistance. Ils laissent prendre la forteresse de Fréderickstadt où cent canons qui devaient la protéger tombent aux mains des Suédois. Depuis cette citadelle jusqu'au lac Oejern, toute la rive gauche du Glommen est réduite en la possession de leurs ennemis. La flotte suédoise longeait la côte pour gagner la baie de Christiania, en aidant aux opérations de l'armée. La destinée des Norwégiens, moins heureux que braves, se décidera sans bataille. Le prince royal de Suède les a pressés entre Moss, Isobro et Kjolbergo avec un poids de si grandes forces, que le courage ne sert plus de rien ni à l'une ni à l'autre armée; et que dans une lutte si inégale, la victoire serait sans gloire, comme la défaite sans honte (1). Le prince

____

(1) Bulletin de l'armée suédoise. — Mém. déjà cités, p. 184, etc.

Christian aime mieux demander la paix que faire un sacrifice inutile de son armée : il résigne donc le gouvernement, mais non la liberté de ses sujets ; car il fait la condition que le roi de Suède respectera la constitution des vaincus, et ne fera de peine à personne pour ses opinions passées. Cette convention est conclue (14 août 1814) (1) ; et la nation norwégienne va décréter alors par l'organe de ses représentans, sous la réserve d'une administration distincte et du maintien de son gouvernement représentatif, sa réunion avec la Suède, réunion qui fut l'objet constant des efforts inutiles des plus fameux rois de la dynastie des Wasa (2). Ainsi Bernadotte recevra le prix du coup qu'il a donné au trône de Napoléon.

En même temps l'Angleterre entrait dans un conflict sérieux avec les Etats-Unis. Triomphante de Buonaparte, elle se retourna du côté des Américains, et s'enfla du désir de les accabler de tout son poids. Ils ont osé venir insulter la reine des mers jusque dans ses port. Les Anglais seraient plus humiliés de ne pas vaincre les Américains après avoir triomphé des Français, qu'ils l'auraient été d'avoir toujours cédé à l'empire de Napoléon. On aurait dû croire que la chute de

____

(1) Texte de cette convention. — Mémoires déjà cités , p. 192.
(2) Ce décret fut rendu le 4 novembre 1814.

celui-ci aurait causé de la joie aux habitans du Nouveau-Monde où la liberté est servie avec tant d'honneur; mais ils virent avec peine l'Angleterre reprendre halcine sur les débris de notre puissance. M. Maddisson leur président, cet inflexible ennemi d'une paix honteuse avec la Grande-Bretagne, ne se laissa point ébranler par cette grande ruine de Napoléon; il tint ferme, soutenant du même front les menaces de l'ennemi et les clameurs des mécontens que faisait autour de lui son administration. La lutte se renouvela autour des lacs, frontières des possessions respectives. L'armée américaine débarqua sur le rivage du lac Erié, chassant devant elle un détachement de la garnison du fort de ce nom. Le major général Riall, commandant des forces anglaises, accourt pour se charger de la défense de Chippawa : en même temps il fait attaquer par un autre détachement auquel il joint une bande d'Indiens, la droite des Américains adossée à quelques bâtimens situés près de Niagara ; lui-même croyant au succès de ce mouvement, il cherche à enfoncer leur centre ; mais à sa grande surprise, au lieu de ces Américains qui autrefois lâchaient pied si facilement, il a rencontré des adversaires soutenus par leur constance autant que par leur artillerie, assez forts pour l'obliger de battre en retraite, et assez vites pour s'emparer du fort Erié avant que le major Buck qui y commande ait reçu aucun secours. Enfin le général Riall rejeté dans le voisinage des chutes de Niagara, est soutenu par le général Drummond, lorsque déjà l'armée américaine s'avançait pour achever de le vaincre. Là enhardie par ses premiers succès, après avoir mis le désordre dans son aile gauche, elle le fait prisonnier, et perce à coups de baïonnette les canonniers anglais sur leurs pièces. Cependant un renfort tiré de ces troupes fameuses nourries dans la guerre de la péninsule sous les ordres de Wellington, arrivait au général Georges Prévost qui s'est dirigé contre Plattsburg. Les Américains défendent par terre et par mer cette place attaquée de ces deux côtés. Tandis que Plattsburg et les assiégeans se canonnent, la mer fume sous les feux des deux flottilles opposées. La transparence de l'air et le calme des eaux rendent ces feux plus meurtriers. Mais la victoire reste partout aux Américains; le général Georges Prévost faisant une retraite précipitée sur la frontière, s'enfuit devant une armée au plus égale à la moitié de la sienne. Le général Drummond recule aussi; et c'est ainsi que se termine la campagne aux frontières du Canada. Mais l'Angleterre ne s'était pas bornée à cette expédition sur les lacs. Elle avait voulu en même temps frapper ses rivaux au centre de leur territoire. C'est à leur capitale même que ses coups s'adressaient. L'amiral Cochrane, longeant la rive droite du Pataxent, était venu pour incendier leur flotte commandée par le commodore Barney; il l'avait trouvée déjà abandonnée et livrée aux flammes, et n'avait mis le feu qu'à dix-huit vaisseaux marchands gardés par cette flotte. Le major général Ross se concertait avec l'amiral Cochrane, et menait un corps d'armée sur la route de Washington. Un combat sanglant se livre sous ses murailles; c'était le général Winder qui la défendait, aidé par le commodore Barney; mais toute résistance fut inutile. Aux approches de la nuit, les Anglais vainqueurs pénétrèrent (24 août 1814) dans la ville de ce peuple qui commençait à lui disputer l'empire sur les mers, et soudain, la capitale, les palais du sénat et des représentans de la nation, l'arsenal, le chantier de la marine, le trésor et les divers bâtimens, orgueil de cette Carthage naissante, ne furent plus que flammes et fumée. Quand tout ce feu se trouva allumé, les Anglais se rembarquèrent (1). Ce coup d'éclat mit fin dans ces parages aux hostilités.

La France et l'Espagne concluent un traité

____

(1) Annual Register for 1814, p. 535.

(20 juillet 1814) qui les remet l'une vis-à-vis de l'autre tout comme elles étaient une année avant la mort de Louis XVI (1).

Ferdinand VII rétablit dans ses Etats le tribunal de l'inquisition, ce qui étonne; mais il le rétablit sans rencontrer nulle contradiction, ce qui diminue la surprise.

Le pape relève à Rome l'institut des Jésuites.

Pendant que l'Espagne se débattait sous le joug de Napoléon, ses colonies s'étaient préparées à la liberté. Les Etats qu'elle possédait en Amérique se divisaient en trois vice-royautés, celles du Mexique, de la Nouvelle-Grenade et de Rio de la Plata; et en trois capitaineries, celles de Guatimala, de Vénézuela et du Chili. Après avoir repoussé, en faveur de Ferdinand VII, la domination française, ils avaient dénoué, au profit de leur indépendance, leurs liens avec Ferdinand lui-même. D'abord ils préférèrent leur maître accoutumé au nouveau; puis l'absence de toute royauté à l'ancienne. Simon Bolivar originaire de Caracas, ville principale de l'ancienne capitainerie de Vénézuela, ramassa en soi le courage

____

(1) On trouve ce traité dans le nouveau recueil de Martens, t. XI, 1814-1815, p. 43.

et le mépris du repos, que demandait cet enfantement d'une patrie. Élu, le 4 août 1813, *dictateur et libérateur des provinces occidentales de Vénézuela*, il partageait l'autorité suprême avec San-Iago Marinho, jeune étudiant, qui passant de l'école aux champs de bataille, avait traversé la fortune de général pour monter au rang de *dictateur des provinces orientales*. Mais deux chefs espagnols, Bover et Moralès, qui tenaient avec une féroce énergie pour la cause du roi, mirent bientôt aux abois l'aventureux génie des deux dictateurs. Boves incite par l'attrait du pillage la brutale intrépidité d'une bande de noirs et de mulâtres qu'il commande, et qui se montre fière et digne de son surnom de *légion infernale*. Il rencontre Bolivar et Marinho à *la Puerta*, les attaque, remporte sur eux une victoire complète (14 juin 1814) qui lui ouvre les portes de Caracas, siége du gouvernement de Bolivar, et qui réduit les deux généraux des insurgés à errer avec leurs espérances affaiblies, sur une barque dépositaire, pour un temps, de la fortune du Nouveau-Monde (1). Cependant Ribas, un de leurs lieutenans, leur reprocha de fuir, et leur enseigna la

____

(1) Hist. de Bolivar, par le général Ducoudray Holstein. t. 1er, p. 169 et suiv.

constance, par son refus de les accompagner dans leur retraite.

Le droit de faire imprimer sa pensée était accordé à chaque Français par la nouvelle Charte. Mais il ne fallut que trois mois à notre nouveau souverain pour craindre d'avoir été trop généreux : M. l'abbé de Montesquiou, ministre de l'intérieur, vint proposer à la chambre des députés une loi destinée, non à réprimer, mais à prévenir les abus de la pensée écrite. Un député, M. Raynouard, refusa d'y consentir; son discours fut noble, raisonné, plein d'avertissemens pour la couronne, digne essai de la parole recouvrée. Le ministre se défendit avec un langage enflé des souvenirs du règne de Louis XIV, vide de cette logique mâle et peu ornée qui convient aux assemblées parlementaires. La loi fut adoptée (21 octobre 1814). La nation étonnée en murmura : les Bourbons faisaient chanceler leur trône avec leurs premiers mouvemens.

L'électorat de Hanovre se change en royaume; le souverain de la Grande-Bretagne ajoute à ses titres celui de roi de cette partie de l'Allemagne ; de sorte que l'Angleterre prend pied avec plus d'autorité sur le continent. Le duc de Cambridge, muni des pleins pouvoirs nécessaires, assemble les états du nouveau royaume (fin d'octobre 1814),

et leur confère le droit de régler les impôts,
comme de pourvoir aux bonnes lois et à la saine
police. Le reste de l'Allemagne voit avec envie
cette ombre de liberté qui suit en Hanovre la
domination anglaise.

DEUXIÈME ÉPOQUE.

CONGRÈS DE VIENNE

INTERRÈGNE DES CENT-JOURS.

Ouverture du congrès de Vienne. — Premières fautes du gouvernement de Louis XVIII. — Traité de paix entre la Grande-Bretagne et les Etats-Unis. — Négociations religieuses entre la France et la cour de Rome. — Travaux du congrès de Vienne. — Négociations relatives à l'incorporation de la Saxe à la Prusse. — Protestation du roi de Saxe. — Brigues et divisions dans le congrès. — Le démembrement de la Saxe est décidé. — Négociations relatives au royaume de Pologne. — Réunion de la république de Gênes à la Sardaigne. — Arrangement des affaires de la Suisse. — Etablissement d'une confédération germanique. — Réunion de la Belgique à la Hollande. — Politique de la France contre Joachim Murat. — Napoléon s'échappe de l'île d'Elbe et débarque en France.—Défection du maréchal Ney.—Départ de Louis XVIII.— Entrée de Napoléon dans la capitale. — Déclaration des puissances contre lui. — Elles forment un nouveau traité d'alliance qui confirme celui de Chaumont. — Réponse de Napoléon à la déclaration des puissances. — Louis XVIII s'établit à Gand. — Le duc d'Angoulême capitule dans la Vendée. — Murat fait entrer son armée dans les États de l'Église, et appelle les Italiens à l'indépendance. — L'Autriche lui déclare la guerre. — Défaite de Murat. — Naples se soumet à son ancien souverain. — Napoléon publie un acte additionnel aux constitutions de l'empire. — Signature de l'acte du congrès de Vienne. — Assemblée du Champ de Mai. — Campagne de 1815. — Bataille de Waterloo. — Succès du général Lamarque dans la Vendée. — Retour de Napoléon à Paris. — La Chambre des Représentans se déclare contre lui. — Il abdique en faveur de son fils. — Institution d'un gouvernement provisoire. — Capitulation du 3 juillet. — Entrée des coalisés dans Paris. — Dissolution du gouvernement. — Arrivée de Louis XVIII. — Composition du ministère Talleyrand. — Ordonnance royale qui ordonne la révision de la Charte, et qui modifie préalablement les institutions du royaume, sans le concours des Chambres. — Napoléon est conduit à l'île Sainte-Hélène. — *Une armée étrangère occupe* la France. — Ordonnance royale qui lève, sans le concours des Chambres, une réquisition de guerre de cent millions. — Chute du ministère Talleyrand. — Formation d'un cabinet dirigé par M. le duc de Richelieu. — Acte de la Sainte-Alliance. — Traité du 20 novembre 1815. — La Pologne obtient une constitution. — Ouverture des Chambres en France. — Esprit réactionnaire de celle des Députés. — État intérieur de l'Angleterre. — Morillo débarque dans l'Amérique espagnole à la tête d'une armée royaliste. — La capitainerie de Rio-de-la-Plata proclame son indépendance. — Bombardement de la ville d'Alger par lord Exmouth. — Acte du 5 septembre 1816, par lequel Louis XVIII déclare que la Charte ne sera pas révisée. — Influence de M. Decazes. — Loi électorale. — Troubles et conspiration à Londres. — Suspension de l'*habeas-corpus*. — Mort de la princesse Charlotte d'Angleterre. — Prospérité croissante de la république des États-Unis d'Amérique.

Le congrès de Vienne vient de s'ouvrir (3 novembre 1814). Les empereurs de Russie et d'Autriche, les rois de Prusse, de Bavière, de Wurtemberg et de Danemarck assistent en personne à cette auguste assemblée, arbitre du destin universel. Les souverains de l'Angleterre et de la France s'y font représenter par leurs ministres, lord Castlereagh et le prince de Bénévent. Ce n'avait pas été sans peine que la France avait obtenu de parler au congrès : on regardait son sort comme décidé, et on nous trouvait descendus trop bas pour venir peser celui des autres (1). Nous parvînmes à triompher de la combinaison jalouse qui aurait augmenté, en les faisant mieux paraître, les abaissemens de notre fortune.

Déjà Buonaparte, arrivé à l'île d'Elbe, prépare des travaux d'utilité et d'embellissement pour l'île qu'il gouverne. Il feint d'être parfaitement résigné ; ses paroles sont pleines de mépris pour les grandeurs ; il questionne à peine les militaires venus de France pour le visiter. Le colonel Campbell, commandant une corvette anglaise dans ces parages, renonce à le surveiller de trop près : Buonaparte lui impose ; ce colonel sait d'ailleurs que le traité conclu avec l'ancien empereur laisse à celui-ci toute liberté dans ses mouvemens.

Nos deux chambres se montrèrent généreuses envers Louis XVIII, et au milieu des ruines de

---

(1) Annual Register for 1814, p. 285

nos finances, lui offrent (8 novembre 1814), pour les frais de sa royauté et pour l'entretien de sa famille, un revenu annuel de trente-deux millions. M. le comte de Blacas pénètre très avant dans les bonnes grâces du roi, dont il administre le trésor privé. Son crédit fait trop de jaloux, et ôte aux conseillers de la couronne l'union que leur demande la gravité des affaires. Ces ministres placent leur politique sur une pente qui mène insensiblement au régime de l'ancienne monarchie : les uns vont à ce but par système, les autres à leur insu, à cause de l'habitude ; le reste par incapacité. Au lieu de chercher à effacer les souvenirs de nos discordes, ils élèvent des monumens à la haine. On les voit honorer les mânes des émigrés morts à Quiberon (30 novembre 1814) ; et ces expiations outragent silencieusement les trois quarts de la France. Ils laissent connaître à la vieille armée que le roi ne se fie pas à elle ; ils lui ôtent, par la profusion des récompenses militaires, l'honneur de celles qu'elle avait gagnées ; l'inexpérience et la jeunesse sans services et sans gloire obtiennent les commandemens dans ses rangs ; le père de Georges Cadoudal qui avait autrefois attenté sur la vie de Napoléon, reçoit des lettres de noblesse ; le gouvernement ne se cache pas dans son dessein d'épurer le corps de la magistrature ; les émigrés rentrés affichent l'espérance de ravoir leurs domaines depuis long-temps aliénés et passés de main en main ; les possesseurs actuels de ces biens prennent de l'ombrage et de l'inquiétude ; les discours du clergé font craindre aux habitans des campagnes le rétablissement de la dîme et de la corvée (1). Le gouvernement avait proposé de réintégrer les émigrés dans la propriété de cette part de leurs biens qui ne se trouveraient dans la main de personne : mais un imprudent orateur, chargé de soutenir cette loi équitable, remue toutes les haines et touche à toutes les passions, en portant aux nues ces victimes de nos troubles civils (2). Buonaparte apprend ces fautes, et commence à s'en réjouir. Le maréchal Macdonald soumet à la Chambre des pairs (10 décembre 1814) un projet sagement conçu pour secourir les émigrés sans troubler l'ordre de la propriété ; il démontre qu'une somme de dix millions suffirait à indemniser non seulement ces serviteurs de la monarchie, mais encore les militaires auxquels la perte de la victoire a ravi des dotations assignées en pays étranger. Ce

----

(1) Voir les journaux du temps, les écrits des sieurs Dard et Falconnet ; l'hist. de France, par Montgaillard, t. viii ; l'hist. de la Restauration, par Lacretelle, t. iv ; les mémoires pour servir à l'hist. du retour de Napoléon, par Fleury de Chaboulon, t. 1er.

(2) Discours de M. Ferrand, commissaire du gouvernement, dans la séance de la chambre des députés. — 7 septemb. 1814.

plan de réconciliation gagne l'assentiment général.

La guerre entre la Grande-Bretagne et les
États-Unis se trouvait suspendue. Les Anglais
consentaient à mettre fin aux hostilités si un
traité leur reconnaissait le droit de saisir à bord des
vaisseaux de commerce les matelots sujets de
Georges III ; si la paix conclue devait s'étendre
aux peuplades indiennes, alliées de l'Angleterre ;
si les limites des possessions respectives se repla-
çaient de manière à prévenir toute querelle ; et
si enfin les Américains cessaient d'exercer gratuitement le droit de pêcher sur des rivages anglais (1). La Grande-Bretagne était lasse d'une
guerre si lointaine, et à cause de cela si coûteuse ;
elle craignait de fournir aux Américains une nouvelle occasion de sentir leur force ; elle craignait
encore que si la lutte se prolongeait, une autre puissance ne vînt les aider à soutenir la liberté des mers. De leur côté, les États-Unis,
affligés par la dévastation de leurs côtes et les lan-
gueurs de leur commerce, retiraient leur confiance à leur président et ne demandaient pas
mieux que de faire la paix. Le difficile était de s'accorder sur le principe de l'indépendance maritime. L'Angleterre prétendait fermer à ses ma-

____

(1) Annual Register for 1814, p. 344.

telots le service des États-Unis; elle soutenait qu'un sujet ne peut aliéner la fidélité due à son souverain, et que le droit de reprendre ses marins lui donnait celui de visiter les bâtimens. Les Américains, tout en ne déniant pas qu'un gouvernement est fondé à réclamer la foi et les services de ses nationaux, objectaient que ceux des matelots anglais qui avaient renoncé à leur patrie et coulé en Amérique une longue suite d'années, avaient effacé leur origine natale; et que d'ailleurs, les États-Unis ne pouvaient, sous aucun prétexte, laisser violer par des perquisitions étrangères la liberté de leur pavillon. Ils proposèrent comme un tempérament, d'exclure de la marine américaine tous les matelots anglais qui n'auraient pas été naturalisés citoyens américains. Enfin, pressées de finir la guerre, les deux puissances convinrent de mettre de côté la question du droit maritime; et des remèdes aussi peu décisifs ayant été aisément trouvés pour pallier les autres différends, le traité de paix fut bientôt signé (24 décembre 1814) (1).

Les ossemens à demi calcinés de Louis XVI et de Marie-Antoinette sont retrouvés : les souvenirs de la révolution semblent sortir avec eux du sein de la terre. On fait à ce reste de dépouilles,

---

(1) Traité conclu à Gand. — Recueil de Martens, t. vi, p. 76.

I. 5

les honneurs d'un convoi funèbre, pour le conduire en pompe royale aux sépultures de Saint-Denis. Elever avec un si grand bruit des tombeaux à ces deux grandes victimes, c'est rendre présente à la nation française l'image d'un événement que le gouvernement de Louis XVIII devait faire oublier en paraissant l'oublier lui-même.

Ce gouvernement, jaloux de restaurer l'Eglise de France, s'était mis à négocier avec la cour de Rome. Mais fidèle à son idée de ne reconnaître, comme légitime, aucun des actes du règne de Buonaparte, de peur de sembler admettre le droit de l'usurpateur à gouverner la France, il n'avait pas voulu laisser les affaires de notre Eglise se continuer sous le réglement du Concordat de 1801, et il avait proposé au Pape (octobre 1814) de remettre toutes choses sur le même pied qu'avant la révolution française, c'est-à-dire de rétablir les anciens diocèses dans leur nombre et avec leur circonscription d'autrefois. Ce n'est pas qu'il désirât relever en France une si grande multitude de siéges épiscopaux (1); mais après que tous les anciens auraient été debout, il eût demandé l'abolition canonique de ceux dont la conservation aurait paru inutile. Le monarque déférait en cela aux conseils cha-

----

(1) Il y en avait 135 avant 1789.

grins que lui soufflaient dans l'oreille ces prélats superbes, qui avaient refusé opiniâtrément, en 1801, de rendre à sa Sainteté les clefs de leurs siéges, et qui regardaient aujourd'hui dans les évêques institués en leur place par le souverain pontife, des intrus qui méritaient d'être ensevelis sous les ruines du Concordat qui les avait élevés. De son côté, le Pape ne consentait pas à désavouer son ouvrage; et il liait son honneur au maintien de ce traité conclu pour sauver la religion battue par de longs orages. Si l'Eglise de France demandait à s'étendre, il trouvait plus honorable et plus simple d'ajouter, selon nos besoins, au nombre de nos pasteurs, que de rétablir chez nous plus de diocèses qu'il n'en fallait, pour en supprimer bientôt après, une portion reconnue sans usage. Pie VII exprimait en même temps le vœu que les ravages exercés dans nos tempêtes civiles sur les biens ecclésiastiques fussent réparés, en tant que des dotations foncières seraient jointes aux diocèses. Ces négociations détournaient les regards du gouvernement royal de dessus l'île d'Elbe, où Buonaparte méditait les moyens qui le conduiraient à remuer encore le monde.

Cependant les empereurs et les rois composant dans le congrès de Vienne une auguste assemblée de pacificateurs, annonçaient l'intention de faire

des fondemens profonds à l'établissement du repos du genre humain. Reconstruire avec les ruines laissées éparses par la révolution française
l'édifice qu'elle avait jeté par terre, rendre à
quelques royaumes détruits leur ancienne existence, ramener les proportions convenables entre
les puissances pour les rendre redoutables les unes
pour les autres, réparer une longue suite de violences et d'iniquités, guérir des blessures invétérées, prendre en main la sainte cause de la justice,
de la morale et de la religion, long-temps réduites
à jeter de si profonds et de si vains gémissemens :
telle était proclamée la mission, pleine d'une majestueuse et bienfaisante grandeur, de ces rois et
arbitres de la terre. La France leur paraissait avoir
causé tous les maux du monde; aussi ce fut une
immense célébration de notre puissance que cette
occupation de tant de souverains pour nous empêcher de remuer. Le génie inventif des diplomates épuisa ses adresses à fortifier le royaume
des Pays-Bas, à lier ensemble les petits États de
de l'Allemagne, à grossir la monarchie prussienne,
à imaginer tous les poids qui devaient faire équilibre à notre pouvoir et à notre ambition. Mais
nous donnons en raccourci le spectacle des soins,
des passions et des arrêts de cette grave assemblée
jusqu'au moment de la confusion où le plongera
le retour inopiné de Buonaparte.

Voici les plénipotentiaires des États représentés au congrès, qui ont rempli la formalité de la vérification de leurs pleins pouvoirs. Mais seront-ils admis tous à donner leur suffrage? Alors le grand nombre des voix pourrait faire que l'issue plus incertaine des délibérations ne convînt pas avec les vœux des grandes puissances. Les plus forts décident donc qu'on ne prendra pas l'avis des plus faibles, bien qu'il s'agisse de la destinée de ceux-ci. En vain le prince de Bénévent, plénipotentiaire du royaume de France, soutient leur droit à siéger dans une assemblée générale ; sans doute s'il s'intéresse à ces moindres puissances, c'est pour susciter aux plus grands des embarras dont nous n'avons qu'à profiter. Mais tout est dit. Ce congrès proclamé universel se réduira d'abord au conseil d'un petit nombre de couronnes (1).

Le cabinet de Berlin, dépouillé dans nos furieuses guerres, commence par invoquer le traité de Kalisch (2); et, fort des articles de cette convention, redemande ce qu'il a perdu : il faut lui retrouver une population de plus de trois millions d'âmes. La difficulté vient du refus que fait l'Empereur Alexandre de restituer la portion des dépouilles de la Prusse, que lui donna Buonaparte.

---

(1) Hist. des Traités, par Schœll, t. vi, p. 26.
(2) Id., t. x, p. 193.

Mais, sous le semblant d'une punition à infliger à Frédéric-Auguste qui a fait cause commune avec ce grand ennemi de la coalition, l'Empereur de Russie avait pris possession du royaume de Saxe. Il offre de le remettre à la disposition de la Prusse, qui devra s'en contenter comme d'une indemnité de ses pertes passées. Le cabinet de Berlin joue un personnage convenu d'avance avec la cour de Saint-Pétersbourg, et demande en effet, avec un air résigné (10 octobre 1814), l'incorporation de la Saxe à ses domaines raccourcis. L'Autriche prévoit que si la Prusse engloutit la Saxe, la Russie ne se fera plus aucune honte d'ajouter à son corps démesuré la majeure partie de la Pologne; mais, d'un autre côté, elle envisage les accroissemens de la monarchie prussienne comme une fortification des barrières nécessaires contre les débordemens de l'empire russe. Elle finit donc par se prêter d'assez mauvaise grâce aux agrandissemens projetés, en se bornant à négocier pour faire donner à la Prusse une enceinte de frontières plus dignes de respect, du côté du nord. Le cabinet britannique voit les choses du même œil, et demande, non sans les apparences d'une humeur aigrie, que la Russie cède aux Prussiens des bornes contre elle-même. Alexandre refuse de se défaire de la ligne de la Wartha, qui formerait cette limite gardienne de la sécurité générale. Mais il n'économise pas les manifestes sur l'abondance des libertés qu'il ménage à ses nouveaux sujets de Pologne, et qu'il promet de rendre, contre sa propre puissance, des boulevarts plus assurés que les fleuves et les forteresses (1).

Cependant les plénipotentiaires français affirment (2 novembre 1815) que le roi de Saxe, n'ayant pas abdiqué, ne saurait être dépouillé de la couronne par la main des hommes ; ils demandent par qui un roi peut être jugé, si ce n'est par cette justice seule de qui relèvent toutes les souverainetés ; ils dénoncent enfin à la conscience du monde (2) une spoliation qui atteindrait Frédéric-Guillaume jusque dans les princes de sa maison, qui viennent de hasarder leur sang dans la cause commune. La Bavière est toute de flamme en faveur du malheureux prince : elle sent que cette ruine d'un Etat médiocre ressemblerait à une menace pour elle-même. Cette affaire émeut tous les esprits. Frédéric-Auguste a protesté (4 novembre 1814) (3). Les passions se réchauffent ; l'Empereur

______

(1) Voyez le tome xi des Traités de Paix, par Schoell, p. 46.

(2) Mémoire raisonné sur le sort de la Saxe, distribué par les plénipotentiaires français à Vienne. — Recueil de pièces officielles relatives au congrès de Vienne, t. 1ᵉʳ, p. 276.

(3) Protestation du roi de Saxe. — Recueil de pièces officielles relatives au congrès de Vienne, t. 1ᵉʳ, p. 304. — Acten des Wiener congresses. J. Klüber.

Alexandre craint de se voir contester la Pologne, et pour se l'assurer mieux, il invite les Polonais à défendre par les armes la liberté qu'il leur promet (1). La guerre semble au point de se rallumer ; les armées, qu'on se promettait de licencier, sont retenues sous les armes ; et voilà comment Buonaparte trouvera l'Europe toute rassemblée pour le combattre une seconde fois, par l'effet de ces dissensions mêmes dont le fugitif de la Méditerranée se sera flatté de profiter. Le congrès se trouve divisé entre deux intérêts, de la Prusse et de la Russie, qui s'entendent pour s'agrandir ; de l'Autriche, de la France et de l'Angleterre, qui vont ensemble à restreindre ces augmentations. Ces trois dernières puissances comprennent tellement le besoin de leur union, qu'elles font un traité tout exprès, afin de se garantir mutuellement dans leur opposition à la cupidité déterminée des deux autres (6 janvier 1815) (2). Cependant celles-ci offraient de composer à Frédéric-Auguste un petit royaume sur la rive gauche du Rhin. La France négligea à tort d'appuyer cet arrangement, qui eût placé à ses portes un faible souverain, et qui, ramassant

----

(1) Proclamation du grand-duc Constantin. — Recueil de pièces officielles, t. VI, p. 80.

(2) Triple alliance de Vienne.

la puissance du roi de Prusse au-delà du Rhin,
eût refait de lui notre allié naturel ; au lieu qu'é-
tabli sur nos frontières, il a dû nous toucher de
trop près pour s'entendre avec nous. C'est là, en
effet, entre le Rhin et la Meuse, qu'on lui trouve
une indemnité ; on y ajoute une moitié de la
Saxe : Frédéric-Auguste régnera sur le lambeau
restant de ses anciens domaines. Ce démembrement de son empire a fini par concilier les opinions.
Pour ce qui est des garanties demandées à l'Empereur de Russie, à qui on ne peut ôter la Pologne,
toutes les puissances s'accordent à regarder la liberté de ce pays, à défaut de barrières naturelles,
comme le seul fondement de la sécurité commune. Alexandre répète sa promesse de donner
une patrie aux Polonais ; et c'est ainsi qu'il retranche quelque chose des menaces que sa grandeur ferait à l'Europe (1).

Dans le même temps, le congrès de Vienne
refusa de remplir, à l'égard des Génois, les promesses que nous avons vu que lord Bentink leur
avait faites (17 décembre 1814) (2), et il se hâta
de les mettre dans la sujétion du roi de Sardai-

---

(1) Contre-projet du cabinet autrichien sur la question saxonne.
— Recueil de pièces officielles, t. VI, p. 121. — Note du prince de
Hardenberg, id., p. 182.

(2) Voyez plus haut.

gne (1). Cette destruction des libertés de l'ancienne république de Gênes, fut opérée au nom de l'indépendance de l'Europe, qui parut demander que le souverain qui garde contre nous les abords de l'Italie, nous devînt respectable.

Il fallut aussi mettre la main dans les affaires embarrassées des Suisses. Au moment où les puissances coalisées étaient entrées chez eux, ils avaient refait leur constitution, mais en conservant le partage de la souveraineté en dix-neuf Etats confédérés (2). Les puissances consentirent à reconnaître ce partage, œuvre de Buonaparte. Deux petites circonstances agirent en cela sur les destinées de la nation helvétique. Ce fut que le landamman régnant usa de son influence pour faire respecter tous les cantons existans ; et qu'un Suisse, ancien précepteur de l'Empereur Alexandre partagea le même avis, et le fit épouser au plus puissant des coalisés. Cependant la république de Berne n'avait pas oublié qu'avant que Buonaparte intervînt dans les lois de la Suisse, elle avait possédé en souveraine le canton d'Argovie ; elle porta ses doléances à l'assemblée des pacificateurs et redemanda ses anciens sujets. La France, dont elle invoquait l'appui, se retira à l'écart ; puisqu'occupés alors de prendre des Suisses à notre solde,

____

(1) Recueil de pièces officielles, tom. vi, p. 363.
(2) Cette Constitution nouvelle sera analysée plus loin.

nous voulions ménager à la fois tous les cantons. Les autres grandes couronnes répondirent aux Bernois que le canton d'Argovie était entré en possession d'une liberté reconnue par elles ; et que tout ce qu'on pouvait faire en faveur d'une république renommée par sa longue sagesse et la douceur de ses lois, c'était de placer sous son obéissance, en place des habitans d'Argovie, ceux de l'évêché de Bâle, qui se trouvaient sans maître, et sans droit à n'en pas avoir. On vit l'Angleterre, qui ne laissait fuir aucune occasion de nous supplanter dans la bonne amitié des Suisses, soutenir plus chaudement que toute autre puissance la prétention des Bernois. Avec la reconnaissance de la liberté de leurs institutions et de la neutralité de leur territoire, les Suisses demandaient une amélioration de leurs bornes militaires qui pût les assurer dans la jouissance de cette double indépendance. L'Assemblée des souverains leur promit trois nouveaux cantons formés du Valais, du territoire de Genève et de la principauté de Neuchâtel ; et de plus la proclamation authentique de leur neutralité dans l'acte de pacification générale, sitôt qu'ils auraient adhéré aux décisions du congrès de Vienne pour l'ajustement de leurs dissensions intérieures.

L'un des plus grands travaux du congrès regarda le rassemblement des États d'Allemagne en une confédération. Nous étions trop près des petits membres de l'ancien empire germanique ; le souvenir des forces qu'ils nous avaient prêtées, et qui avaient rendu la France égale à tant de dominations liguées contre elle, pressa les ombrageux pacificateurs de tourner contre nous le voisinage et la faiblesse même de ces nombreuses principautés. L'Autriche et la Prusse se mirent de la partie, et formèrent les deux grosses têtes de l'hydre. La Bavière, le Hanovre et le Wurtemberg venaient ensuite, puis le reste des principautés minimes. Mais la négociation fut lente et agitée. Le projet, débattu dans huit délibérations, émanait des cabinets de Vienne et de Berlin (16 octobre 1814), qui s'étaient réunis pour l'amener à une maturité accommodante pour tous les intérêts. Dans ce projet, le but de la confédération était défini comme la garantie de l'indépendance et de la sûreté extérieure de l'Allemagne. Il n'y était pas encore question d'assurer *sa paix intérieure* (1). Mais la Bavière et le Wurtemberg s'élevèrent contre les clauses favorables aux libertés des sujets (2) de chaque souverain as-

---

(1) Articles concertés entre l'Autriche et la Prusse pour être proposés dans la conférence des cinq puissances allemandes. — Recueil de pièces officielles, t. i, pag. 61.

(2) Il s'agissait de stipuler formellement pour chaque peuple le droit d'intervenir dans la formation des lois et de voter les impôts.

socié dans cette confédération. Ces clauses du projet étaient politiques, puisqu'elles avaient pour but de faire aimer aux nations allemandes le lien fédératif. Les plénipotentiaires de la Grande-Bretagne et du Hanovre les défendirent (21 octobre 1814), en s'opposant avec force à la jalousie que les rois de Bavière et de Wurtemberg affectaient pour les droits de leur souveraineté, et en représentant que la chute de la constitution de l'empire germanique n'avait pu entraîner dans sa ruine toutes les anciennes garanties que cette constitution renfermait pour les peuples contre le despotisme (1). Mais le roi de Wurtemberg avait détruit, en 1805, lorsque son grand-duché devint un royaume, la vieille constitution qui faisait la gloire, le bonheur et la liberté de ses sujets (2); plus il avait de torts à se reprocher vis-à-vis de leur indépendance, plus il s'irritait d'une obligation qui lui aurait été imposée à cet égard. La Bavière se montra surtout récalcitrante lorsqu'elle entendit l'Autriche et la Prusse réclamer chacune une double voix dans le conseil suprême de la confédération. Fière du sang qu'elle avait prodigué contre Buonaparte, elle se croyait de-

_____

(1) Vote émis par les deux plénipotentiaires d'Hanovre. — Recueil de pièces officielles, t. 1, p. 101.

(2) Voyez, sur la conduite de ce souverain, un article inséré dans le t. xxix de l'Edinburgh-Review, p. 337.

venue l'égale des couronnes majeures. Un article qui défendait aux membres de l'union toute alliance séparée avec l'étranger, lui fit pousser d'autres clameurs; elle voyait déjà, et non sans quelque prévoyance, la confédération exposée à être entraînée dans toutes les guerres qu'il plairait à l'Autriche et la Prusse d'entreprendre (1); et là-dessus les deux puissances ne trouvèrent pour l'apaiser que leur promesse de laisser à l'union la liberté de ne pas prendre parti pour elles (2).

Cependant le roi de Wurtemberg se montrait également épouvanté de l'obscurité qui couvrait les bases du pacte fédératif. Quels sont le nombre des membres de l'union projetée, l'étendue de leurs domaines, la portion de forces que l'Autriche et la Prusse apportent décidément à la confédération? C'est ce qu'il demande (16 novembre 1814) avant de s'engager à faire des sacrifices (3). Le prince de Metternich, qui préside au nom de l'Autriche aux délibérations de toutes les conférences du congrès, lui répond avec le ton superbe d'une

______

(1) Réclamation supplémentaire du roi de Bavière. — Recueil de pièces officielles, t. i. p. 118.

(2) Quatrième protocole des affaires d'Allemagne. — Recueil de pièces officielles, t. i, p. 107.

(3) Note du plénipotentiaire de Würtemberg. — Recueil de pièces officielles, t. ii, p. 30.

haute puissance, que l'ajustement de toutes ces questions est réservé aux lumières des plus grandes couronnes; que le traité de Paris a commandé l'établissement d'une confédération germanique; et qu'enfin il n'est pas abandonné à chaque prince allemand de se soustraire selon le gré de son caprice (22 novembre 1814) ou de son intérêt aux obligations de cette alliance (1). Ces démêlés interrompent le cours des négociations.

Alors les princes du second ordre et les villes libres d'Allemagne se liguent pour déplorer ensemble leur exclusion d'un conseil où s'agite la destinée de la patrie commune (16 novembre 1814) (2). Bientôt on voit paraître à leur tête le grand-duc de Bade qui, confus de ne pouvoir se faire admettre aux délibérations des cinq couronnes germaniques, redescend au premier rang des plaignans (9 décembre 1814). Ils remplissent de leurs doléances toutes les avenues du congrès. Leur effort soutenu ébranle et fait changer enfin le projet déjà médité pour l'établissement de l'union. On était convenu d'abord de faire gouver-

___

(1) Note du prince de Metternich en réponse à celle du plénipotentiaire de Würtemberg. — Recueil de pièces officielles, t. II, p. 59.

(2) Note des plénipotentiaires des vingt-neuf princes souverains et villes libres d'Allemagne. — Recueil de pièces officielles, t. II, pag. 33.

ner la confédération par un directoire suprême chargé de l'action, et assisté d'un second conseil placé plus bas et n'ayant que la voix consultative. Mais aujourd'hui l'égalité de tous les membres de l'union est résolue (1). Plus de souveraineté, de haute direction, de chefs de cercles : seulement un conseil fédéral où les grandes couronnes voteront par tête, et les petits États par voix consultative. La majorité des suffrages gouvernera toute seule.

Pour achever de nous donner de puissans voisins, la coalition s'était promis de faire un seul corps de la Belgique et de la Hollande. Elle s'était donc hâtée de réunir sous le sceptre de la maison de Nassau, toutes les provinces qui avaient formé un jour les Pays-Bas espagnols, en décidant que ce nouveau royaume aurait des institutions représentatives.

Le congrès ne consulta les vœux ni de la Belgique, ni de la Hollande. La première eût désiré former une nation, la seconde redevenir une république (2). Mais il ne convenait pas à l'alliance de rendre à celle-ci son ancienne forme de gouvernement; ni de faire jouir celle-là d'une liberté dont

---

(1) Projet relatif aux bases de la confédération germanique. — Recueil de pièces officielles, t. II, p. 258.

(2) Voyez le discours prononcé par lord Aberdeen à la chambre des pairs d'Angleterre, le 26 janvier 1832.

elle aurait pu se défaire pour s'incorporer à la France. Ainsi les puissances décident la réunion de deux nations trop égales l'une à l'autre pour ne pas s'envier; dont l'une est catholique, manufacturière et agricole; l'autre réformée et commerçante; qui ne sauraient prospérer à la fois, ni s'adresser à Dieu selon le même rit et dans la même langue, et dont aucune ne peut le prier pour sa prospérité sans lui demander la ruine de l'autre. La Belgique avec ses trois millions d'habitans est placée sous la domination d'un roi qui ne comptera en Hollande que deux millions de sujets.

Cependant, le roi de Wurtemberg, craignant qu'une stipulation dans le traité général ne lui fît une obligation de respecter les droits de ses sujets (1), se décide à leur donner une constitution (11 janvier 1815), afin de témoigner du moins sa liberté en établissant la leur. Mais il leur dispensait ce bienfait de si mauvaise grâce, et d'une main si avare, les droits de sa couronne étaient si bien définis, et ceux de la nation si obscurément tracés dans la nouvelle charte, que les états assemblés contestèrent au roi l'autorité absolue qu'il s'était formée sur les ruines de leur ancienne constitution, rejetèrent le don qu'il leur proposait et réclamèrent, comme un acte de

____

(1) Voyez plus haut.

I.

6

justice, le rétablissement de leurs vieilles franchises. Le souverain s'obstina à regarder leurs libertés passées comme évanouies à jamais, et il prétendit que tout ce qu'il cédait était ôté de ses droits, et non rendu aux leurs. Peut-être ne se plaignait-il pas au fond de son cœur d'une résistance qui lui laissait cette plénitude de souveraineté dont il était si entêté. Tant il y a que le débat continua jusqu'à sa mort, et qu'il s'éteignit en tenant sa petite couronne à deux mains.

Les plénipotentiaires de Louis XVIII étaient chargés par leur maître de négocier la ruine de Joachim Murat. Le prince de Bénévent mit en œuvre son habileté éprouvée dans la science de traiter. Le maintien de l'usurpation sur la terre de Naples, disait-il, gâtait l'œuvre de la pacification universelle; d'ailleurs, il ne proposait que la reconnaissance de Ferdinand IV (15 décembre 1814), persuadé qu'une déclaration de l'Europe en faveur de ce souverain légitime suffirait pour faire tomber Murat. Cependant, s'il fallait une armée, la restauration de Ferdinand IV n'aurait besoin que de l'appui de celles des puissances alliées qui jugeraient à propos de le secourir. Il finissait par promettre qu'aucunes troupes étrangères à l'Italie, mises en mouvement pour le soutien de cette cause, ne traverseraient la Péninsule ; promesse calculée pour tranquilliser l'Autriche sur le repos de ses possessions (1). De son côté, Murat se débattait afin de gagner le temps de tromper les souverains au profit de Buonaparte dont il espérait le rétablissement. Il rechercha l'alliance de l'Angleterre (25 janvier 1815), trop pénétrante pour prêter l'oreille à ses propositions (2). Se voyant en butte à une défiance générale, il se trouble ; le désordre accoutumé de son esprit passe dans les conseils de sa politique ; il médite une révolution dans l'Italie ; on le voit augmenter son armée ; il menace la France, qui refuse de le reconnaître, et demande le passage (15 février 1815) par le territoire autrichien pour quatre-vingt mille hommes. Murat entretenait de secrètes intelligences avec Buonaparte, et peut-être devaient-elles aider l'audace du captif de la Méditerranée, prêt à s'élancer sur la France. Quoi qu'il en soit, l'Autriche refuse le passage, s'affermit dans ses soupçons, et accroît le nombre de ses soldats, tandis que Louis XVIII lui-même, assemble dans sa province du Dauphiné une armée, non seulement destinée à repousser l'agression de Murat, mais

---

(1) Lettre du prince de Talleyrand à lord Castlereagh.

(2) Mémoire du duc de Campo-Chiaro, plénipotentiaire de Naples ; et observations des généraux Bentink et Nugent. — Recueil de pièces officielles, par Schœll, t. vi, p. 364, 395, 435.

à donner à la France une meilleure assurance dans le congrès. Cette armée va servir à reporter Buonaparte triomphant sur le trône.

Le gouvernement royal de France était chaque jour plus ébranlé par les outrages que faisait aux grands de l'empire de Napoléon l'orgueil des nobles de l'ancienne monarchie (1). Les officiers de cette armée qui avait conquis l'Europe, s'accoutumaient à se plaindre ensemble : on augmente ses ennuis en se les communiquant. Le gouvernement fit juger un général accusé de désobéissance (2) : mais le général trouva grâce auprès de ses juges, militaires comme lui. Un roi est à demi renversé, lorsqu'il veut et ne peut punir.

Cependant Buonaparte, au sein de sa retraite battue par les flots, n'avait jamais paru aussi tranquille. Les goûts les plus simples semblaient préoccuper cette âme guerrière. Mais dans le fond de son cœur, il pesait toutes les fautes de la famille restaurée. Un de ses anciens officiers vint le trouver sous le déguisement d'un matelot, et lui apporta des nouvelles si fraîches de l'état des

---

(1) Considérations sur la révolution française, par Mme de Staël. — Lettre sur les Cent-Jours, par M. Benjamin-Constant. — Hist. de la Restauration, par Lacretelle. — Mémoires de M. F. de Chaboulon. — Polémique du temps.

(2) Le général Excelmans.

affaires, qu'il ne consulta plus. *Son nom ton-nera* (1), dès qu'il aura mis le pied sur le sol de la France : c'est assez pour faire réussir son entreprise. En effet, il s'embarque, et descend bientôt après sur les côtes de la Provence (1er mars 1815), accompagné de neuf cents hommes. Des manifestes qu'il sème sur son passage combattent d'avance pour lui dans tous les cœurs mécontens. Au-devant de la place de Grenoble, il rencontre un bataillon chargé de lui fermer le passage. Ses soldats qui se traînaient au sortir des neiges que leurs pieds déchirés avaient ensanglantées, se raniment pour le défendre; le bataillon envoyé contre lui rétrograde; Napoléon le suit, et le trouve rangé en bataille entre un village et les eaux d'un lac. C'était un moment qui laissait place au courage et à la fortune. Buonaparte s'avance seul vers le détachement, et se nomme en faisant le geste d'exposer sa poitrine : tout le bataillon tombe à ses pieds (2). Bientôt un régiment, le colonel en tête (3), passe sous son drapeau aux trois couleurs : les soldats mêlés s'embrassent en arrosant leurs mousquets de leurs larmes. Napoléon les mène, au fort de leur joie, sous les murs de l'importante

______

(1) Expression de Buonaparte : voyez les mémoires de Chaboulon, t. 1, p. 123.

(2) Mémoires de F. Chaboulon, t. 1, p. 176.

(3) Labedoyère.

place de Grenoble, dont la garnison est vaincue par le même enthousiasme, et dont le peuple lui offre, à défaut des clefs de la ville, les débris des portes enfoncées pour le recevoir (7 mars 1815).

Le même jour, le gouvernement de Louis XVIII, instruit de son débarquement, le mettait hors la loi. Les deux Chambres furent convoquées; Monsieur partit pour commander la défense de Lyon. Buonaparte, tranquille dans sa voiture, entouré d'une population sans cesse grossie et renouvelée, s'approchait de cette ville, et s'emparait doucement du royaume qu'il traversait. Le maréchal Macdonald, gardant sa foi à la famille des Bourbons, avait suivi Monsieur : connu des militaires, il voulut en vain les rattacher à la défense du roi. Buonaparte, la victoire en personne, reparaissant comme leur providence, avec le drapeau tricolore dans sa main, ne laissait plus de liberté à la fidélité du soldat. A peine arrivé dans Lyon (10 mars 1815), il s'en gagne la garde nationale en lui confiant la sûreté de sa personne; déjà il exerce la souveraineté, afin de ne plus permettre de douter qu'il ait recommencé à être le maître de l'empire; dans ses décrets, il dissout les Chambres réunies par le roi, abolit la noblesse, exile les émigrés non amnistiés (13 mars 1815), et annonce la convocation d'une assemblée nationale où il consultera, pour limiter sa puissance, la volonté du peuple (1). Il écrit en même temps à ceux de ses anciens lieutenans qui tardent à le rejoindre, en leur promettant l'oubli et la confiance, mais sans prières, de peur qu'ils ne s'imaginent qu'il les craint. Il connaît l'impétuosité facile et enthousiaste du maréchal Ney, et le croit déjà à demi fasciné par l'audace et le succès de l'entreprise (2).

Ce maréchal, informé du débarquement de Buonaparte, avait eu pour première passion celle de la fidélité qu'il avait jurée au roi. Plein des malheurs de la patrie, il avait laissé couler les pleurs d'un monarque infortuné sur son épée; aussi, lorsqu'il promit de s'opposer à Buonaparte, on ne peut douter qu'il ne fut sincère. Mais voyez-le à quelques pas de l'enchanteur : l'armée se déclare; il s'effarouche à l'idée d'une guerre civile; et n'oubliez pas cette chaleur remuante de ses esprits qui l'a fait si brave dans les combats. Il passera donc du côté des aigles; et si c'est une trahison, du moins elle n'aura pas été méditée.

Le bruit de sa défection et de l'entrée de Buonaparte à Lyon retentissent à Paris comme deux coups de tonnerre. Le roi paraît au milieu des pairs et des députés réunis (16 mars 1815). Il

---

(1) Décrets de Lyon.— Mémoires de F. Chaboulon, t. 1, p. 118, 119 et suiv.

(2) Mémoires de F. Chaboulon, t. 1, p. 226.

expose avec dignité les dangers qui le menacent ;
les princes de sa famille l'environnent ; et, pour
remuer dans les cœurs l'amour d'une liberté qu'il
invoque pour la première fois comme gardienne
du trône, Monsieur jure à haute voix, en baisant
la main du monarque, une immortelle fidélité à
la constitution du royaume (1). Les spectateurs
étaient touchés de cette scène en arrêtant leurs
yeux sur les cheveux blancs du souverain, sur
cette couronne de la vieillesse rendue plus auguste par le poids du malheur. Le président de la
Chambre basse, M. Lainé, déjà immortalisé par
son opposition à Buonaparte, fit briller, dans ces
jours troublés, son éloquente énergie. Mais les
paroles ne suffisaient plus. Déjà il ne restait à
Louis XVIII, sans puissance et sans armée, que
la majesté de la résignation : réduit à s'enfuir au
milieu de la nuit, le vieillard sut demeurer impo-
sant. Buonaparte fit son entrée dans Paris le jour
suivant (20 mars 1815) : c'était l'anniversaire de
la naissance de son fils. Son passage jusqu'au palais des Tuileries eut lieu dans l'ombre du soir,
rapidement, le long d'un chemin peu fréquenté.
Par-là, il évitait d'être mal reçu ; mais il autorisa
à dire qu'il avait craint de l'être. Ses officiers le

---

(1) Moniteur, séance royale du 16 mars. — Annales des sessions
du corps législatif, année 1815, par Gautier du Var, p. 455.

portèrent dans leurs bras au logement vide du maître de l'empire. Le jour suivant, il nomma les membres de son conseil. Cambacérès accepta le portefeuille de la justice, le prince d'Eckmülh celui de la guerre; le duc de Vicence reçut le fardeau des relations extérieures; l'administration des finances et du trésor fut remise entre les mains du duc de Gaëte et du comte Mollien : la surveillance générale du royaume retomba dans celles de Fouché.

Attentif à ménager les apparences, Napoléon retrancha, dans les formules de ses décrets, toute relation avec des idées de souveraineté indépendante du consentement populaire. Il restitue une pleine liberté à la presse, enchaînée par Louis XVIII. Pour flatter le peuple et se rendre à lui-même le droit de régner, il se fait dire, en audience solennelle, par les principaux corps de l'État, que son abdication, non consacrée par le vœu de la nation, n'avait pu détruire le contrat solennel contracté entre elle et Napoléon (1). En tout, il s'annonçait comme ne respirant plus que pour l'indépendance et le bonheur des Français.

La nouvelle de son débarquement était parvenue à Vienne au milieu des négociations de la

____

(1) Discours et adresses des ministres du conseil d'état, de la cour de cassation, etc., dans l'audience du 26 mars. — Moniteur du jour suivant. — Mémoires de Chaboulon, t. 1, p. 292.

paix générale. Elle y avait apaisé tous les différends élevés à cause des partages. Chaque puissance intéressée tremble de perdre la portion qu'elle convoitait ; et les souverains coalisés résolurent de conclure, sans plus tarder, tous leurs traités définitifs. Mais le plus pressé pour eux est de mettre Buonaparte au ban de l'Europe, afin de dissiper les illusions au milieu desquelles il rebâtirait son trône. Le concile politique lance donc ses foudres. Buonaparte est déclaré avoir détruit dans la convention qui l'attachait à l'île d'Elbe son seul titre à la protection des lois (13 mars 1815), il est « placé hors des relations civiles et sociales, et comme ennemi et perturbateur du monde, livré à la vindicte universelle. » Les puissances déclarent en même temps « qu'elles accorderont au roi de France tels secours qu'il leur demandera pour faire rentrer dans le néant ce dernier essai d'un criminel et impuissant délire (1). »

Buonaparte, avant que cette déclaration lui parvint, n'épargnait aucune des ressources de son habileté pour communiquer avec les souverains coalisés, les rassurer sur ses intentions, et ôter leur appui à la fortune des Bourbons. Il leur

____

(1) Déclaration des puissances signataires du traité de Paris. — Recueil de pièces officielles, par Schœll, t. viii, p. 323.—Martens, t. vi du supplément, p. 110.

écrivit à tous (4 avril 1815) que, rappelé par l'amour de son peuple, il n'avait plus qu'un vœu, c'était de voir la justice, assise aux confins des États, suffire pour les garder (1). Ayant découvert le traité fait et conclu par Louis XVIII avec l'empereur d'Autriche et le roi d'Angleterre (2), il l'exposa au grand jour, dans la vue d'aigrir l'empereur Alexandre contre les Bourbons et de desserrer l'alliance des hautes puissances. En même temps, il abolit de lui-même la traite des noirs, pour remplir le vœu connu et se concilier les bonnes grâces du cabinet de Londres. Mais déjà tous ses courriers étaient arrêtés au sortir des frontières, et l'excommunication lancée contre lui commençait à s'exécuter. Cette déclaration foudroyante ne pouvant plus être tout-à-fait cachée aux Français, Buonaparte prit le parti de la rendre publique en la réfutant, après avoir nié toutefois qu'elle pût être authentique ; et cela parce qu'elle était trop monstrueuse. Il la dit forgée par les plénipotentiaires de Louis XVIII au congrès. C'est une instruction adressée à qui voudra l'assassiner ; mais l'opinion des peuples en fera justice. La convention de Fontainebleau était un

---

(1) Lettre de Napoléon aux souverains. — **Mémoires de Chaboulon**, t. 1, p. 345,

(2) Il s'agit de la triple alliance de Vienne.

traité entre souverains; si Napoléon l'a violée, qu'on lui fasse la guerre, mais qu'on ne mette pas sa tête à prix. D'ailleurs, est-ce lui qui a le premier foulé aux pieds cette convention? Dans le fort de son malheur, on lui a arraché violemment son épouse et son fils; des complots contre sa sûreté personnelle ont été incessamment encouragés; Marie-Louise a été privée des duchés de Parme et de Plaisance; lui-même il l'a été du revenu annuel qui lui fut garanti. Enfin, tout un peuple le redemande pour chef, et annulle son abdication; et quand il offre aux souverains une paix fondée sur l'exécution du traité de Paris, rien ne sera changé, si ce n'est le maître de la France (1). Ainsi Napoléon répondait à l'assemblée des rois qui l'avaient déclaré placé hors des relations générales.

Louis XVIII, d'abord réfugié à Lille, suspecte la fidélité de la garnison de cette place : le maréchal Mortier voulait qu'il demeurât en France, et transportât à Dunkerque le siége de son gouvernement; mais la peur, conseillère des courtisans, parvient à lui faire franchir la frontière; il s'établit à Gand, y appelle sa maison, les deux

____

(1) Conseil des ministres : séance du 2 avril. Rapport de la commission du conseil d'état. — Mémoires de F. Chaboulon, t. i, p. 353.

Chambres, la foi de ses sujets. Le duc de Bourbon remue en Vendée les cendres refroidies sous lesquelles il cherchait quelque reste d'ardeur pour la royauté ; mais le prince souffle en vain un feu qui ne peut se rallumer, et il se résout à repasser en Angleterre (fin de mars 1815). Madame, duchesse d'Angoulême, désespère moins vite de la guerre civile : elle remplit Bordeaux de sa présence, exhorte les soldats, se met à la tête de la garde nationale, et ferme les avenues de la ville au général Clausel, qui avait pris, au nom de l'Empereur, le commandement de cette province. Ce n'est qu'après que le drapeau tricolore est arboré au Château-Trompette par la garnison elle-même, que Madame s'aperçoit qu'il faut céder : elle monte à bord d'un navire anglais (2 avril 1815), laissant aux impérialistes un souvenir de la patience mâle qui est en elle. Le duc, son mari, tient encore dans le Midi ; le tocsin, sonnant sur son passage, appelle sous ses drapeaux les royalistes de Nîmes, d'Avignon et de Montpellier ; trois régimens de ligne lui sont demeurés fidèles ; il avance, fortifié par l'espoir de recevoir des renforts du roi de Sardaigne et de la confédération suisse ; le général Debelle, envoyé contre lui, est chassé de Loriol, et lui laisse passer la Drôme. Déjà le Prince a fait son entrée à Valence (3 avril 1815), suivi de douze mille hommes. Le

plus beau de sa victoire est de troubler Napoléon,
qui ordonne au général Grouchy de voler à Lyon,
et de soulever la masse des gardes nationales. La
défection des troupes du duc d'Angoulême rendra ces mesures inutiles : le général Gilly s'était
porté sur ses derrières; le prince bat donc en retraite; et, renfermé entre les troupes des impérialistes, qui lui coupent le passage à l'aide de
trois grands fleuves, finit par capituler. Il est
convenu entre le baron de Damas, son lieutenant, et le général Gilly, qu'après avoir licencié
son armée, il pourra s'embarquer au port de
Cette. Mais survient le général Grouchy, qui
veut en référer au maître de la France, et qui
garde le Duc prisonnier. Enfin Napoléon ratifie
la convention; de sorte qu'il n'y a plus un seul
coin du royaume où la loi de l'Empereur soit
contestée.

Joachim Murat, à peine instruit du débarquement de Napoléon, avait renouvelé à l'Autriche
ses promesses de fidélité; mais c'était une feinte
dressée pour couvrir ses préparatifs de guerre. Il
annonce secrètement à Napoléon que, tourmenté
par le besoin d'expier ses torts, il s'occupe de lui
amener une formidable armée, en la faisant
passer sur le corps des Autrichiens. L'Empereur
l'engage à continuer ses armemens, mais à ne
pas commencer la guerre sans qu'il en ait reçu

le signal (1). Mais Joachim est résolu de lui déplaire par son zèle, comme naguère par ses abandonnemens. Malgré les refus du Pape de lui accorder le passage, il pousse sur le territoire romain deux divisions de son armée : le souverain pontife proteste à la face du ciel contre cette violence faite aux droits des gens et de sa souveraineté (2), et il s'exile encore une fois du siége de la chrétienté (31 mars 1815). Le roi de Naples appelle tous les Italiens à l'indépendance; il fait retentir le cri de la liberté depuis les Alpes jusqu'au détroit de Scylla; il jure de ne pas se reposer que l'Italie ne soit maîtresse d'elle-même, et croit voir sortir de la terre ébranlée des milliers de soldats (3); mais les révolutions ne se font pas seulement avec des paroles retentissantes. Murat avait négligé le seul moyen d'émouvoir les Italiens, en ne prononçant pas le nom de Napoléon; ce qu'il avait fait pour ménager l'Angleterre, et ce qui offensa l'un sans intéresser l'autre. Quand ce vrai brandon de guerre civile eut été lancé dans la Péninsule, il agit comme si cette démarche n'ayant pas réussi, n'avait jamais été. Il explique à l'Autriche ses

---

(1) Mémoires de F. Chaboulon, t. 1, p. 274. — Hist. des traités, par Schœll, t. 11, p. 195.

(2) Recueil de pièces officielles, t. v, p. 17.

(3) Recueil de pièces officielles, t. v, p. 42.

derniers armemens par la seule nécessité de s'assurer sur le trône de Naples, et proteste de son respect pour les engagemens qui l'unissent à elle (1). Le cabinet de Vienne lui répond par une déclaration de guerre (10 avril 1815). Ce gouvernement avait eu la précaution de retirer de la Lombardie les troupes nourries dans la discipline de Napoléon, et d'instituer à Milan des commissions prévôtales pour condamner les généraux infidèles, et par-là retenir les courages incertains. En outre, afin d'offrir un simulacre de patrie à la jalousie nationale, il avait déjà fait de tous ses domaines en Italie un seul royaume, sous le nom de Lombardie-Vénitienne (7 avril 1815). Les Napolitains commencent l'attaque à Cesena; un combat assez sanglant s'engage sur le Tanaro, où la victoire ne se prononce pas. Mais bientôt le général Frimont, commandant des forces autrichiennes, empêche Murat de s'emparer de Ferrare, tandis que Nugent, autre général des Impériaux, force une division napolitaine d'évacuer la Toscane (12 avril 1815). Murat commence à regarder derrière lui pour retrouver le chemin de sa capitale, Le feld-maréchal Neiperg lui intercepte la retraite. Alors Murat, faisant de sa politique l'image de son esprit, envoie des proposi-

______

(1) Recueil de pièces officielles, t. VII, p. 27.

tions de pourparlers au quartier - général de l'ennemi : il s'excuse, et attribue ses mésintelligences avec l'empereur d'Autriche à une précipitation commune, qui a fait qu'on ne s'est pas entendu (1). Le cabinet impérial exprime ses sentimens dans une alliance offensive et défensive qu'il conclut aussitôt avec l'ancien roi des Deux-Siciles (29 avril 1815). Murat ne songe plus qu'à rentrer dans Naples. Le général Bianchi l'attendait à Tolentino (2 et 3 mai 1815), où le sang se met à couler durant deux jours sans interruption. Murat rejeté sur les côtes impraticables de la mer, s'est enfoncé dans l'Abbruze ultérieure. Les Autrichiens passent le Volturno, lorsqu'un plénipotentiaire de Joachim arrive pour négocier ; mais son règne avait cessé. Il ne s'agissait plus pour les Napolitains que de capituler et de s'assujétir à la domination de Ferdinand IV. La capitulation s'effectue à Casa-Lanzi (20 mai 1815), et stipule une pleine amnistie, le maintien des ventes nationales, la garantie de la dette publique, la reconnaissance de la nouvelle noblesse, la confirmation dans son grade de tout officier napolitain, au prix d'un serment de fidélité à l'ancien souverain (2). Murat, réfugié dans l'île d'Ischia, s'embarque pour la France.

____

(1) Recueil de pièces officielles, t. v, p. 101.
(2) *Id.*, t. v, p. 281.

Napoléon ne compte plus que sur lui-même : la France devient un camp où les remparts se munissent, les armes se forgent, les soldats s'exercent. L'Empereur rend aux corps de la vieille armée leurs appellations glorieuses d'*incomparable*, de *terrible*, d'*invincible*, et autres surnoms divers qu'il leur avait donnés après les victoires, en guise de baptême. Il recompose sa garde avec l'élite des autres corps ; il tire de leurs vaisseaux et de leurs rivages, les marins déjà nourris par lui à la discipline de terre ; démonte la gendarmerie de l'intérieur au profit de sa cavalerie ; met en défensive toute la frontière du nord ; bouche les défilés de la forêt d'Argonne ; ajoute des retranchemens aux places de la Lorraine et de l'Alsace, et prépare la ville de Paris contre les menaces d'un siége.

Déjà huit armées munies de leurs parcs d'artillerie attendent leur destination. Deux millions de gardes nationales se lèvent pour garnir les places, grossir les réserves des armées, maintenir la sûreté au dedans. En même temps Napoléon rétablit les assemblées populaires, autorise les fédérations, et déchaîne l'esprit de liberté. Mais sauver ainsi la patrie, c'était se perdre lui-même ; faire régner le désordre, c'était rendre inutile le poids de sa main puissante. Il s'aperçoit du danger ; il a peur de l'anarchie, s'effarouche de cet élan unanime qui suppléerait au génie d'un seul. Il serre donc la bride. Cependant, caressant le bas peuple qu'il ne redoute pas autant que la bourgeoisie remuante, on le voit parcourir les faubourgs, visiter les ateliers, et rendre partout agissante l'autorité de sa personne. Ensuite il décrète la mise en jugement et le séquestre des biens des principaux adhérens au parti royal : le prince de Bénévent est en tête de la liste. Le général Bertrand refuse de contresigner cet acte que Napoléon a rédigé à Paris, mais qu'il date de Lyon (9 avril 1815) (1). Cette résistance honore le favori de l'Empereur ; et le décret publié sans contreseing a répandu l'alarme dans tous les esprits (2). Napoléon cherche à calmer ses lieutenans, en assurant qu'il veut faire plus d'effroi que de mal.

Il avait promis une constitution qui assurât les libertés publiques. Des ministres d'Etat reçoivent l'ordre de la préparer. M. Benjamin-Constant les aide dans ce travail avec ses lumières et ses connaissances de l'esprit général. Ce publiciste, qui s'était déclaré contre Napoléon la veille de sa rentrée dans Paris, fut frappé de la crainte de le

---

(1) Mémoires de Chaboulon, t. ï, p. 407 et suiv.
(2) Lettres de Benjamin-Constant sur les Cent-Jours, t. ï, p. 88 et suivantes.

voir se constituer dictateur, si tous les amis de la liberté s'éloignaient de son trône : de plus, il entendait de loin le bruit des pas de l'étranger qui s'approchait. La patrie prête à tomber dans l'esclavage ou sous les verges des Bourbons, sembla lui dire : « Ton devoir est de me servir en conseillant Napoléon (1). » Il se rattacha donc à la cause de l'ancien despote ; mais le meilleur appât qui l'attira fut sans doute l'importance de l'emploi que le maître de l'empire allait faire de ses talens. Quand la constitution fut prête, Napoléon, au lieu de la proclamer toute seule et comme allant par elle-même, se mit à la publier en forme d'addition pure et simple aux anciennes lois de son empire (24 avril 1815); de sorte qu'il fallait, ou que la tyrannie renfermée dans ces lois prévalût sur la liberté nouvelle, ou que celle-ci l'emportât sur les débris du despotisme passé ; mais toujours est-il que la lutte devait avoir lieu entre deux esprits si divers. Ce chaos était l'image du combat livré entre les passions naturelles de Napoléon et son désir de rajeunir son règne en bornant son autorité. Puis il tenait à ne pas séparer tout-à-fait sa souveraineté présente des souvenirs d'une époque remplie de sa gloire ; il voulait qu'on n'oubliât pas qu'il avait déjà régné.

---

(1) Lettres de Benjamin-Constant sur les Cent-Jours, t. 1, p. 16.

Mais Napoléon, changé lui-même, aurait dû dans sa sagesse, donner une seconde fois à ses peuples le plaisir de voir toutes choses renouvelées. L'acte additionnel était une répétition de la Charte octroyée par Louis XVIII. Sa dernière clause faisait parler la nation, et lui prêtait ce langage : « Le peuple français déclare que dans la déléga- « tion qu'il a faite et fait de ses pouvoirs, il n'en- « tend donner à personne le droit de proposer « le rétablissement des Bourbons. » Ainsi, Napoléon enchaînait d'avance nos résolutions, et forçait à son profit cette souveraineté nationale, au nom de laquelle il se disait régnant. Cette contradiction acheva d'offenser l'opinion aigrie par le maintien des constitutions impériales (1).

Le tocsin commençait à se faire entendre dans la Vendée (1er mai 1815). Le marquis Louis de Laroche-Jaquelin apporte aux habitans des provinces de l'Ouest de la poudre et des fusils, dons de l'Angleterre. Le général Lamarque vole, à un signe que lui fait Napoléon, pour mettre le pied sur la mèche rallumée.

L'acte additionnel avait été proposé à la signature du peuple : ce mode d'acceptation, qui excluait la discussion des articles, avait irrité les

____

(1) Lettres de Benjamin-Constant sur les Cent-Jours, t. 1, journaux, brochures du temps.

violens et ouvert les yeux aux dupés; mais une manière dérisoire de consulter la nation avait réussi à Napoléon, dans les jours de l'empire, et il cherchait encore cette fois à éluder la nécessité de prendre en détail le conseil de ses sujets; d'ailleurs, il se sentait pressé par le temps : l'ennemi allait s'offrir partout autour de nos frontières, et il fallait pacifier à tout prix l'intérieur du royaume, pour en défendre plus vite les abords avec succès.

Les quatre grandes puissances qui avaient précipité Napoléon une première fois, avaient renouvelé l'alliance conclue à Chaumont, et s'étaient promis solennellement de réunir toutes leurs forces respectives pour étayer le traité du 30 mai, et pour mettre Napoléon hors d'état de s'attaquer au repos du monde (25 mars 1815) (1). Un article de ce nouveau traité invitait Louis XVIII à y donner son adhésion, et à faire connaître quel secours les circonstances lui permettaient d'apporter; mais au moment de l'échange des ratifications, le plénipotentiaire de la Grande-Bretagne déclara (25 avril 1815) que sa cour n'entendait pas s'assujettir, une fois Buonaparte détruit, à forcer la France dans le choix d'un gouvernement. C'était

____

(1) *Convention du 25 mars.* — Recueil de Martens, t. vi du supplément.—Recueil de pièces officielles, par Schœll, t. v, p. 34. — Id. relatives au congrès de Vienne, t. iv, p. 170.

faire comprendre aux Bourbons que leur rétablissement n'était pas l'objet de la guerre. L'Autriche, la Prusse et la Russie publièrent, à l'encontre, que leurs vues convenaient avec l'interprétation donnée par l'Angleterre à cette clause
de l'alliance (9 mai 1815) (1). Toutes les puissances secondaires de la chrétienté, à l'exception
de l'Espagne et de la Sardaigne, donnèrent leur
accession au traité conclu entre les quatre grandes couronnes pour terrasser de nouveau Napoléon. L'Espagne mortifiée d'être placée sur la
ligne des États peu redoutables, déclara qu'elle
entendait être partie principale dans l'alliance ;
que si on lui refusait cette satisfaction, elle se
concerterait sans doute avec les autres puissances
pour les opérations militaires, mais en se réservant de traiter en son nom propre, quand le moment des négociations serait arrivé (2). La Suède,
trop souffrante encore et empêchée par les embarras que lui suscitait l'administration de la
Norwège, eut la permission de se tenir à l'écart.
Les puissances contractantes s'étaient engagées à
mettre chacune sur pied cent quatre-vingt mille
hommes. La Grande-Bretagne, plus abondante
en espèces qu'en soldats, stipula qu'elle fourni-

____

(2) Recueil de Martens, t. XIII, p. 117 et suiv.
(1) Recueil de pièces officielles, par Schœll, t. IX, p. 558.

rait une part de son contingent avec de l'or. Il fallut pourvoir à la marche, à la répartition et à
l'entretien des troupes coalisées : le roi de Wurtemberg promit au cabinet de Vienne, par une
convention (9 avril 1815) (1), le passage de l'armée autrichienne à travers ses États ; le roi de
Prusse prit la même obligation (28 mai 1815) (2)
vis-à-vis de l'empereur de Russie. Il fut convenu
que la masse des forces agissantes se partagerait
en trois colonnes, l'une commandée par le prince
de Schwartzemberg, l'autre par le maréchal
Blücher qui serait mort de douleur s'il n'avait pu
finir sa vie en combattant Napoléon, et la troisième par le duc de Wellington. Il ne s'agissait plus
que d'économiser l'entretien des troupes, tandis
qu'elles marcheraient. Requérir, par la voie de la
contrainte sur les habitans, les subsistances et les
accommodemens de l'armée, c'était un moyen ini-
que et impraticable sur des terres amies ; et aussi
leur payer tous les prix qu'il leur plairait d'enfler,
c'était une ressource par trop onéreuse, puisqu'elle
eût ôté toute borne à la cupidité des individus. Les
puissances coalisées s'avisèrent donc de concerter
une estimation des vivres et des moyens de trans-

---

(1) Congrès de Vienne. — Recueil de pièces officielles, t. IV,
pag. 221.

(2) Hist. des Traités, par Schœll, t. II, 230.

port qui pourraient être fournis à leurs armées, et de décider que tout ce qui l'excéderait serait retranché aux exigences particulières (24 avril 1815) (1).

Dans le parlement britannique, l'opposition se déclarait en faveur du respect des droits de la nation française (25 avril 1815), par rapport au choix de son gouvernement. Lord Grey représenta qu'une guerre de proscription contre le chef actuel de ce gouvernement ne lui paraissait plus entrer dans le système défensif, et pouvait amasser des orages sur la Grande-Bretagne. En conséquence, il vota de concert avec le reste de l'opposition, pour que le prince régent fût supplié de renfermer les chances de guerre dans les étroites limites de la défense contre une agression. Cette proposition introduite dans la chambre des communes, périt sous la contradiction de la majorité.

Napoléon avait réfuté, dans un travail émané du conseil de ses ministres, la déclaration promulguée le 13 mars par les puissances assemblées au congrès de Vienne (2). Les souverains coalisés résolurent de lui répondre et de faire dis-

_____

(1) Congrès de Vienne. — Recueil de pièces officielles, t. 1, pag. 316.

(2) Voyez plus haut.

paraître dans l'esprit des peuples, par une profession nouvelle, ces doutes sur leurs intentions et leur bonne intelligence, que Napoléon cherchait à répandre à son profit. Le procès-verbal de l'une de leurs séances porta leur adhésion aux principes suivans : les puissances étrangères ont le droit d'empêcher que, sous le nom de gouvernement, il ne s'établisse en France une cause de ruine et de trouble pour le reste de l'Europe; l'entreprise de Buonaparte annulant le traité de Paris du 30 mai, fondé sur sa déchéance, rétablit les puissances dans la position où elles se trouvaient avant le 31 mars 1814; en vain Buonaparte engage sa parole qu'il se réformera, nulle paix solide ne peut reposer sur une parole si souvent violée. En conséquence, les rois assemblés persistent dans leur déclaration du 13 mars (1).

En même temps, ils s'empressent de résumer en traités les stipulations déjà convenues pour le partage des empires.

Frédéric-Auguste, roi de Saxe, s'était rendu à Presbourg, où les plénipotentiaires d'Autriche, de France et d'Angleterre lui portèrent la décision par laquelle une moitié de la Saxe devenait prussienne (4 mars 1815). Ce monarque malheu-

---

(1) Hist. des traités, par Schœll, t. II, p. 243 et suiv. — Recueil de pièces officielles, par le même, t. V, p. 229.

reux protesta contre un procédé qui ressemblait à l'usage qu'on fait d'un royaume conquis; et il demanda à négocier, par un plénipotentiaire qu'il enverrait à Vienne, les affaires de sa couronne. Mais il lui fut signifié qu'il n'entrerait en possession du débris de ses anciens États qu'après avoir consenti à l'abandon du reste (1). On exigeait donc qu'il commençât par délier ses sujets, dans le duché de Varsovie et dans une moitié de la Saxe, de leur fidélité à sa personne, et de plus qu'il participât à la nouvelle alliance formée contre Napoléon. Force lui fut de se soumettre à ces conditions (2). Par un traité conclu entre lui et les souverains d'Autriche, de Prusse et de Russie (18 mai 1815), il renonça à perpétuité pour lui et ses descendans, en faveur du roi de Prusse, à tous ses titres sur la Basse-Lusace, sur une moitié de la Haute-Lusace, sur le cercle de Thuringe, le comté de Henneberg et d'autres petits bailliages (3). Dix jours après, il dégagea les Polonais, dans le duché de Varsovie, des liens de l'obéissance à sa personne (4).

Le destin de la Pologne venait d'être fixé par

-----

(1) Hist. des traités, par Schœll, t. ii, p. 63 et suiv.

(2) Congrès de Vienne. — Recueil de pièces officielles, t. vi, pag. 233.

(3) Hist. des traités, par Schœll, t. xi, p. 67.

(4) Recueil de Martens, t. xiii, p. 286.

trois traités, l'un entre la Russie et l'Autriche, l'autre entre la Russie et la Prusse, le troisième entre la Russie, l'Autriche et la Prusse (3 mai 1815); le fonds de ces conventions était le rangement du duché de Varsovie sous la domination russe, sauf la portion de ce pays qui, sous le nom de duché de *Posnanie* ou *Posen*, reviendra aux mains du roi de Prusse; la rétrocession à l'Autriche de la part de la Gallicie orientale qui, en 1809, avait été se joindre aux possessions de l'empereur de Russie; l'érection de Cracovie en cité libre et neutre, sous la protection des trois puissances, qui s'engagent à un respect perpétuel de l'inviolabilité de son territoire: le sol de cette nouvelle république est déclaré sacré à toute force armée, en récompense de quoi elle promettra de se fermer à tout transfuge et malfaiteur. La constitution libre de Cracovie, œuvre des trois monarques, à côté de la Pologne laissée encore pour morte, ressemblait à un sacrifice expiatoire. Néanmoins, ils conviennent ensemble, conformément au vœu exprimé par la Grande-Bretagne, d'accorder, chacun de leur côté, aux Polonais qui leur sont échus, une représentation et des institutions nationales. L'empereur de Russie se réserve de prendre le titre de roi dans son duché de Varsovie, de donner à ce duché une administration distincte et l'extension intérieure qui lui plaira. Il entendait par-là que la Pologne et la Russie formeraient deux États dont chacun l'aurait pour souverain, et que plus tard il pourrait renforcer le royaume polonais avec quelque lambeau de la Lithuanie, province jointe à l'empire de Russie depuis le démembrement de la Pologne.

Arrive ensuite la file des traités qui terminent les affaires déjà arrangées : celui que la Sardaigne conclut avec les cinq grandes puissances pour fixer ses frontières et s'incorporer Gênes (20 mai 1815) (1) ; puis l'acte que fait la Suisse (27 mai 1815) pour accéder à la déclaration des grandes couronnes sur ses affaires (2). Quatre jours après se signe le traité qui constitue, sous la souveraineté du prince d'Orange-Nassau, le royaume des Pays-Bas, formé avec les anciennes Provinces-Unies et ci-devant possessions belges (31 mai 1815), traité qui donne en même temps à ce prince une partie du grand-duché de Luxembourg, à titre de compensation pour ses États allemands cédés à la Prusse, joint toutefois que ce grand-duché entrera dans la Confédération germanique et que la ville de Luxembourg sera l'une des forteresses

---

(1) Recueil de pièces officielles, par Schœll, t. 8, p. 349.

(2) Recueil de pièces officielles, par Schœll, t. v111, p. 336. — Martens, t. x111, p. 173.

de l'Union (1). La Prusse n'ayant obtenu qu'une moitié de la Saxe, réclamait une indemnité plus suffisante des pertes qu'elle avait essuyées dans le cercle de Bialystok et dans le duché de Varsovie. Elle entra donc en possession définitive, par des titres diplomatiques, des anciennes possessions de la France sur la rive gauche du Rhin, du duché de Berg, des pays adjugés en 1803 au prince d'Orange, avant sa rentrée en Hollande, et des États appartenant, en Westphalie et sur le Rhin, aux anciens comtes et seigneurs de l'empire germanique (2). Après quoi, apaisée sous le poids de ces dépouilles, elle fit taire ses plaintes, et ne songea plus qu'à mettre en ordre ses acquisitions, à les rendre plus contiguës, à faire de son empire un tout plus fort et mieux lié, à l'aide d'échanges, de cessions, de marchés divers où il s'agissait d'un commerce d'âmes avec tous les petits princes d'Allemagne qui l'avoisinaient (3). Nous avons vu que les princes et villes-libres unis de l'Allemagne avaient réclamé le droit de

---

(1) Hist. des traités, par Schœll, t. xi, p. 119.

(2) Hist. des traités, par Schœll, t. ii., p. 126 et suiv.

(3) Traités entre la Prusse et le Hanovre, la maison de Nassau, le grand duc de Saxe-Weymar, le grand duc de Hesse, l'électeur de Hesse, etc., etc. — Martens, recueil, t. xiv. — Recueil de pièces officielles, t. viii. — Hist. des traités par Schœll, t. ii. p. 129 et suiv.

siéger avec les arbitres des intérêts de cette contrée, occupés de former un lien fédératif.

Le retour de Buonaparte sur la scène du monde rendit précieux aux plus grandes puissances le concours des plus faibles; aussi les princes et villes-libres unis obtinrent-ils une place dans les conférences du Congrès, au prix du sang de leurs sujets qu'ils offrirent pour contribuer à maintenir l'indépendance menacée de l'Europe. L'acte définitif établissant la Confédération germanique reçut la signature générale (23 mai 1815), grâce au pressant besoin qu'on avait de s'unir contre Buonaparte, qui procurait la liberté à l'Allemagne, par la menace que son retour faisait à l'indépendance commune. Cet acte fédéral annonce que le but de l'association est la sûreté *intérieure* et extérieure de l'Allemagne, et l'indépendance et l'inviolabilité de chaque État en particulier.

Ici paraissent pour la première fois ces mots *sûreté intérieure*, qui ne se trouvaient ni dans l'article 6 du traité de Paris, qui a prescrit la formation du lien fédératif de l'Allemagne, ni dans le premier plan de la Confédération germanique, concerté par les cabinets de Vienne et de Berlin. Cependant cette addition, dont il se commettra plus tard un si terrible abus, paraît se glisser, sans arrière-pensée, dans la rédaction de l'acte fédéral. Les clauses suivantes ne regardant que les démêlés prévus entre les princes allemands, annoncent assez qu'il ne s'agit pas encore de ceux des princes avec leurs sujets ; mais si, aujourd'hui, ces mots : *sûreté intérieure*, ne signifient que la *paix entre les rois*, plus tard, la diète leur fera signifier le *silence forcé des peuples*.

L'acte fédéral proclame l'égalité de tous les membres de l'Union. Il établit à Francfort-sur-le-Mein une diète présidée par l'Autriche, où les onze premières cours de l'Union voteront ordinairement par voix individuelle, et le reste des petites principautés par voix collective. Par ce même acte, les États conservent le droit de faire toute espèce d'alliance, mais en promettant de n'entrer dans aucune ligue contre la sûreté de l'Union. La diète jugera les différends qui pourraient s'élever entre eux, et, à défaut de son pouvoir d'ajuster ces querelles, elle fera prononcer le jugement par une sentence arbitrale.

La Prusse avait fait la proposition d'établir un tribunal fédéral composé de juges nommés par tous les membres et investi d'une juridiction qu'auraient déterminée les lois de l'Union (1). Cette clause, favorable à la garantie des droits de

______

(1) Congrès de Vienne. — Recueil de pièces officielles, t. IV, p. 201, et t. V, p. 29.

chaque partie, s'en alla dans la discussion. Le cabinet de Berlin, soutenu par celui du Hanovre, voulait de plus, comme nous l'avons dit (1), faire stipuler que chaque nation allemande jouirait d'une constitution représentative, par laquelle les sujets interviendraient dans l'établissement des taxes et dans le travail de la législation. On se rappelle que les rois de Bavière et de Wurtemberg s'opposèrent à ce que l'acte fédéral enchaînât sur ce point les déterminations futures de leurs conseils souverains (2). Cette résistance amena les négociateurs à statuer vaguement « qu'il y aurait des assemblées d'Etats dans tous les pays de la confédération. » Les anciens princes et comtes que l'établissement de la confédération du Rhin avait privés du droit de relever immédiatement de l'autorité impériale avaient vu dans le congrès de Vienne une assemblée prête à les rétablir dans leurs honneurs abolis. Mais la politique prévalante, bien loin de songer à remettre debout les anciennes petites principautés, allait à former de leurs débris, des corps plus robustes. Les princes et seigneurs ne purent recouvrer leur sujétion immédiate à l'Empereur, qui faisait leur antique gloire, non plus que la restauration de leurs souverai-

____

(1) Voyez plus haut.
(2) *Id.*

I.

netés; ils demeurèrent *médiatisés*, c'est-à-dire confondus chacun de leur côté, dans le nombre des sujets d'un monarque inférieur à l'Empereur. On se borna, pour étouffer le plus fort de leurs plaintes, à couvrir leur dénuement de quelques priviléges et immunités. L'Eglise catholique d'Allemagne languissait dans un dépérissement qui lui fit pousser des soupirs non moins impuissans. En vain elle redemanda aux rois de la terre ses possessions non aliénées, et sa réintégration dans l'antique liberté de l'Eglise germanique; en vain, dans sa solitude et son veuvage, elle implora la permission de concerter un concordat avec le siége de l'unité catholique : il ne fut tenu note des catholiques allemands dans l'acte fédéral que pour les égaliser avec les membres des autres communions, quant aux droits civils et politiques. Telle est dans son fond la teneur de l'acte par lequel la Confédération germanique dut subsister (1).

Tous les actes, traités et arrangemens du congrès de Vienne vinrent se rassembler et former un corps placé sous la garde de l'Autriche, de la France, de la Grande-Bretagne, du Portugal, de la Prusse, de la Russie et de la Suède, dans

---

(1) Recueil de pièces officielles, t. VIII, p. 288. — Congrès de Vienne, recueil de pièces officielles, t. V, p. 302.

un acte général (9 juin 1815), confirmé par les signatures et les seings de toutes ces couronnes intervenues (1).

L'Espagne se grandissant toujours par sa fierté, jusqu'au rang qu'on lui disputait entre les plus hauts empires, refusa de signer l'instrument de pacification universelle, d'autant qu'il renfermait des stipulations qu'elle n'approuvait pas ou dont on avait dédaigné de lui donner connaissance au préalable.

Nous ne mentionnerons dans cet acte que les stipulations de minime valeur, dont nous n'avons encore rien dit, et nous montrerons aussi ce qui le fait différer en retranchemens comme en additions des décisions et traités déjà rapportés.

Pour ce qui regarde le roi des Pays-Bas, un article le rend souverain de la partie du duché de Bouillon non cédée à la France, à condition qu'il en laissera la propriété soit au comte Philippe d'Auvergne, soit au prince de Rohan-Guéménée, soit aux princes-évêques de Liège, selon qu'un

---

(1) Acte du congrès de Vienne, du 9 juin 1815, etc. par Schœll; 1815, in-8°. — Traité général signé au congrès de Vienne, avec les actes y annexés, présenté au parlement anglais, février 1816, in-fol. — Actes du congrès de Vienne, publiés d'après un des originaux déposés aux affaires étrangères. — Paris, 1816. in-4°. — Acte du congrès de Vienne avec ses annexes, d'après l'original déposé à la chancellerie de Vienne, in-8°.

jugement arbitral rendu sur les droits de ces différens compétiteurs aura prononcé (1).

La France, l'Espagne et les Deux-Siciles s'étaient effrayées de voir la domination du fils de Napoléon assurée par la convention de Fontainebleau, sur les duchés de Parme, de Plaisance et de Guastalla. Buonaparte, en ressaisissant la couronne de France, parut avoir annulé cette convention; de sorte que le congrès enhardi par l'abandon que faisait l'Autriche des droits du fils de Napoléon, se borna à investir l'impératrice Marie-Louise de la souveraineté viagère de ces duchés, en ajournant le réglement de la question de savoir s'ils retourneraient ensuite à l'Autriche, à la Sardaigne ou à l'Espagne (2).

L'infante Marie et ses descendans en ligne directe posséderont la principauté de Lucques reversible, en cas de vacance, au grand-duc de Toscane (3).

Le pape sera rétabli dans les provinces dont Buonaparte l'avait spolié. Le chef de l'Eglise protesta cependant contre trois clauses, celle qui laissait à la France la possession d'Avignon et du comté de Vénaissin, l'autre qui conférait à l'Au-

____

(1) Act. du congrès de Vienne, art 69.
(2) *Id.*, art. 99.
(3) *Id.*, art. 101.

triche un droit de garnison dans les places de Ferrare et de Commachio, et la troisième qui blessait les droits de l'Église catholique d'Allemagne, dans les articles qui touchent l'Union germanique (1).

Sur la proposition du plénipotentiaire de la Grande-Bretagne, les puissances représentées au congrès adhèrent au principe de l'abolition de la traite des nègres; mais en convenant que la fixation de l'époque où ce commerce cessera par tout le monde sera un objet de négociation ultérieure (2). L'Angleterre se montra ardente sur cette question; ayant aboli la traite dans ses possessions, elle couvrait d'un zèle inaccoutumé, pour les droits de la justice et de la religion, son intérêt à voir les colonies des autres puissances manquer tout à coup de bras, tandis que les siennes prospéreraient par suite du long loisir laissé à ses planteurs de s'approvisionner d'esclaves. Elle aurait voulu faire stipuler, au congrès, l'exclusion générale de tous les produits des régions du globe, où ce trafic serait toléré, afin de réduire la consommation universelle à abolir à son immense colonie de l'Indoustan : mais l'Espagne et le Portugal firent échouer cette proposition par une si

____

(1) Acte du congrès de Vienne, art. 103.
(2) Act. du congrès de Vienne, traités annexés.

vigoureuse résistance, que l'Angleterre ne s'enrichit pas autant qu'elle l'espérait, en défendant les droits sacrés de l'humanité.

La liberté de la navigation sur les fleuves et rivières est proclamée.

Enfin, pour tarir la source des querelles puériles que la rivalité de la préséance avait plusieurs fois tournées en guerres sanglantes, le Congrès fit marcher de pair toutes les têtes couronnées, d'autant qu'il les regarda comme égales entre elles. Pour ce qui est des rangs de leurs envoyés, il ne reconnut que trois ordres de missions, ambassadeurs, ministres et chargés d'affaires, qui durent chacun dans leur classe prendre place entre eux, d'après la date de la notification officielle de leur arrivée.

Napoléon continuait à faire ses préparatifs militaires. La chute de Murat avait fâché son esprit superstitieux, comme un mauvais présage (1). C'est dans cette disposition qu'il se rendit à l'assemblée du Champ de mai (1er juin 1815). Tous les principaux ordres de l'Etat, les armées de terre et de mer, les électeurs des départemens se trouvaient représentés, par députations, à cette cérémonie, qui s'ouvrit par la célébration des saints mystères. Le danger et la religion s'u-

---

(1) Mémoires de Chaboulon, t. II, p. 94.

nissent par de secrets rapports; et, autour de l'autel, le recueillement de l'incertitude qui tenait en suspens tous les cœurs, ressembla à une prière de la patrie. Lorsqu'on eut proclamé le résultat des suffrages que la nation avait été censée donner à l'acte constitutionnel, l'Empereur jura sur l'Evangile fidélité à ses devoirs de prince, tels que cet acte les avait faits, et il reçut ensuite la foi de la nation représentée. Puis, les états-majors de l'armée acceptèrent de sa main ces aigles, souvenirs et espérance de la victoire, dont la distribution peignait en raccourci la destinée actuelle de la nation et de son conducteur.

L'Empereur n'épargna aucune caresse aux électeurs venus à Paris : par momens, il lui prenait envie d'essayer d'une gloire qu'il n'avait pas connue, de celle de régner uniquement pour ses sujets. Carnot ne craignait pas d'étonner par d'austères conseils son génie superbe, et de lui montrer la pensée publique comme une puissance à ménager (1). Napoléon forma sa chambre haute : le maréchal Macdonald, qui lui était demeuré fidèle en 1814, jusqu'à l'extrémité de sa mauvaise fortune, refusa la dignité de pair qu'il lui offrait; noble et rare exemple d'une foi aux maximes plutôt qu'aux personnes! L'Em-

____

(1) Mémoires de Chaboulon, t. ii, p. 108 et 109.

percur espérant que le prince Lucien, son frère, serait choisi par la seconde chambre pour présider à leurs délibérations, retarda la promulgation de la liste des pairs nommés, afin de se réserver d'y comprendre Lucien, si la chambre des représentans élisait un autre président que son frère. Cette chambre exprima d'abord le vœu de connaître la composition arrêtée du premier corps de la législature : ce vœu, non accueilli par l'Empereur, produisit un mécontentement dans les députés qui, à leur tour, donnèrent à la couronne un sujet de déplaisir en écartant le prince Lucien du fauteuil de la présidence, où ils firent asseoir l'esprit de liberté dans la personne de Lanjuinais. Une proposition faite par M. Dupin de décider qu'aucun serment ne pourrait être demandé que par la vertu d'une loi, ce qui eût annulé les effets du Champ-de-Mai, et les débats élevés par une motion tendant à décerner à Napoléon le surnom de Sauveur de la patrie, laquelle motion fut rejetée, révélèrent dans la chambre des représentans je ne sais quoi de hardi, de dégagé, d'avancé contre l'autorité impériale, qui dut faire soupirer l'Empereur pour le moment où il donnerait seul des ordres sur le champ de bataille. Au sentiment que lui inspira cette opposition naissante, on doit rapporter sa résolution d'attaquer l'ennemi et de

placer la guerre hors des limites de notre territoire. C'était un parti hasardeux qui lui enlevait
toutes les ressources placées dans la grandeur des
actions d'un peuple qui se défend chez soi. Mais,
pressé de se dérober à une lutte engagée contre
des *avocats* (1), il voulut chercher dans la victoire un éclat qui leur commandât : joint qu'il
avait craint l'effet d'une désunion qui aurait gêné
la défense intérieure.

Son armée, prête à entrer en campagne, s'é-
levait à cent quatre-vingt-cinq mille hommes : il
en garda cent mille sous son commandement ;
il en donna douze au duc d'Albufera pour occuper les ouvertures de l'Italie ; dix-huit au général Rapp, pour garder l'entrée de l'Alsace ; dix-
sept au général Lamarque, pour contenir la Vendée ; les vingt mille hommes restant durent se tenir en observation, une partie à Béford ; une autre
à Marseille, une autre à Bordeaux, et une dernière à Toulouse (2). L'Empereur quitte Paris
(12 juin 1815), se rend à Avesnes, et annonce
aux soldats que c'est aujourd'hui l'anniversaire
de Marengo et de Friedland. Fidèle aux maximes hardies qui lui ont valu tant de victoires,

____

(1) Expression de l'Empereur. Voy. les Mémoires de Chaboulon
t. II, p. 119.

(1) Mémoires de Chaboulon, t. II, p. 148.—Campagnes de 1815,
par le général Gourgaud ; 1818, p. 18 et suiv.

il se dispose à attaquer alternativement l'armée anglaise et l'armée prussienne, pendant qu'aisées à séparer l'une de l'autre, elles lui paraissent, chacune en son particulier, plus faible que l'armée française. S'il triomphe, il est à Bruxelles ; toute la Belgique se soulève en sa faveur, les Saxons, les Bavarois, les Wurtembergeois s'ébranlent et ne présentent plus à la coalition qu'un appui incertain; on marchera ainsi jusqu'aux barrières du Rhin, où l'on négociera de nouveau la paix, soutenu par une armée grossie de tous les mécontens et de tous les renforts venus de la France. Que si l'on échoue dans l'offensive, on se retourne au contraire sur Paris et sur Lyon, pour se défendre avec toute l'énergie de la nation troublée dans son propre sein : tel est le plan de Napoléon, le dernier que la fortune lui ait permis de concevoir (1).

L'armée qu'il commandait avait des ailes : elle allait fondre sur les Prussiens et les Anglais, avant qu'ils eussent appris qu'elle remuait. Le général Bourmont, qui avait sollicité du service auprès de Napoléon, s'étant sauvé, à la faveur de la nuit, pour rejoindre l'ennemi, cette défection peu importante fit changer quelques parties au concert des opérations. L'armée débou-

___

(1) Campagne de 1815, par le général Gourgaud, p. 29 et 30.

cha par Laire, Beaumont et Philippeville. L'Empereur désirait que les Prussiens fussent attaqués avant les Anglais, parce que Wellington, à raison de sa patience connue, serait plus lent à secourir Blücher que ce vieux maréchal, toujours alerte sous le poids de ses années, ne le serait à soutenir les Anglais (1). L'armée prussienne, forte de cent vingt-mille hommes, était divisée en quatre corps, concentrés sur Fleurus, Namur, Ancy et Hannut (2). Leur réunion demandait au moins l'espace d'une demi-journée (3). Le général Ziethen, commandant le premier corps, veut disputer le passage de la Sambre aux Français, qui l'enfoncent, ne lui laissent pas le temps de détruire les ponts, et le poursuivent de si près qu'ils entrent avec lui dans Charleroy. La ville est prise. La nouvelle en parvient à Wellington, au lieu des divertissemens d'un bal : ce n'est plus l'heure des plaisirs. On se hâte ; l'armée anglaise prend position entre Ath et Nivelle. Cette conquête était due à la première colonne de l'armée française. En même temps, notre second corps passait la Sambre à Marchiennes, et, sous les ordres du général Reille, poussait les

-----

(1) Campagne de 1815, par le général Gourgaud, p. 42 et 43.

(2) Rapport officiel des opérations de l'armée prussienne du Bas-Rhin, par le général Gneisenau.

(3) Campagne de 1815, par le général Gourgaud, p. 38.

Prussiens droit devant lui, jusqu'à les forcer à se retrancher sur les hauteurs de Fleurus. L'Empereur ne les y laissera pas. Il les fait charger par les dragons de la garde ; c'est Letort qui les commande et les anime ; il tombe, et son sang les anime plus encore. Les Prussiens achèvent de céder, aussitôt que le général Excelmans vient à les prendre en flanc pour terminer une affaire qui avait déjà duré trop long-temps au gré de Napoléon (15 juin 1815). Ils s'enfoncent dans les bois pour gagner Fleurus (1). Le maréchal Blücher ramasse le gros de son armée sur Sombref, en prenant soin d'occuper les villages de Saint-Amand et de Ligny (16 juin 1815) (2). L'Empereur, jugeant le besoin d'une attaque simultanée, faite par les trois corps de son armée, et, voulant s'assurer de l'unité dans les manœuvres, mit l'aile droite sous le commandement du maréchal Grouchy, et l'aile gauche sous celui du maréchal Ney : il se réserva de diriger les troupes du centre. Wellington commençait à faire marcher toute l'armée anglaise sur les Quatre-Bras, position d'autant plus importante à défendre contre nous, qu'elle est le point de rencontre

---

(1) Campagne de 1815, par le général Gourgaud, p. 43 à 50.

(2) Rapport officiel des opérations de l'armée prussienne, déjà cité. — Rapport anglais sur la bataille de Waterloo ; Londres Gazette extraordinaire (22 juin 1815).

entre toutes celles qui mènent de Charleroi où était l'Empereur, à Bruxelles où il voulait aller ; et celle qui conduit de Nivelle où se trouvait l'armée anglaise, à Namur où cette armée désirait rejoindre les Prussiens ; de sorte que si nous enlevions cette position, nous nous ouvrions les portes de la Belgique et nous séparions Wellington de Blücher. Dans le moment où nous entrions dans les plaines mémorables de Fleurus, l'armée anglaise n'était pas rassemblée, et il manquait à l'armée prussienne une des quatre colonnes qui devaient la composer : la nôtre se trouvait assez complète pour faire face, dans cet instant rapide qui plaît à la victoire, à ces masses ennemies ; mais il fallait une célérité qui nous assurât le triomphe, avant que les nombres eussent changé. Napoléon vit que la fortune lui donnait une demi-journée pour attaquer, en même temps, les Anglais et les Prussiens avant qu'ils fussent, non seulement réunis ensemble, mais augmentés par leurs renforts particuliers ; il calcula que la résistance des Anglais devait durer moins que celle des Prussiens, à raison des quantités, et se flatta que les combattans qu'il enverrait contre Wellington pourraient l'avoir défait assez tôt pour revenir tomber sur le dos de l'armée prussienne, afin d'achever de la vaincre et de la mettre à bas.

Le maréchal Ney reçut l'ordre de marcher sur les Quatre-Bras avec l'aile gauche, et le maréchal Grouchy d'attaquer Sombref avec l'aile droite (1). Napoléon s'assura lui-même de la position de l'armée prussienne, et, après avoir parcouru la ligne des tirailleurs, et monté dans plusieurs moulins, il reconnut que la gauche de Blücher était à Sombref, le centre à Ligny, et la droite à Saint-Amand. Par un changement de front opéré à l'instant, il plaça le corps de Vandamme, qui se trouvait l'un des lieutenans de Grouchy, vis-à-vis de Saint-Amand ; celui de Girard, autre lieutenant de Grouchy, vis-à-vis de Ligny, et le corps commandé par Grouchy lui-même, devant Sombref (2). Il était trois heures de l'après-midi. Napoléon donne le signal : le canon tonne, les villages s'enveloppent de fumée. Les Prussiens tiennent ferme ; des ruisseaux de sang baignent les champs et les ravins. Le corps de Vandamme pénètre dans Saint-Amand, en se servant de la baïonnette, et se retranche dans le cimetière, où les morts vont rejoindre les morts ; un autre détachement de Français occupe le clocher, et fait pleuvoir les balles de cette tour, formée pour un

---

(1) Bulletin officiel de la grande armée sur la bataille de Ligny.
(2) Bulletin officiel. — Campagne de 1815, par le général Gourgaud, p. 59.

autre usage (1). Dès que ce village est emporté, toute la force de l'attaque se dirige contre Ligny, grand et solide village, bâti sur un ruisseau qui porte le même nom. « Ce fut là que commença un combat des plus obstinés qu'on ait jamais vus (2). » Pendant cinq heures, on y lutta presque corps à corps. En rétrécissant l'espace disputé, ceux qui tombaient le défendaient encore. Deux cents bouches à feu tiraient de deux côtés sur ce village, qui flambait en plusieurs endroits. Chaque armée avait sous les murs de Ligny des masses d'infanterie, qui, toutes fraîches, renouvelaient incessamment le carnage. Saint-Amand venait d'être repris par les Prussiens, qui attendaient toujours avec anxiété l'arrivée de ce quatrième corps, que nous avons dit manquer à leur armée, ou de la division anglaise que Wellington avait promis de leur envoyer (3). La victoire nous paraissait assurée; mais Napoléon n'appelait de ce nom que les succès remportés à l'heure qu'il leur avait assignée dans ses calculs; il s'étonnait que le maréchal Ney n'eût pas encore battu Wellington, et ne fût pas venu fondre sur les derrières de l'armée de Blücher, d'autant qu'il lui envoyait ordre sur ordre, lui faisant dire « que le sort de la France

(1) Bulletin officiel.
(2) Rapport officiel du général prussien Gneisenau.
(3) *Idem.*

était entre ses mains (1). » Enfin, il prend le parti de lui arracher, par son autorité souveraine, tout le corps commandé par le général d'Erlon, afin de hâter le mouvement médité à cette fin d'envelopper les Prussiens. Mais ce corps était loin ; la nuit tombait ; Napoléon vit qu'il ne fallait pas même attendre ce renfort, et ordonna au général Girard de tourner à droite le village de Ligny, avec ses cinq mille hommes, et de prendre à dos le gros de l'armée ennemie, tandis que quelques régimens de cuirassiers forceraient le passage de l'autre côté : ce qui fut fait. Le village de Ligny, après avoir été pris et repris jusqu'à six fois, nous resta pour la septième. Il ne demeura bientôt sur le champ de bataille que les vainqueurs et les morts (2).

Dans ce dernier engagement, le vieux Blücher faillit tomber aux mains des Français. Renversé de cheval, couvert de sang et de poussière, il suppliait un officier prussien de le sauver de l'esclavage en lui ôtant la vie ; mais les Français passèrent à côté de lui sans le voir ; et il put retrouver assez de force pour commander la retraite. Laissons les grenadiers de la vieille garde enton-

---

(1) Mémoires de Chaboulon, t. ii, p. 163.—Campagne de 1815, par Gourgaud, p. 57.

(2) Discours du général Drouot à la Chambre des pairs, le 23 juin. — Rapport du général Gneisenau.

ner l'hymne de la victoire au-delà du ravin de Ligny (1), et voyons ce que faisait cependant le maréchal Ney. Si, au lieu de s'arrêter à Marchiennes, il eût marché droit sur les Quatre-Bras, il se fût emparé de cette position, défendue, le 15 au soir, par un faible détachement de Belges. Le prince d'Orange accourut le lendemain au lever du soleil, avec sa brigade, pour fortifier ce détachement; mais le maréchal Ney avait quarante mille hommes, et, à ce moment encore, enfoncer la barrière des Quatre-Bras, n'eût été qu'un jeu pour son armée. Malgré les injonctions de l'Empereur, il ne se porta sur cette ferme que le 16, vers le milieu du jour, et n'y conduisit que la moitié de ses troupes, laissant stérile pour la victoire la même part de son temps et de ses forces (2). Il commençait à percer la division du prince d'Orange, lorsqu'une demi-heure après son arrivée, les corps du duc de Brunswick et du général Picton, partis le matin de Bruxelles, renforcèrent les lignes et le feu de l'ennemi. Ney s'animait par les obstacles. Le combat devient sanglant ; Wellington, qui était survenu avec de nouvelles troupes, va faiblir; le duc de Brunswick

---

(1) Discours du général Drouot.

(2) Précis des batailles de Fleurus et de Waterloo, par le général Berton ; 1818, p. 31 et suiv. — Campagne de 1815, par le général Gourgaud, p. 61 et suiv.

est tué. Mais un surcroît de dix-huit mille ennemis, commandé par les généraux Alten et Cook,
change la face des choses : Wellington reprend
haleine; Ney se réveille tout-à-fait, et se souvient
du corps du général d'Erlon, qu'il a laissé en arrière, et il veut le faire avancer..... Mais on lui
rapporte que l'Empereur en a disposé, et il apprend cela au fort de la pluie de boulets qui écrase
ses troupes (1). Éperdu, il souhaite que tous
ces boulets l'anéantissent (2). Le prodige de son
courage est d'être revenu à lui, et d'avoir gardé
ses positions. Le corps du général d'Erlon lui fut
rendu dans la soirée, n'ayant pas servi à l'Empereur, et ne pouvant plus servir au maréchal Ney.
« Ainsi, trente mille hommes se promenèrent,
l'arme au bras, de la gauche à la droite, et de la
droite à la gauche, sans tirer un coup de fusil (3). »
Il est difficile de savoir ce que devint ce corps
pendant la bataille; il paraît certain qu'il n'arriva
pas jusqu'à Napoléon, qui l'eût employé à con-
sommer la ruine de Blücher, mais qu'après s'être
approché de l'Empereur, il se retourna et se
remit en marche vers le maréchal Ney; soit que
ce dernier eût fait voler sur ses traces, comme

---

(1) Lettre du prince de la Moskowa au duc d'Otrante, le 26
juin 1815.
(2) Mémoires de Chaboulon, t. II, p. 166.
(3) Lettre du prince de la Moskowa, citée plus haut.

quelques-uns le prétendent, et lui eût prescrit de
rétrograder (1) ; soit que le comte d'Erlon, instruit
de la prise du village de Saint-Amand, et se jugeant inutile à l'Empereur, eût fait de lui-même,
comme d'autres le présument, une seconde marche de flanc pour retourner aux Quatre-Bras (2).
Quoi qu'il en soit, l'inaction de ces vingt-cinq à
trente mille hommes, en empêchant l'entière
destruction de l'une ou de l'autre des armées ennemies, fut un des jeux de la mauvaise destinée
de Napoléon. Le plan conçu par son hardi génie
était rompu dès que Wellington ou Blücher n'é-
tait pas mis hors de combat, et ce lui fut plus
nuisible de s'être affaibli séparément contre chacun d'eux, que s'il les eût d'abord rencontrés ensemble, dans la fraîcheur et la totalité de ses
forces. On peut se donner là le spectacle des raisons éloignées de la chute d'un grand homme. Il
avait été détrôné une fois, et, quoique revenu au
commandement, il n'était plus obéi avec cette foi
première dans son habileté comme dans sa fortune. Les choses humaines vont de cette sorte : Napoléon était environné en 1815 des mêmes lieutenans qu'avant les revers de 1814, mais ces hommes,

____

(1) Mémoires de Chaboulon, t. ii, p. 166 et 168. — Précis
des batailles de Fleurus et de Waterloo, par le général Berton,
p. 31.

(2) Campagne de 1815, par le général Gourgaud, p. 67.

moins éblouis de sa lumière, différaient d'eux-mêmes; ils discutaient ses ordres (1); et les merveilles dues à la toute-puissance de sa volonté n'avaient été possibles qu'une fois.

L'armée prussienne s'était concentrée du côté de Wavres. Wellington, au lieu de pousser en avant se replia en hâte sur Bruxelles, afin de ne pas laisser d'ouverture qui permît à Napoléon de passer entre les deux armées. Il ne s'arrêta donc dans ses mouvemens qu'alors qu'il se jugea tout près d'être touché par l'aile droite de son allié (2). Napoléon sentait, dans son génie, une impatience de poursuivre les Anglais, d'embarrasser leur retraite, de les attaquer incontinent, et de profiter de la fatigue même qui exalte le soldat, tant qu'elle n'est pas interrompue par un moment de repos. Mais les conseils opposés de ses lieutenans, comme je l'ai déjà dit, disputaient contre cet instinct qui lui enseignait intérieurement l'heure et la place de la victoire. Un jour entier avait été dérobé à l'action. Les Anglais s'étaient arrêtés devant Waterloo (17 juin 1815). Napoléon se borna à les rejoindre dans la soirée. On lui demandait encore avec instance une nuit de repos. Il se laissa arracher ces heures précieuses (3). Nuit funeste,

---

(1) Voyez la lettre du prince de la Moskowa, déjà citée.
(2) Rapport anglais sur la bataille de Waterloo.
(3) Mémoires de Chaboulon, t. II, p. 169.

nuit terrible, où cette main puissante, qui fait et défait les empires, disposait les choses avec le poids et la mesure de la formidable sagesse qui achève de mettre une fin aux grandes fortunes! Le délassement qu'on avait voulu ménager à l'armée française lui fut envié par les contrariétés d'un temps pluvieux qui dura tout le long de la nuit. Couchés sur la terre humide, dans un bivouac qui les laissait exposés aux injures de l'air, dépourvus de vivres, que le mauvais état des passages n'avait pas laissé arriver à temps, nos soldats passèrent cette nuit sans manger, sans dormir, et sans se plaindre, ne songeant qu'à nettoyer leurs mousquets. A la revue du matin (18 juin 1815), avec l'air joyeux, et comme impatiens de se réchauffer dans le combat, ils saluèrent leur Empereur par des redoublemens d'acclamations.

Les Anglais, postés en avant de Waterloo, coupaient les grandes routes de Charleroi et de Nivelle, en appuyant leur droite à un ravin près de Merke-Braine et leur gauche au hameau de Ter-la-Haie. Leur centre, adossé au village de Mont-Saint-Jean, se couvrait d'un côté avec la maison et les jardins de Hougoutmons, et de l'autre avec la ferme de la Haie-Sainte. C'était leur aile gauche qui se rapprochait par Ohaim de l'armée du maréchal Blücher (1). Derrière eux, se trouvait la forêt de Soignes et une seule chaussée conduisant à Bruxelles. Défaits, ils auraient eu grande peine à se rallier, puisque la chaussée, trop étroite pour suffire à leur retraite, les eût laissés se perdre en tout sens dans la forêt. Les rompre et les refouler de vive force sur cette unique route de Bruxelles, puis déboucher de chaque côté par la forêt pour leur fermer la retraite et les séparer de l'armée prussienne; ce fut le plan de leur ruine, espérée par Napoléon, qui dirigea tous ses calculs à enfoncer leur centre (2). Le plateau sur lequel ils étaient rangés s'inclinait par une pente douce sur une vallée dont les terres remontaient à l'opposite pour former une même ligne de hauteurs, où la nature égalisant à plaisir les avantages du champ de bataille, avait préparé notre position (3). L'Empereur disposa les masses de ses troupes dans une proportion ajustée à l'ordre de bataille de l'ennemi. Contre leur centre, où ses grands coups s'adressaient, il réunit et amoncela, en lignes d'infanterie et de cavalerie redoublées, le plus beau

---

(1) Rapport anglais sur la bataille de Waterloo.

(2) Campagne de 1815, par le général Gourgaud, p. 88.

(3) La distance entre ces hauteurs parallèles était d'environ cinq à six cents toises. Voyez la *Relation de la bataille de Waterloo*, écrite par un officier anglais et traduite par Ambroise Tardieu; 1815, p. 14.

et le plus solide de son armée ; confiant au général Reille l'attaque du vieux château d'Hougoutmons, et au général d'Erlon celle de la ferme de la Haie-Sainte, tandis que le général Lobau, formant de son corps une colonne serrée derrière celui du général Reille, devait aider à pousser le centre des Anglais et les envelopper du côté par où ils communiquaient avec les Prussiens. Enfin, ces redoutables bandes, restes de cent victoires, la vieille garde à pied, flanquée à droite et à gauche de grenadiers à cheval et de dragons, formait aux pieds de Napoléon, monté dans une ferme qui dominait la plaine, la réserve accoutumée pour les espérances des grandes journées (1). L'armée française, forte de soixante-sept mille hommes, avait devant elle quatre-vingt mille ennemis : il y avait environ, de part et d'autre, deux cent cinquante bouches à feu (2); les positions recevaient la même faveur du terrain; mais le génie de l'Empereur surmontait celui de Wellington; et les soldats belges et allemands, portion majeure de l'armée ennemie, cédaient de loin à nos troupes en courage, en expérience et en passion. Il est vrai que nos Français étaient fatigués par la

______

(1) Bulletin officiel de la grande armée. — Campagne de 1815, par le général Gourgaud, p. 87.

(2) Rapport anglais. — Campagne de 1815, par le général Gourgaud, p. 80 et 84.

victoire de Ligny, par des marches forcées sur des terres glissantes, par le défaut de vivres et les tempêtes d'une nuit passée sans sommeil; tandis que l'ennemi avait eu le temps de sécher ses armes, de pourvoir à sa nourriture et de goûter le repos. Toutefois, notre supériorité, quant à la science de notre général et à la valeur intelligente de notre armée, mettait la fortune de notre côté; et la victoire devait nous rester, si aucune circonstance ne changeait la proportion des chances. Cette proportion fut rompue, au déclin de la journée, par l'arrivée des Prussiens, qui, dans le moment où nous allions vaincre en effet, rendirent à Wellington, par le renfort du nombre, ce qui lui manquait en génie et en bonnes troupes.

Napoléon avait confié au maréchal Grouchy le soin de pourchasser, avec trente-six mille hommes, les débris de l'armée prussienne, et de les devancer même sur leur flanc, de manière à maintenir toujours sa correspondance avec la grande armée, en empêchant Blücher de rétablir la sienne avec les Anglais. Le maréchal Grouchy manqua, dans l'exécution, à la pensée de Napoléon. Il perdit de vue les Prussiens, et leur laissa le loisir de rendre à leurs bataillons épars cet ordre, principe de l'existence des armées. Il rencontra même sur son chemin le quatrième corps, attendu vainement par l'armée prussienne pendant la journée de

Ligny, et commandé par le général Bulow : le maréchal Grouchy aurait pu l'envelopper; il crut devoir le tenir, durant six heures, en observation, et lui permit enfin d'aller rejoindre Blücher. Ce fut ce même corps qui, apparaissant le lendemain sur la grande scène de Waterloo, commença à nous ôter des mains une victoire non plus incertaine. Le grand dommage de ces temporisations fut de persuader, le 4 mai, à Blücher, qu'il n'était poursuivi que par un tout petit nombre de nos soldats, et de lui retirer l'incertitude qui devait l'empêcher de secourir son allié (1).

Napoléon, ne doutant pas que le maréchal Grouchy n'eût rejeté vivement les Prussiens hors de la route par laquelle ils communiquaient avec Wellington, lui envoya, dans la soirée du 17, l'ordre de laisser devant eux une force suffisante pour les tenir dans l'inaction, et de rejoindre ensuite, avec le gros de ses troupes, la droite de la grande armée. Au milieu de la nuit, il lui dépêcha un second hussard, qui lui enjoignait de nouveau de passer la Dyle, et de se lier avec notre aile droite (2). De son côté, le général anglais

---

(1) Voyez, sur les opérations de la colonne de droite commandée par le maréchal Grouchy, les observations stratégiques, si profondes et si lumineuses du général Berton, dans son Précis des batailles de Fleurus et de Waterloo, p. 46 et suiv.

(2) Campagne de 1815, par le général Gourgaud, p. 82 et suiv.

écrivait au feld-maréchal Blücher qu'il était dé-cidé à accepter la bataille des mains de Napoléon, dans le cas où le feld-maréchal pourrait le soutenir avec deux de ses corps. L'ordre envoyé par Napoléon au maréchal Grouchy arriva trop tard ; la lettre adressée par Wellington au général prussien parvint assez diligemment. Grouchy ne répondit pas, et Napoléon compta sur son arrivée, qui lui manqua, tandis que Blücher promit à Wellington de le secourir avec toute son armée (1) ; et cette espérance réalisée procura la victoire aux Anglais, après leur avoir donné la force de soutenir le combat.

La violence de la pluie se ralentissait, et le vent commençait à sécher les terres (18 juin) : Napoléon employa trois heures à disposer son ordre de bataille, retardant à dessein le signal de l'attaque, pour donner au maréchal Grouchy le temps d'arriver dans le fort de la mêlée (2). Nous avons dit que le milieu des lignes ennemies était couvert, à droite par le château d'Hougoutmons, à gauche par la ferme de la Haie-Sainte, et que

---

(1) Rapport prussien. Il est dit dans ce rapport que les Français ne songèrent pas même à poursuivre l'armée prussienne. Ce passage démontre l'inaction dans laquelle crut devoir rester le maréchal Grouchy.

(2) Précis des journées des 15, 16, 17 et 18 juin 1815, par M. Giraud.

le projet de l'Empereur était de chercher la victoire au centre même de l'armée anglaise. Pour atteindre son but, il devait enlever les deux positions, gardiennes des destinées de la bataille. À dix heures son premier coup de canon fut dirigé contre un petit bois qui défendait l'approche du château d'Hougoutmons. Le prince Jérôme, son frère, parvint à se rendre maître de ces abords vaillamment disputés, tandis que le général Reille, accouru pour soutenir cette attaque, lançait une pluie de bombes sur le poste d'Hougoutmons, afin d'achever d'en débusquer l'ennemi, et que les fossés profonds de l'antique château s'emplissaient de sang (1). Blücher marchait en diligence pour venir au secours de son allié : le vieux maréchal, consommé dans les ruses de la guerre, s'était borné à laisser derrière soi, à Wavres, un corps chargé de tromper le maréchal Grouchy, qui perdit son temps, et l'usage de ses trente-six mille hommes à canonner cette arrière-garde (2). Dirigé vers Saint-Lambert, le corps du général Bulow devait déboucher le premier sur les derrières de l'armée française. En effet, une dépêche interceptée vint

____

(1) Bulletin officiel de la grande armée. — Rapport anglais. — Campagne de 1815, par le général Gourgaud, p. 88.

(2) Rapport prussien. — Précis des journées de Fleurus et de Waterloo, par le général Berton, p. 60.

apprendre à l'Empereur sa prochaine arrivée. Aussitôt un troisième message fut expédié par le maréchal Soult, major-général de l'armée, au maréchal Grouchy, pour lui réitérer l'ordre de passer la Dyle, afin de placer le corps de Bulow dans la même situation où ce corps méditait de nous exposer, à savoir entre deux canonnades. En même temps, le général Domont disposa de trois mille chevaux pour rencontrer l'avant-garde de Bulow, et lui fermer les avenues du champ de bataille ; le comte de Lobau mit en mouvement son corps, composé de sept mille hommes, afin de couvrir nos flancs si le maréchal Grouchy ne venait pas mettre l'épée dans les reins de ces nouveaux ennemis. Voilà donc dix mille hommes dont le courage et les coups, détournés de l'action principale, manquaient à notre effort (1).

L'Empereur attachait toujours ses yeux sur le château d'Hougoutmons et sur la ferme de la Haie-Sainte, comme si le sort de cette journée, la défaite des Anglais, et l'honneur de la France

----

(1) Campagne de 1815, par le général Gourgaud, p. 90.—Voyez le rapport du maréchal Grouchy à l'Empereur, duquel il semble résulter que les deux premiers messages ne parvinrent pas à ce maréchal , et qu'il ne reçut celui du maréchal Soult que le 18 au soir. L'histoire ne fournit aucun éclaircissement sur la cause de la non réception des premiers ordres et de la réception si tardive du dernier.

se fussent trouvés cachés derrière ces positions. Quatre-vingts pièces de canon annoncent l'ordre que le maréchal Ney vient de recevoir de s'emparer à tout prix de la Haie-Sainte. Les flots de notre cavalerie battent avec furie les bataillons anglais, qui, formés en carrés immobiles, ressemblaient plutôt à des digues qu'à des lignes de troupes. La Haie-Sainte tombe en notre pouvoir : en ce moment, Wellington voit le désordre introduit dans les rangs de son armée par les vides qu'y laisse notre feu; il épuise ses réserves à remplacer les morts ou les timides. Son artillerie est retirée en seconde ligne (1); les fuyards vont répandre le bruit de sa défaite à Bruxelles. Encore quelques momens, et la patience anglaise sera surmontée. Mais déjà le corps de Bulow sort en abondance par le bois de Frischenais. Ce qu'est devenu le maréchal Grouchy, on l'ignore : une division de la jeune garde va renforcer le corps du comte Lobau, qui ne suffit plus à nous garantir des boulets prussiens lancés sur la ch aussée, où se font nos mouvemens. Les Anglais, qui nous voient troublés dans les ardeurs du combat, reprennent leurs esprits, et tentent de ressaisir la Haie-Sainte (1). Le maréchal Ney, à

---

(1) Rapport prussien.

(2) Rapport anglais. — Bulletin officiel de la Grande-Armée. — Campagne de 1815, par le général Gourgaud, p. 92 et 93.

qui Napoléon venait de prescrire l'immobilité, s'énivre de sa propre impétuosité, et, dans une charge où il repoussait l'ennemi, entraîne à sa suite l'élite de notre cavalerie sur le plateau élevé du Mont-Saint-Jean. Toute notre armée applaudit : l'Empereur secoue la tête en signe du génie qui prévoit les effets d'une hardiesse sans calcul (1). Cependant nos valeureux cavaliers, en butte aux tonnerres de l'artillerie anglaise, comme aux regards de tous les combattans, se couvrent de gloire sur le sommet, non plus inaccessible de la colline, où ils enfoncent plusieurs bataillons, enlèvent des drapeaux, et désorganisent les batteries qui leur envoyaient le carnage. Mais Wellington avait adopté, pour la formation de ses lignes, un ordre où la science tenait contre notre audace; écartés les uns des autres, ces bataillons formaient une sorte de bastion vivant, qui accablait de toutes parts, sous ses coups de feu, notre cavalerie, embarrassée dans ses charges au milieu de ces carrés impénétrables. Chaque fois elle était forcée de se retirer, et chaque fois les artilleurs anglais, qui s'étaient enfuis, revenant à leurs pieces, la foudroyaient par derrière (2).

---

(1) Mémoires de Chaboulon, t. ii, p. 180. — Campagne de 1815, par le général Gourgaud, p. 97.

(2) Lettres de Paul, par Walter-Scott, t. i, lettre 8ᵉ.

La bataille en était arrivée à ce point critique où le plus léger poids fait pencher la balance. Nous contenions les Prussiens ; nous fournissions une grande et formidable épreuve à la fermeté de Wellington ; mais la victoire, incertaine pour tous les partis, n'était nulle part. Le jour arrivait à son déclin : Napoléon veut rassembler ce qu'il y a d'impétuosité, de discipline et de mépris de la mort dans les réserves jusqu'alors inactives de son armée, et faire éclater à la fois toutes les grandeurs du génie de la guerre, dans un dernier élan de désespoir, contre des ennemis qui lassent sa destinée. Tant que la vieille garde n'a pas combattu, on doit ignorer si la fortune nous abandonne. Le général Reille reçoit l'ordre d'attaquer la droite de l'ennemi ; l'Empereur se met à la tête de ses formidables réserves ; mais alors nos intrépides cuirassiers, qui brillaient aux derniers rayons du jour sur le Mont-Saint-Jean, aperçoivent un nouveau corps de Prussiens qui débouche à la hauteur du village de La Haie : ils craignent de se trouver séparés de l'armée et redescendent du haut de la colline, comme un peu du haut de leur fermeté : l'Empereur les fait soutenir par quatre bataillons de moyenne garde, et s'avance lui-même avec le reste éprouvé de ses plus illustres soldats. Dans ce moment, il entend une canonnade dans le lointain, et une fu-

sillade sur le bord du champ de bataille : l'un est
le feu de Grouchy, à plus de deux lieues; l'autre
annonce l'arrivée de Blücher. Le vieux maréchal,
malgré le poids de son âge et de ses fatigues,
était monté à cheval pour guider lui-même ses
colonnes au massacre de notre dernière armée.
L'artillerie du général Ziethen, son lieutenant,
commence à précipiter notre ruine. Cependant,
Napoléon croit trouver, dans le mensonge, un
dernier moyen d'éviter une défaite; il veut suppléer à l'absence de Grouchy par l'effet qu'eût
produit sa présence sur les esprits. Il fait donc
semer la nouvelle que cette artillerie qui tonne,
est celle de ce maréchal venu à notre secours.
Le courage du soldat se réchauffe : on se porte en
avant; un chemin creux bordait les positions ennemies, et à mesure que nos héros sortent de cet
enfoncement de la vallée, ces boulets, sur la foi
desquels ils gardaient l'espérance, les emportent
sans leur donner le temps de réformer leurs rangs :
exemple à jamais sublime et déplorable des fu-
reurs de la guerre et des prodiges d'une valeur
qui ne s'effacera pas de la mémoire des hommes !
Le peu de grenadiers qui parvient à se rallier se
précipite sous la nuée de la mitraille pour enlever les batteries ennemies; une réserve de cavalerie anglaise, avec des cuirassiers tout frais, attaque en flanc ces guerriers malheureux; les

soixante mille Prussiens, qui se sont rejoints, envahissent le champ de bataille ; Wellington, son chapeau à la main, fait un signal : toute la ligne de son armée s'avance.

Il reste encore assez de lumière sur l'horizon pour laisser entrevoir à Napoléon le désordre de son infanterie et de sa cavalerie ; il pâlit et pressent qu'il perd à jamais le bonheur de gagner des batailles. La déroute devient complète ; l'armée française n'est plus, dit notre bulletin officiel, qu'une masse confuse ; elle devient semblable, dans sa défaite, dit de son côté le rapport prussien, à une *armée de barbares*. Dans ce grand naufrage, un bataillon de la vieille garde, demeuré inébranlable autour des aigles sanglantes, ne veut se laisser vaincre que par la mort ; l'Empereur se met à leur tête, mais ses maréchaux ont saisi la bride de son cheval ; on l'entraîne vers la route de Charleroi : il s'échappe au milieu de ses grenadiers désespérés qui se fusillent entre eux, des morts qui s'amoncèlent, des mourans qui gémissent, des chevaux qui bondissent sans maîtres, d'une multitude qui court sans armes, des boulets qui accélèrent ou arrêtent la fuite des blessés, au milieu des hurlemens douloureux ou triomphans de trois armées, au milieu enfin des ombres de la nuit, des nuages de l'homicide fumée, et de tous les débris d'une ruine, image de la restitution de cent victoires (1).

Ce qui avait empêché le maréchal Grouchy de suivre les traces du général Bulow, c'était la crainte que le feld-maréchal Blücher ne marchât sur Fleurus et ne tournât ainsi notre aile droite. Il avait bien senti, au milieu de la journée, la terre trembler sous ses pieds par le retentissement des canonnades ; les généraux Gérard et Excelmans l'avaient bien pressé « de « marcher droit sur un aussi épouvantable feu , « afin d'être sûr de trouver à qui parler (2) ; » mais, au moment où il allait suivre leurs avis, son avant-garde s'engagea du côté de Wavres ; et il reçut le rapport erroné que toute l'armée prussienne était devant lui. Le général Gérard insista encore pour qu'il se portât sur Saint-Lambert : mais le maréchal Grouchy, qui eût été responsable d'un mouvement hasardé , ne voulut rien donner à l'imprévu (3).

Le lendemain de la bataille de Waterloo (16

---

(1) Rapports anglais et prussien.—Bulletin officiel de la grande armée.—Discours du général Drouot à la chambre des pairs, le 23 juin 1815. — Campagne de 1815, par le général Gourgaud, p. 104 et suiv. — Précis des batailles de Fleurus et de Waterloo, par le général Berton, etc.

(2) Campagne de 1815, par le général Gourgaud, p. 107 et 108.

(3) Rapport du général Grouchy à l'Empereur.

juin 1815), ce maréchal, qui s'était emparé des hauteurs de Wavres, reçut, avec la nouvelle de notre désastre, l'ordre de battre en retraite. Il parvint jusqu'à Namur, et, quelque jours après, se réunit à l'armée sous les murs de Laon.

Napoléon voulait rallier les débris de cette armée, au lieu de revenir à Paris. On le dissuada de ce projet, en lui représentant que, placé au cœur de l'empire, il animerait l'énergie de la défense nationale; au lieu que, dans son absence, la chaleur s'éteindrait; joint qu'on répandrait peut-être le bruit de sa mort ou de son emprisonnement. Napoléon céda et revint à Paris. Il s'était perdu naguère pour avoir fui les conseils, et acheva de se perdre cette fois en les écoutant : preuve merveilleuse que la conduite des choses politiques ne relève, avec certitude, d'aucune des règles de l'expérience, et n'appartient que par peu d'endroits à la sagesse raccourcie des hommes d'État.

Dans le même temps, Joachim Murat débarquait avec une poignée d'hommes sur la côte de Pizzo, dans la Calabre intérieure, et copiait dans son ancien empire le personnage audacieux de Napoléon. Mais la fortune qu'il affronte, et qui se rit de l'ex-roi, creuse une fosse à ce guerrier malheureux en avant du trône, et l'y fait rouler (15 juin 1815), sous le plomb de quelques gendar-

mes, exécuteurs de l'arrêt d'une commission militaire.

Napoléon arriva dans sa capitale plutôt que
la nouvelle de sa défaite. On s'y réjouissait encore de la victoire remportée à Ligny, et des
succès obtenus sur les frontières de l'Italie et dans
la Vendée par le maréchal Suchet et le général
Lamarque.

Le duc d'Albuféra avait occupé en maître les
gorges du Mont-Cénis, que la force de ses armes
avait fait évacuer aux Piémontais. L'une des divisions de son armée avait pris Carouge, passé
l'Arve, et placé aussi une victoire à la garde des
défilés du Jura.

La discorde introduite dans les conseils des
généraux vendéens les avait livrés, à demi vaincus,
au général Lamarque. Le marquis de Larochejacquelin, comptant sur un envoi d'armes et de
munitions, promis par l'Angleterre, avait formé
un plan d'opérations que trois autres généraux
vendéens, MM. d'Autichamps, de Sapineau et
Suzannet, refusèrent d'exécuter. Abandonné à
lui-même, il résolut de vaincre ou de périr sans
eux. Le général Travot se porta sur les derrières
de l'armée du marquis de Larochejacquelin,
pour s'opposer au débarquement de la flotte anglaise. Les Vendéens, d'abord retranchés dans
une assez forte position à Saint-Jean-de-Mont,

se laissèrent tenter à l'appât que le général Estève, feignant de battre en retraite devant eux, offrait à leur courage inexpérimenté : ils quittèrent leurs retranchemens, et tombèrent dans les mains des redoutables impériaux ; les uns s'enfuirent, les autres partagèrent le sort du marquis de Larochejacquelin, trouvé parmi les morts (1) (11 juin 1815).

MM. d'Autichamps, de Sapineau et Suzannet ne se laissèrent pas dompter dans leurs opiniâtres espérances : ils osèrent se réunir pour favoriser le débarquement des Anglais. Le général Lamarque s'avance lui-même à leur rencontre ; joignant la fermeté qui intimide les humeurs altières à l'esprit de douceur qui ramène les esprits égarés, et à cette intelligence des mœurs du pays, qui introduit la sobriété dans les mesures, il pacifiait la contrée à mesure qu'il avançait en vainqueur : secondé par des troupes dont son humanité n'avait qu'à modérer l'impétueuse ardeur, il remporta un dernier succès à la Roche-Servière sur l'armée royale. La nouvelle de ce dernier coup porté aux espérances des Vendéens, venait d'arriver à Paris, quand Napoléon, chargé de sa grande infortune, descendit à l'Élysée-Bourbon.

---

(1) Moniteur du 12 juin 1815. — Mémoires de Chaboulon , t. II p. 204 et suiv.

Il assembla son conseil, et exprima le désir d'être investi, pour sauver la patrie, d'une dictature temporaire. Le prince Lucien et Carnot jugèrent cette grande mesure indispensable au salut du pays. Le duc de Vicence, le duc d'Otrante, et plusieurs autres ministres, virent la question dans l'union des Chambres avec l'Empereur. Le duc d'Uzès et le comte Regnault peignirent sous les plus sombres couleurs l'esprit de la Chambre des Représentans. Le comte Regnault alla jusqu'à faire entrevoir la nécessité d'une abdication. Napoléon développa, avec l'énergie féconde de son éloquence, les ressources de la France, et un nouveau plan de résistance nationale (1).

Pendant la tenue de ce conseil, les Représentans déclaraient, sur la proposition de M. de Lafayette, que quiconque tenterait de dissoudre leur Chambre serait traître à la patrie, et sur-le-champ jugé comme tel; et, se constituant en permanence, vu la grandeur des affaires, ils invitaient les ministres de la guerre, des relations extérieures et de l'intérieur, à se rendre sans retardement au sein de leur assemblée (2). La Chambre des Pairs, à laquelle ils envoyèrent

---

(1) Mémoires de Chaboulon, t. ii, p. 223 et suiv.
(2) Moniteur du 22 juin 1815.

cette résolution, l'approuva, si ce n'est dans l'invitation adressée aux membres du gouvernement.

Ces hardiesses de la Chambre des Représentans venaient surtout de l'empressement des partis républicain et royaliste, à pousser à terre le trône branlant de l'Empereur vaincu, dans l'espoir que chacun nourrissait de faire triompher sa cause, une fois que la ruine serait opérée. Puis une assemblée suit les mouvemens de l'ambition comme les particuliers : celle-ci, dans la gravité des conjonctures, voyait je ne sais quel personnage à jouer, et c'est ce qui la fit traiter Napoléon en rival.

L'Empereur connaissait trop le progrès naturel des choses, pour ne pas sentir les approches de la fin de son nouveau règne. Mais se voyant arrivé cette fois au bout de sa carrière politique, il s'effrayait de cette consommation absolue de sa destinée. Il demandait du temps; il cherchait à retarder l'heure fatale; il refusait d'envoyer ses ministres à la Chambre des Représentans : il chargea enfin le comte Regnault de s'y rendre, et de chercher à retenir par d'adroits tempéramens le génie inquiet des députés. Le comte Carnot reçut l'ordre de calmer de la même façon l'humeur moins impatiente de la Chambre des

Pairs. Le comte Regnault ne réussit pas à modérer les prétentions des Représentans, qui redemandèrent à grands cris la venue des ministres. Napoléon, indigné de cette sommation, défendait aux conseillers de sa couronne de paraître à la barre de la Chambre, où le trouble allait toujours en s'accroissant : les uns proposant d'intimer aux ministres l'ordre formel de paraître dans l'assemblée; les autres s'alarmant pour la sécurité de leurs délibérations, et demandant qu'il fût pris des mesures contre une répétition du 18 brumaire (1).

Napoléon interrogeait en vain sa politique, pour trouver un moyen de défendre son autorité faiblissante : contraint de céder, il envoya enfin à la Chambre des Représentans, ses ministres, accompagnés du prince Lucien, revêtu du titre de commissaire général. Leur arrivée fit éclater l'orage qui grandait contre leur maître. Résolus de mettre fin au règne de l'Empereur, les Représentans jetèrent à l'envi leur flamme contre les ministres, pour mieux s'échauffer à porter leurs coups plus haut. Sans prononcer le mot d'abdication, M. de Lafayette fit retentir cette voix muette depuis vingt-deux années, et toujours fatale aux souverainetés; il s'écria : « Nous avons

_____

(1) Moniteur du 22 juin 1815.

assez fait pour Napoléon ; notre devoir est de sauver la patrie. »

Chacune des deux Chambres nomma dans son sein une commission de cinq membres, chargée de recueillir toutes les lumières sur l'état du pays, et d'aviser aux moyens qui pourraient le préserver d'une ruine imminente.

Ces deux commissions, réunies en présence du prince Lucien, décidèrent que les Chambres devaient nommer un certain nombre de négociateurs chargés de traiter avec les coalisés, sur les bases du respect de notre indépendance nationale et du droit appartenant à tout peuple, de se donner les constitutions qui lui plaisent. Cette proposition fut débattue, dans le milieu de la nuit, par la Chambre des Représentans. M. de Lafayette s'opposa à ce qu'elle fût acceptée, et mit enfin le salut du pays au prix seul de l'abdication de l'Empereur.

Le prince Lucien ne dissimula pas à son frère qu'il fallait ou casser la Chambre des Représentans ou être renversé par elle. L'âme de Napoléon se dévorait entre l'idée d'une abdication sans retour et l'image d'un coup d'état sans efficacité. Le lendemain, il fit annoncer à la Chambre des Représentans qu'il approuvait l'envoi de négociateurs aux puissances coalisées ; en ajoutant que s'il était reconnu aux difficultés de la négociation, que sa présence sur le trône fît obstacle au maintien de l'indépendance nationale, on le trouverait alors prêt à en descendre une seconde fois (1).

Ce demi-sacrifice, obtenu par les Représentans, redoubla leur désir de voir le trône complètement et immédiatement vide. Au lieu de faire, au moins, de l'abdication de l'Empereur, en traitant avec les coalisés, comme le haut prix d'une paix moins dure, ils espéraient obtenir une meilleure composition des vainqueurs, en leur ôtant des yeux les restes de cette grandeur menaçante. C'était aussi une joie d'enfans pour quelques députés de contribuer à un grand changement, d'aider à produire une chute immense. Les autres, comme nous l'avons remarqué, rêvaient les formes de gouvernement assorties à leurs imaginations ou au conseil de leurs intérêts.

La Chambre exprimait hautement le vœu de recevoir de Napoléon un dernier message annonçant l'abdication. De quart d'heure en quart d'heure, les affidés de l'Empereur l'instruisaient des progrès de la tempête. Il se promenait à grands pas dans son cabinet, enfoncé dans une méditation non moins orageuse que les débats

______

(1) Moniteur du 23 juin 1815.

des députés qui lui arrachaient la couronne. Ses paroles entrecoupées, inintelligibles, faisaient deviner le désordre de son âme. Un grand nombre de Représentans insistent, dans la chambre, pour qu'il soit invité à déclarer sa renonciation à l'empire. M. de Lafayette s'écrie que si cette renonciation n'arrive pas, il proposera de voter la déchéance. Cependant, l'assemblée, *pour ménager l'honneur du chef de l'Etat,* lui accorde une heure de grâce (1). Napoléon envoie enfin une déclaration portant que sa vie politique est terminée, et qu'il proclame son fils, sous le titre de Napoléon II, empereur des Français (2).

Cette abdication paraissait conditionnelle, puisque Napoléon liait son abandon de la puissance souveraine avec la transmission de cette puissance à l'héritier de son nom; mais les Chambres, tout en assurant qu'elles ne préjugeaient rien sur l'indivisibilité de ces deux conditions, nommèrent, au lieu d'un conseil de régence, une commission exécutive de cinq membres, deux de la Chambre des Pairs, trois de celle des Députés, pour exercer les fonctions du gouvernement.

---

(1) Moniteur du 23 juin 1815. — Mémoires de Chaboulon, t. II, p 227 et suiv.

(2) Moniteur du 23 juin 1815.

Le duc de Vicence, le baron Quinette, Carnot, le général Grenier, sous la présidence du duc d'Otrante, composèrent cette commission.

Quelques membres de la Chambre des Représentans demandèrent au nom de qui agirait ce gouvernement provisoire; d'autres répondirent que le nom du fils de Napoléon devait se placer en tête de ses actes, et M. Boulay de la Meurthe proposa que l'assemblée saluât aussitôt Napoléon II comme empereur. MM. Dupin et Manuel déterminèrent la Chambre à passer à l'ordre du jour sur cette proposition. Le gouvernement provisoire se porta plus loin : il n'intitula ses actes qu'au nom du peuple français, dans l'intention, disait-il, non de méconnaître Napoléon II, mais d'ôter aux coalisés tout prétexte de se refuser à admettre les négociations.

On s'attendait à voir le mécontentement de Napoléon éclater avec l'énergie accoutumée de ses esprits; mais à peine quelques mots, ressemblant à une plainte, sortirent de ses lèvres : soit qu'il sommeillât accablé par son malheur, ou qu'il dissimulât l'offense pour l'alléger; soit aussi que l'irrésolution captivât une ardeur qui n'éclatait jamais qu'à la suite d'un projet longuement concerté. Il alla méditer sur sa chute dans cette même retraite de la Malmaison, qui l'avait vu projeter les agrandissemens de sa fortune.

MM. de Lafayette, de Pontécoulant, Delaforêt, d'Argenson, Sébastiani et Benjamin-Constant furent chargés de se rendre (25 juin 1815) auprès des souverains alliés et de négocier la paix sur le pied du respect pour notre indépendance, dans notre intérieur, et pour la conservation des bornes de notre territoire. Pour donner plus de force au langage de ses plénipotentiaires, le gouvernement provisoire avait déclaré la guerre nationale et appelé tous les Français à la défense de la patrie. Le grand commandement de l'armée du nord avait été mis dans les mains du maréchal Grouchy.

Le feld-maréchal Blücher, auquel les plénipotentiaires s'adressèrent pour obtenir leurs passeports, leur fit déclarer (26 juin 1815) qu'il n'accorderait d'abord un armistice qu'au prix de la sûreté de ses troupes, garantie par la remise de six de nos places de guerre. Il promit d'ailleurs que la France ne serait aucunement gênée dans le choix de son gouvernement (1).

La commission, effrayée de ces demandes exorbitantes, fit offrir aux souverains alliés (27 juin

(1) Lettre des plénipotentiaires, en date du 26 juin, à M. le baron Bignon, chargé du portefeuille des affaires étrangères. — Mémoires de Chaboulon, t. ii, p. 314.

1815), comme borne où devraient s'arrêter leurs armes, la ligne de la Somme : c'était tenir les ennemis à trente lieues de la capitale. Elle les rassurait en même temps sur la possibilité du retour de Napoléon, en le faisant garder à vue par un général (1). Enfin, elle prêterait l'oreille aux ouvertures qui lui seraient faites sur les formes du gouvernement à instituer, afin de consulter, dans ses déterminations, les grands intérêts du salut de la patrie.

Au moyen de ces avances, le gouvernement provisoire se réservait d'entrer en pourparlers avec les coalisés, quant au choix d'un souverain : désespérant d'obtenir Napoléon II, il songeait, si l'on en croit les bruits semés à cette époque, à l'élection du duc d'Orléans, ou même du roi de Saxe, malheureux prince dont la fidélité à la France brillait mieux depuis qu'elle lui avait coûté une partie de sa couronne. Mais déjà quelques maréchaux et le prince d'Eckmühl, ministre de la guerre, semblaient tourner les yeux du côté de Louis XVIII ; les coalisés avançaient toujours ; la fortune des Bourbons les suivait,

____

(1) Instructions pour les commissaires chargés de traiter d'un armistice, en date du 27 juin. — Mémoires de Chaboulon, t. II, p. 323.

et devait son progrès à la division des esprits comme aux intrigues habilement ménagées de Fouché (1).

Le gouvernement provisoire fit parvenir à l'ex-Empereur l'injonction de partir. Calme en apparence, et maître des dehors de son âme, il se prépara à se rendre à Rochefort, où l'on avait mis deux frégates à sa disposition, pour le porter aux États-Unis.

L'armée française revenait à marches forcées vers la capitale. Les alliés, enhardis par la confusion qui régnait dans nos conseils, se dirigeaient sur le même point par la vallée de Montmorency, et ne craignaient pas de laisser leur flanc gauche entièrement à découvert. Napoléon avait remarqué cette fausse manœuvre : ses esprits s'échauffent; il demande en vain à sortir de la Malmaison, en qualité de simple général, pour quelques heures suffisantes à une victoire qu'il représente comme assurée. Mais il faudra qu'il entende gronder le canon, sans qu'on lui donne d'autre ennemi à vaincre que lui-même (2).

Le prince d'Eckmühl sollicita une suspension

---

(1) *Mémoires de Chaboulon*, t. ii, p 425 et suiv. — *Histoire de la Restauration*, par un homme d'état, t. ii, p. 553 et suiv.

(2) *Campagne de 1815*, par le général Gourgaud, p. 150 et 151.

d'armes auprès de Wellington, qui, instruit par le duc d'Otrante de l'état des esprits, refusa d'arrêter les opérations. Blücher nous répond, de son côté, qu'il consent à signer un armistice dans les murs de la capitale (1). La commission reconnaît l'impossibilité de se défendre, et recule devant l'image de notre armée, faite prisonnière ou ensevelie sous les ruines fumantes de Paris : elle capitule (3 juillet). Il est convenu entre le prince d'Eckmühl d'un côté, et lord Wellington et le feld-maréchal Blücher de l'autro, que l'armée française se portera avec toute son artillerie derrière la Loire ; que dans huit jours, les troupes seront parties et que les portes de Paris s'ouvriront; que le respect des autorités actuelles durera *tant qu'elles existeront ;* que les puissances alliées n'interviendront en aucune manière dans la gestion des propriétés publiques, et respecteront tant la sûreté des personnes que des propriétés particulières; et qu'enfin, nul des individus, qui se trouvent dans la capitale, ne sera inquiété, ni recherché en rien, pour ce qui touche la conduite, les fonctions et les opinions politiques (2).

---

(1) Mémoires de Chaboulon, t. ii, p. 357.

(2) Convention de Paris du 3 juillet. — Traités de paix, par Schœll, t. ii, p. 438.

Cette capitulation, imprévue pour le courage du soldat, causa une grande irritation dans les rangs de notre armée. Le soldat s'étonnait que la conservation de quelques murailles eût pu être achetée au prix de l'humiliation de nos drapeaux. Le général Drouot parvint à calmer la garde impériale, victoire plus difficile que les triomphes obtenus avec elle : l'effet de l'exemple entraîna le reste. Mais au moment d'effectuer leur retraite, les soldats réclamèrent leur solde, qui manqua dans le trésor épuisé : supprimer de suite toute raison pour leur colère de se rallumer contre le gouvernement, c'était d'une saine politique ; la guerre civile pouvait résulter de leur mécontentement. Un généreux citoyen sauva la patrie, en exposant sa fortune pour solder l'armée ; les Français n'oublieront pas le dévouement de M. Lafitte, aussi long-temps qu'ils se souviendront de leur histoire.

Deux proclamations de Louis XVIII commencèrent à se répandre librement (1). L'une d'elles annonçait que le roi se hâtait de rentrer dans ses États, « pour mettre à exécution, contre les « coupables, les lois existantes. » On devait pressentir déjà qu'il ne se reconnaîtrait pas engagé par la clause de la capitulation, qui protégeait

____

(1) Proclamations de Cambrai, des 25 et 28 juin.

I.   11

les individus contre toute recherche de leurs fonctions et opinions politiques.

La conduite de Fouché, dans cette grave occurrence des affaires, fut une suite prodigieuse d'intrigues habiles, de finesses consommées, de ménagemens assortis et profondément médités pour produire un même effet; il sut écarter si bien les obstacles, que la deuxième restauration eut la force de la nécessité. La commission provisoire, dont il présidait les délibérations, les deux Chambres, l'armée, les partis, le peuple, se trouvèrent tout à coup, par l'état dans lequel il avait mis les choses, à cette extrémité de ne plus trouver à la destinée de la patrie, que deux faces. D'un côté, c'était l'anéantissement de la France; de l'autre, le retour de Louis XVIII. Fouché porta dans l'intrigue l'invention du génie; et ce ne fut pas la moindre preuve de son incroyable autorité sur les circonstances, que l'engagement qu'il fit contracter au roi, auquel il semblait donner la main, pour le remettre sur le trône, de lui confier à lui, juge implacable de Louis XVI, et proconsul de la Convention dans les murs de Lyon, le ministère de la police, c'est-à-dire la commission de veiller à la sûreté de la personne royale, et la garde du repos intérieur de l'Etat (1).

____

(1) *Histoire de la Restauration*, par un homme d'état, t. II, p. 467.

Quand tout est prêt pour l'événement, cet homme, né pour les révolutions, déchire les voiles, et annonce à la commission provisoire la prochaine arrivée de Louis XVIII. Bientôt les Prussiens pénètrent dans Paris (6 juillet 1815), et le poids de leurs canons fait gémir, pour la seconde fois, le pavé du Louvre. La commission, reconnaissant qu'elle a cessé d'être libre, se dissout d'elle-même. La Chambre des pairs imite cet exemple, et se sépare. La Chambre des Représentans, qui avait déjà protesté contre toute forme de gouvernement, non sanctionnée par les vœux légalement recueillis de la nation (1), répète un mot sublime de Mirabeau : « Nous ne sortirons d'ici que par la force des baïonnettes. » Mais M. Lanjuinais, qui la préside, lève la séance, et le lendemain cette chambre avait cessé d'exister (2).

Louis XVIII est rentré dans son palais (8 juillet 1815) : d'un côté, les bivouacs des Tartares fument sous ses fenêtres ; de l'autre, ses jardins sont dévastés par des danses que mène en désordre le parti royaliste. La police est donnée à Fouché, les sceaux de l'État à M. Pasquier, la guerre au maréchal Gouvion-Saint-Cyr, la marine

---

(1) Proclamation du 5 juillet 1815.
(2) Mémoires de Chaboulon, t. II, p. 392 et suiv.

au comte de Jaucourt, la maison du roi au duc
de Richelieu, les finances au baron Louis; le
prince de Talleyrand, chargé des affaires étrangères, va présider le conseil (9 juillet 1815).
Le roi proclame la dissolution de sa Chambre
des députés, dont l'arrivée de Buonaparte avait
clos la session. Il en convoque une autre, tandis
que, par la même ordonnance, il augmente
le nombre des députés, et abaisse l'âge auquel
peuvent siéger les électeurs. « La Charte, dit-il,
sera revue dans cette matière par le pouvoir législatif qui va s'assembler (13 juillet 1815) (1). »
Mais pourquoi n'attend-il pas la session des Chambres avant d'introduire dans la Charte une altéra-
tion qui, faite par le roi seul, devient une violation des lois fondamentales? et pourquoi ébranler
d'avance ces lois, en apprenant aux peuples qu'ils
obéissent à des règles qui méritent d'être corri-
gées?

Napoléon, arrivé à Rochefort, trouve la mer
gardée par des vaisseaux anglais. Il se rend à
l'île d'Aix, passe en revue la garnison, visite
les fortifications, interroge le commandant (2),
et s'abandonne encore à son habitude d'inspec-

---

(1) Ordonnance du 13 juillet.
(2) Ce brave commandant était M. Curtet, aujourd'hui commandant à Mont-Dauphin.

ter en souverain. Cependant les heures s'écoulent et le pressent de se décider. Qui dira ce qui s'est passé dans son cœur lorsqu'il marchait sur le bord de l'océan couvert par la flotte anglaise; lorsqu'il se sentait renfermé dans cette île, n'ayant plus pour agir qu'un espace si étroit et un temps si court? Le capitaine d'un vaisseau américain promet de le conduire aux États-Unis. Mais Napoléon rougirait de s'échapper en fugitif; il craint d'humilier sa gloire passée, et tâche de retenir, par la grandeur du respect qu'il se porte à lui-même, quelque chose de la puissance que lui arrache la fortune. Pour se garer contre les outrages dont le menacent les longues inimitiés de l'Angleterre, voilà que l'ancien vainqueur de l'Europe se confie à la générosité de cette nation. Il annonce au prince-régent « qu'il vient, comme Thémistocle, s'asseoir aux foyers du peuple britannique (1). » Un vaisseau anglais le reçoit sur son bord, et le porte à Plymouth, où il apprend que les puissances alliées, le considérant comme leur prisonnier de guerre, ont décidé qu'il serait conduit à Sainte-Hélène. Il proteste en vain, à la face du ciel et des hommes, contre l'hospitalité violée : déjà il est en mer, et navigue vers sa prison. Mort pour le monde, la

---

(1) Lettre au prince-régent, du 13 juillet.

guerre et la puissance, il demeurera livré à sa propre pensée, qui naguère fut maîtresse de l'univers, et que, jusqu'à son dernier soupir, ses ennemis lui donnent pour bourreau.

Louis XVIII cherche à adoucir l'orgueil de l'étranger : il ôte aux monumens publics les noms qui rappelaient nos victoires. Ce n'est pas tant le changement de ces noms qui flatte la gloire des vainqueurs, que cette complaisance qui ordonne aux pierres mêmes de garder le silence. Le roi règle le nombre futur de ses troupes (16 juillet 1815). Le peu qu'il en demande atteste à la fois la puissance des étrangers et la peur qu'ils ont encore de notre courage. Vingt-neuf membres de l'ancienne Chambre des pairs de Louis XVIII, qui ont siégé dans celle de Napoléon, perdent cette haute dignité (24 juillet 1815). Une simple ordonnance les prive de leur caractère indélébile, malgré l'intention de Louis XVIII de se borner à rentrer dans l'ordre de son règne. En s'abstenant de ce coup extraordinaire, il y aurait gagné l'apparence d'une reprise mieux complète de ses droits qui, dans la doctrine de la légitimité, ne s'interrompent jamais. Mais il a autour de lui un parti dont les conseils règnent sur sa volonté et sur la bonne politique. Déjà ce parti réclame des punitions pour les vaincus. Conduisant la main du roi, il lui fait signer une ordonnance (**24 juillet 1815**) qui traduit devant des conseils de guerre dix-neuf généraux en tête desquels figurent Ney et Labédoyère, et qui met en surveillance, dans des résidences fixées par la police, trente-huit autres personnes dont la liste commence par le nom de Soult (1). Cette réaction s'accomplit dans la capitale à l'aide des lois : une autre s'exécute par l'assassinat dans le Midi. Le maréchal Brune passe à Avignon : une foule égarée s'échauffe à son aspect; tout le régime impérial qu'ils abhorrent se représente à leurs yeux dans ce guerrier malheureux; ils l'égorgent, mettent son corps en lambeaux, le traînent sur la claie et le jettent dans le Rhône, qui revomit, après deux jours, ce monument détestable de la fureur populaire, déchaînée peut-être à l'exemple des sévérités du gouvernement. Le général Ramel subit le même sort dans Toulouse. Quant à Labédoyère, il tombe sous les balles des soldats qui le fusillent, en vertu de l'arrêt militaire qui le condamne.

Le roi des Pays-Bas propose à ses nouveaux sujets de la Belgique d'adopter, comme loi fondamentale de tout le royaume, la constitution hollandaise qu'il a fait reviser. A cet effet il convoque une réunion des plus notables d'entre les

____

(1) Moniteur du 27 juillet 1815.

Belges (13 juillet 1815); mais, sur treize cent vingt-trois suffrages, neuf cent quatre-vingt-seize se prononcent, dans cette assemblée, contre la loi proposée. Peu importe au roi Guillaume : comme deux cent quatre-vingts membres n'avaient pas assisté à la séance, il déclare que leur silence est un assentiment; et il se forme une majorité, à l'aide des absens : tel est son début. Confessons que si la morale avait une voix pour répondre à qui lui demanderait quels sont les premiers auteurs des révolutions, elle nommerait souvent les rois qu'elles renversent, avant les peuples qui les font. La nouvelle constitution établissait des Etats-généraux formés de deux Chambres, l'une élective, et composée de cent dix membres, l'autre inamovible, et composée de quarante membres au moins, et de soixante au plus, nommés par le monarque : les députés étaient élus pour trois ans; et la Chambre se renouvelait annuellement par tiers (1). La Belgique ne fournissait que tout juste la moitié de cette Chambre; bien que sa population surpassât d'un tiers celle de la Hollande. La dette de celle-ci surmontait de beaucoup la sienne; cependant le poids des charges fut réparti avec une égalité qui offensait la justice. Les Belges possédaient seuls l'institution du jury:

---

(1) Collection des constitutions, t. III, p. 166.

elle leur fut ôtée, parce que les Hollandais n'en jouissaient pas (1). Enfin, la liberté de la presse est suspendue par deux arrêtés qui font régner, sous la constitution, ce silence qui l'a fait adopter.

Le maréchal Macdonald accomplit l'œuvre difficile de renvoyer dans leurs foyers les soldats de Buonaparte campés sur les bords de la Loire (1er août 1815). Cette armée licenciée rentre et se perd dans le sein de la nation : ainsi disparaissent et sont ensevelis les derniers lambeaux de ce corps de l'empire, auquel le souffle de Napoléon avait rendu quelques mois de vie, et qui bien que tout mutilé, importunait l'ennemi et troublait Louis XVIII sur son trône. Le roi ne se borne point à craindre le bras des partisans de Buonaparte : il redoute leur pensée, et tous les journaux subissent le frein de la censure (8 août 1815). Il efface en même temps les vestiges de l'interrègne dans les grades ou décorations accordés durant les Cent-Jours (2). Les souverains alliés consentent à remettre sous son autorité les provinces de France gouvernées par leurs généraux : ses préfets succèdent aux commandans militaires. Un rayon est tracé pour le cantonne-

---

(1) Moniteur du 10 et du 16 août 1815.
(2) Hist. des traités, par Schœll, t. II, p. 448 et suiv.

ment de chaque armée : Les Wurtembergeois prennent leur quartier général à Nevers; les Bavarois à Auxerre; les Russes à Melun; les Prussiens à Caen : les Anglais, héros de l'expédition, au siége même de l'empire. Les coalisés cessent en même temps de lever des contributions arbitraires sur nos départemens (1). Mais pour que Louis XVIII n'oublie pas à quelles conditions il reprend les rênes de son royaume, un général prussien est nommé gouverneur de la capitale.

Les négociateurs français, en obtenant dans la convention de Paris du 3 juillet, l'article du respect des propriétés publiques, avaient proposé d'y stipuler en même temps que le musée des arts, demeurerait inviolable, en tout que propriété française. Le feld-maréchal Blücher avait répondu avec un ton superbe qu'il entendait, au contraire, se faire restituer tout ce qui était de sa nation, dans ce grand dépôt des dépouilles de l'Europe. Lord Wellington appuya ce refus; le monument n'avait plus de sauvegarde (1). Adieu aux œuvres de l'art, fruits brillans de nos conquêtes ! La victoire nous les avait donnés, la défaite nous les enlève. Le vide qu'ils laissent dans

----

(1) Hist. des traités par Schœll, t. ii, p. 436. — Note de Lord Castlereagh, du 11 septembre 1815.

nos plaisirs ravive le sentiment de notre splen-
deur éclipsée : nous étions accoutumés à la pensée
qu'ils nous appartenaient, parce que nous nous
regardions comme le peuple le plus capable de
les admirer.

Le gouvernement anglais se prévalant de l'a-
bolition de la traite des Nègres, ordonnée par
Buonaparte, invita Louis XVIII à sanctionner
ce décret (1). Le roi se révolta contre l'idée de
reconnaître valide un acte de Napoléon; mais il
consentit à satisfaire les vœux de l'Angleterre
(31 juillet 1815) par une ordonnance de sa propre main.

Nous avons déjà remarqué deux ordonnances
faites contre la vertu de la Charte; l'une qui a
augmenté le nombre des députés et abaissé l'âge
des électeurs; l'autre qui a précipité de leurs
siéges inamovibles vingt-neuf membres de la
chambre haute (2). Il en survient une troisième,
dans laquelle le roi ne se montre pas moins infidèle aux obligations de la loi constitutionnelle :
s'appuyant de l'article 14 de cette loi, qui l'autorise à veiller par des ordonnances à la sûreté de
l'État, il lève sur ses peuples, à titre de réquisition de guerre, sans le concours des autres pou-

______

(1) Note de Lord Castlereagh, du 27 juillet.
(2) Voyez plus haut.

voirs de l'État, une contribution extraordinaire de cent millions (16 août 1815) (1). Le soin laissé aux Chambres de répartir cet impôt, ne secourt point la Charte, qui a reçu une nouvelle et funeste atteinte. Un jour, le souvenir de ces violations, causées par la présence de l'étranger, encouragera le successeur de Louis XVIII à tenter les mêmes hardiesses, qui, cette fois, accableront la monarchie sous les ruines de la constitution. Le roi, qui a déjà prescrit la formation de son armée, règle les forces de sa garde, qui s'élèvera à vingt-six mille hommes. Il blesse de nouveau le sentiment de l'émulation dans les militaires, en instituant de plus ces gardes-du-corps, qui deviennent officiers en approchant de sa personne. Les dignités se meuvent, et rencontrent l'ambition qui les cherche. La chambre haute reçoit près de cent nouveaux siéges (17 août 1815) : Louis XVIII, sur les conseils de ses ministres et de sa propre sagesse, déclare que la dignité de pair sera héréditaire de mâle en mâle, dans la ligne directe des premiers-nés (19 août 1815). Il s'est combattu en lui-même avant d'assurer la perpétuité de cet honneur dans les mêmes familles, comme s'il eût été averti, par sa pénétration, que leur sécurité à venir sur le sort de leurs

____

(5) Ordonnance du 16 août.

rejetons ne les retiendrait plus aussi bien dans la dépendance de la couronne, distributrice des fortunes (1). Son hésitation à rendre cette dignité transmissible, dénonce l'imprévoyance des esprits qui regarderaient comme donné à la liberté commune ce qui serait retranché à l'indépendance de la Chambre des pairs. Monsieur fait entrer ses favoris au sein de ce corps auguste où il s'assied lui-même : déjà l'opinion publique le désigne comme la tête du parti qui voit et veut lacérer dans la Charte un testament de la révolution de 89. Le comte d'Artois commence à se bâtir sur les marches du trône de son frère, un autre trône autour duquel quelques invincibles débris de l'ancienne noblesse s'essaient à représenter une ombre de l'ancienne France : simulacre menteur du passé, où il n'y a en effet de traits fidèles que ces mêmes travers et ces mêmes passions, plus durables que la fortune de l'ancienne monarchie. M. Jules de Polignac, gouverné par l'esprit du comte d'Artois, rend visible la pensée de son maître : il est un des pairs nouvellement élus, et il refuse d'engager sa foi à la constitution, sous la raison qu'elle ne fait pas à la religion catholique la part demandée par toute conscience partagée entre son Dieu et son roi :

____

(1) *Hist. de la Restauration*, par un homme d'état, t. III.

Monsieur plaide en faveur des scrupules de son favori; mais les pairs, respectant leur propre serment, opinent à ce que M. Jules de Polignac ne puisse éluder le sien.

Les préfets que le duc d'Angoulême avait nommés en parcourant les provinces du royaume, dirigent les nouvelles élections. Le royalisme indiscret qui anime les fonctionnaires agit sur les votes, et de là sur le choix des députés.

La faveur du nombre, dans la Chambre nouvelle, ne paraît pas acquise aux ministres actuels: ébranlés par le crédit de Monsieur, ils vont tomber. Puis le duc de Richelieu est dans les bonnes grâces de l'empereur Alexandre. Ce serait une raison d'espérer un meilleur accommodement, au fort des négociations qui mènent nos destinées. Pourquoi ne pas le mettre à la tête de ce conseil, que M. Talleyrand ne dirigerait plus avec succès contre les coups des partis et les prétentions de l'étranger. Louis XVIII se tenait ce langage, et bientôt la ruine du ministère commence à la démission du duc d'Otrante, que le parti de Monsieur se montrait du doigt dans le palais, comme si le sang de Louis XVI eût reparu sur ses habits : le comte Barbé-Marbois est donc nommé garde-des-sceaux; le comte Vaublanc administrera l'intérieur; le vicomte Dubouchage la marine; le duc de Feltre la guerre; M. de Corvetto les finances; M. de Cases veillera à la sûreté intérieure; et M. le duc de Richelieu accepte, avec la présidence du conseil, le département des affaires étrangères, labeur terrible pour ce dernier, aux mains duquel est confié le soin de raccourcir cette corde si tendue, au bout de laquelle flotte dans le puits d'un abîme notre empire chargé de son propre poids et du fardeau des vengeances de l'Europe (26 sept. 1815.)!

C'est à ce moment que prend naissance l'alliance de la France avec la Russie, alliance qui fera la base de notre politique étrangère durant tout le règne des Bourbons. Il fallait choisir entre les cabinets de Saint-Pétersbourg et de Londres, qui, se partageant la gloire d'avoir frappé les plus grands coups contre Napoléon, enviaient celle de prévaloir aujourd'hui au-dessus de toutes les autres cours, dans les affaires de Louis XVIII. L'empereur Alexandre se souvenait que M. de Talleyrand avait opté pour l'Angleterre dans le congrès de Vienne; il ne pouvait lui pardonner d'avoir travaillé contre la Russie dans les débats relatifs à la question de Pologne, et d'avoir signé l'alliance éventuelle conclue alors entre la France, l'Angleterre et l'Autriche, contre la Russie et la Prusse (1). Il a donc

____

(1) Voyez plus haut.

précipité cet homme d'État; et, sous cette grande ruine, est abattu, pour le temps que vont durer les Bourbons, le système de l'alliance avec l'Angleterre, c'est-à-dire de l'influence étrangère constitutionnelle.

Dès lors, les conseils qui viendront à la cour partiront d'un gouvernement absolu. Peut-être M. de Talleyrand, en tombant, a-t-il emporté la monarchie restaurée.

Le même jour, l'empereur de Russie fit signer à l'empereur d'Autriche et au roi de Prusse la *Sainte-Alliance*, façon de traité évangélique, qu'on dirait rédigé par un conseil d'apôtres devenus rois, qui stipule des vertus, et où les souverains paraissent moins négocier entre eux qu'avec la Divinité. Ce symbole diplomatique s'annonce d'abord comme ayant pour objet d'asseoir le droit public de l'Europe sur l'éternelle religion du Sauveur, et de manifester à la face de l'univers la solennelle détermination des souverains de gouverner selon tout l'esprit de l'Évangile. Puis, les trois monarques s'engagent à « demeurer « unis par les liens d'une fraternité indissoluble, « et, se considérant comme compatriotes, à se « prêter, en toute occasion et en tout lieu, assis- « tance, aide et secours. » Ils se regardent « comme « délégués par la Providence pour gouverner trois « branches d'une même famille, savoir : l'Au-

« triche, la Prusse et la Russie ; et ils recomman-
« dent à leurs peuples de se fortifier chaque jour
« dans l'exercice des devoirs que le divin Sauveur
« a enseignés aux hommes. »

Ce traité, qui change la souveraineté en un sa-
cerdoce, ne précise qu'une seule action, l'assis-
tance mutuelle : le reste demeure abandonné aux
pensées des conseillers des rois. Aussi la politique
n'a-t-elle gardé la mémoire que de l'engagement
de secours. La plupart des États accédèrent à la
Sainte-Alliance ; l'Angleterre s'excusa, prétex-
tant que c'était un traité entre souverains, et que
le roi de la Grande-Bretagne devait ignorer comment on signe seul. Le même refus aurait été
séant dans le roi de France.

Les pourparlers dans lesquels se débattait le
prix de la seconde restauration de Louis XVIII
touchaient à leur fin. Un exposé de la conduite
de ces négociations aidera l'intelligence de
la convention où elles aboutirent. La fameuse
déclaration du 13 mars 1815 (1), par laquelle les
quatre puissances mirent Napoléon au ban de
l'Europe, commence l'ordre des traités qui le
firent tomber du trône une seconde fois. Vient
ensuite l'alliance du 25 mars 1815 (2), où la

----

(1) Voyez plus haut.
(2) *Id.*

ligue formée à Chaumont se renouvela; puis enfin, la convention interprétative, du 9 mai 1815 (1), portant que la ligue n'engageait pas les coalisés à pousser la guerre sur les ruines de Napoléon, à l'effet d'imposer à la France un autre gouvernement de leur choix. Tels sont les trois instrumens qui réglaient non seulement les rapports des alliés entre eux, mais leur situation vis-à-vis de nous : or, comme Louis XVIII n'avait pas eu le temps d'accéder au traité du 25 mars, les puissances se croyaient affranchies de l'obligation de le regarder, en négociant la paix, comme leur allié pendant la guerre. Mais M. de Talleyrand avait pris son point de départ dans la déclaration du 13 mars, où le maintien de Louis XVIII sur le trône était solennellement juré; il avait soutenu que les puissances alliées n'ayant pas cessé de reconnaître S. M. T. C. comme roi, n'avaient pu se constituer en état de guerre avec son royaume; et il en concluait que le droit de nous demander des cessions territoriales n'existait pas, vu qu'il ne dérive que de la conquête, qui elle-même ne suit que la guerre (2). Il alléguait que les coalisés, à mesure que leurs forces s'é-

____

(1) Voyez plus haut.

(2) Note du ministre de France, du 21 septembre. — Hist. des traités de paix, par Schœll, t. ii, p. 464.

taient avancées dans les provinces françaises, y avaient rétabli l'autorité du roi, disposition qui y aurait fait cesser la conquête, si elle eût été exercée sur ces provinces. Il avait consenti d'ailleurs, au nom de S. M. T. C., *au rétablissement des anciennes limites, sur les points où il a été ajouté à l'ancienne France par le traité du 30 mai.*

Les alliés répondirent que leurs propositions étaient basées non sur le droit de conquête, mais sur les principes d'une juste satisfaction pour les pertes et sacrifices passés, et d'une suffisante garantie de la sûreté future des pays voisins (1). Ils exprimèrent la peine qu'ils avaient à comprendre la distinction établie par le plénipotentiaire français relativement au principe des cessions territoriales, entre l'ancienne et la nouvelle France; et, réfutant la doctrine de la prétendue inviolabilité du territoire français, ils déclarèrent que ce serait attenter sur l'idée d'égalité et de réciprocité entre les puissances européennes, que d'ériger en maxime que la France avait pu s'étendre, acquérir, et se fortifier par les armes ou les traités, tandis qu'elle jouirait seule du privilége de ne jamais décroître ni baisser, soit par sa

______

(1) Note des ministres des puissances étrangères, du 22 septembre. — Traités de paix, par Schœll, t. xi, p. 469.

mauvaise fortune dans la guerre, soit par les vicissitudes ultérieures de la politique.

C'est à ce moment que le ministère français fut renouvelé. Après d'épineuses conférences, dans lesquelles on débattait million à million, forteresse à forteresse et mois à mois, la rançon, les limites et la durée de l'occupation, les cinq puissances apposèrent leur signature au traité de paix définitif (20 novembre 1815), qui, à un an et demi de distance, succédait dans la même capitale, à celui du 30 mai 1814, et semblait devoir condamner la France, épuisée du reste de son sang qui coulait par de nouvelles et profondes blessures, au sommeil de la mort; traité que les puissances qui nous ensevelissaient sous nos propres ruines, appelaient sans doute, dans le secret de leur jalousie rassasiée de nos malheurs : celui de notre paix éternelle.

Les couronnes alliées annoncent, dans le préambule de cet acte, qu'elles partagent aujourd'hui avec S. M. T. C. le désir de consolider, par l'inviolable maintien de l'autorité souveraine et par *la remise en vigueur de la Charte constitutionnelle,* l'ordre de choses heureusement rétabli en France.

Ainsi le respect de nos institutions nationales était l'une des conditions de la résurrection nouvelle de la monarchie. Déjà la même stipulation avait lié, en **1814**, la conscience royale : les alliés voyaient dans la Charte le traité de paix entre Louis XVIII et son peuple ; et cette considération ne les fuyait pas, que de notre bonne intelligence avec lui dépendait la conservation du repos du monde. Si la famille des Bourbons a violé un jour nos libertés écrites dans ce pacte solennel, l'Europe entière a donc vu arrachée par cette ingrate et oublieuse famille, la pierre de l'angle qui lui servit de degré pour se rasseoir deux fois sur ce trône octroyé par l'étranger.

Indemnité pour le passé, garantie pour l'avenir, tel est le double principe que nous avons déjà signalé comme mis en avant, au fort des négociations, par les cours alliées. Elles rappellent, en effet, ces deux considérations en tête du traité, auquel elles assignent pour but principal le retour entre la France et ses voisins, de la confiance et de la bienveillance réciproques troublées si long-temps par la révolution et la conquête. Elles reconnaissent que l'indemnité due aux puissances ne pouvait être toute territoriale ni toute pécuniaire, mais devait participer à ces deux modes. Puis, elles déclarent la nécessité de conserver, pendant un temps déterminé, sur les frontières de la France, un certain nombre de troupes alliées.

Cela dit, la France perd ce que lui avait encore

laissé le traité du 30 mai 1814 sur ses acquisitions depuis 1790 : le fleuve achève de rentrer dans son lit; en vain les grandes eaux du ciel l'ont fait déborder; on ouvre des canaux à ses ondes majestueuses, dont une partie portera l'abondance à d'autres contrées; et lui il coulera, resserré dans ses anciennes limites, comme si le temps lui-même refluait vers le passé. La partie pécuniaire de l'indemnité à fournir par la France à ses libérateurs, pour les dédommager de nos victoires passées, est fixée à sept cents millions. La sûreté des États voisins exige que la France nourrisse cent cinquante mille hommes de troupes alliées le long de ses frontières, dans ses places de guerre, sous la réserve que cette occupation ne portera aucun préjudice à la souveraineté de S. M. T. C. Ce corps d'armée pourra évacuer la France au bout de trois ans, si les souverains alliés reconnaissent de concert l'inutilité de sa présence; mais quel que soit le résultat de leur délibération à cette époque, la durée de l'occupation militaire ne pourra excéder cinq années (1).

A ce traité furent jointes deux couventions, qui déterminaient le mode de paiement des sept

---

cents millions d'indemnité et des frais d'entretien de l'armée d'occupation (1).

L'image de notre gloire éclipsée passait et re-passait encore devant les yeux importunés des rois coalisés. Ils croyaient moins à l'impuissance actuelle de la France que la France elle-même ; l'habitude de se défendre survivait à leur triomphe ; et le seul honneur qui nous fût laissé, au milieu des débris de notre puissance, c'était de voir les souverains de l'Europe, écrire, à l'ombre de nos ruines, un traité d'alliance, dans la supposition que notre génie militaire leur causerait un jour d'autres alarmes. Après avoir signé l'acte dont nous avons rapporté les clauses principales, ils promulguèrent leur intention de donner aux principes consacrés par les traités de Chaumont du 1er mars 1814, et de Vienne, du 25 mars 1815, l'application la plus analogue à l'état actuel des affaires. Ils s'engagèrent donc, dans le cas où la France remuerait sous le poids des cent cinquante mille hommes qui la gardaient et des contributions dont elle était chargée, à fournir chacun une armée de soixante mille hommes, afin d'é-craser à jamais la mèche fumante des discordes européennes. En outre, « pour consolider les

---

(1) *Id.* à la suite du traité.

rapports intimes qui unissaient les quatre souverains pour le bonheur du monde, les hautes
parties contractantes convinrent de renouveler,
à des époques déterminées, soit sous les auspices
immédiats des souverains, soit par leurs ministres
respectifs, des réunions consacrées aux grands
intérêts communs et à l'examen des mesures qui,
dans chacune de ces époques, seraient jugées les
plus salutaires pour le repos et la prospérité des
peuples, et pour le maintien de la paix de l'Europe. »

Ce traité a formé, jusqu'à la chute de Charles X,
le véritable fondement de la politique des couronnes. La puissance démesurée de Napoléon
avait obligé les forces des rois à se tenir en fais-
ceau; il tomba, et l'union subsista, dangéreuse
pour les libertés intérieures des peuples : tant il
est vrai que l'immensité d'un pouvoir amène une
résistance trop gigantesque, pour ne pas durer,
après que le coup a été porté !

Le même jour, les puissances reconnaissent,
par un acte solennel, la neutralité perpétuelle de
la Suisse et l'inviolabilité de son territoire (1).

La Confédération helvétique s'est rassemblée
tout entière sous un nouveau pacte fédéral (7 août

---

(1) Recueil de Martens, t. VI, p. 740.

1815) (1). Son armée sera de trente mille hommes (2); chacun des dix-neuf cantons, menacé par un péril venant du dedans ou du dehors, aura droit au secours de ses confédérés (3). L'Union ajustera les différends agités entre les cantons (4). Les affaires de la Confédération sont soignées par une diète composée de députés qui votent selon leurs instructions, et qui sont en nombre égal à celui des cantons. Elle s'assemble annuellement dans la capitale du chef-lieu où elle doit se réunir, ou extraordinairement, sur la demande du chef-lieu ou de cinq cantons (5). La diète déclare la guerre et conclut la paix (6). La direction des affaires, quand la diète n'est pas assemblée, sera remise à un chef-lieu qui alternera tous les deux ans entre les cantons de Zurich, Berne et Lucerne (7).

Ce n'est pas le seul reproche qu'on puisse faire à ce pacte fédéral, d'avoir été passé dans un moment où la Suisse n'était guère maîtresse de

----

(1) Texte de ce pacte, dans le Moniteur du 1er octobre 1814 et dans la *Collection des constitutions*.

(2) Art. 2.

(3) Art. 4.

(4) Art. 5.

(5) Art. 8.

(6) Art. 9.

(7) Art. 10.

ses propres affaires. Les stipulations en sont embrouillées; d'un côté elles font de la diète une puissance suprême; de l'autre, elles lui lient les mains par le besoin d'instructions; de sorte qu'en même temps que le principe des souverainetés locales est offensé, l'action réelle du pouvoir central est restreinte. On dirait que les auteurs de cette grande loi ont voulu tout à la fois affaiblir le principe démocratique dans les cantons et paralyser l'indépendance du pays en masse. Si l'Autriche leur a servi de conseillère, ils ont bien laissé l'empreinte du cachet qu'elle leur a prêté.

Bientôt les cantons se donnent des constitutions qui vont de pair avec cette loi générale. Les droits publics s'y resserrent et s'y concentrent. L'aristocratie s'y agrandit au préjudice de la bourgeoisie, qui s'indemnise à son tour au désavantage des paysans (1). Mais heureusement rien n'empêche qu'un jour ces constitutions nouvelles ne subissent un changement qui revienne à satisfaire l'égalité offensée.

Tout ce que les cours signataires du traité de Vienne peuvent exiger de la Suisse, c'est la conservation des formes extérieures de son organisation, et le maintien de la circonscription de

---

(1) Voyez les nouvelles constitutions cantonnales dans la *Collection des constitutions* déjà citée.

son territoire dans le même nombre de cantons existans en 1815. Elles n'ont imposé à la Confédération helvétique aucune autre condition pour la reconnaissance de sa neutralité (1). Elle possède donc le droit de réviser, à son gré, son pacte fédéral, en ce qui ne touche ni à l'intégralité territoriale, ni à l'indépendance des vingt-deux membres de l'Union.

Louis XVIII avait songé tout d'abord à rétablir avec la Confédération, le vieux traité d'alliance qui avait duré trois siècles (2). Les négociations allaient s'entamer, mais la politique française s'arrêta tout court de peur d'éveiller les ombrages de l'Europe.

Le maréchal Ney expire un matin sous les balles des soldats qui le fusillent (21 novembre 1815), en vertu d'un arrêt de la Chambre des Pairs. Ses avocats avaient invoqué vainement l'article 12 de la capitulation de Paris (3) qui avait stipulé, en échange des murailles de ce siége de l'empire, la sûreté des fortunes et des personnes. Le roi de France n'avait pas ratifié cette

----

(1) Voyez l'art. 6 du traité de Paris; du 3o mai 1814; la déclaration du 20 mars 1815; et l'acte de garantie de la neutralité suisse du 20 novembre 1815; dans le recueil de Martens, t. vi, p. 6-157 - 740.

(2) Traité d'alliance défensive de 1777.

(3) Voyez plus haut

convention, mais était entré par les portes qu'elle servit à ouvrir : les généraux des coalisés l'avaient signée : mais ceux-ci objectèrent qu'ils n'étaient pas rois ; et celui-là qu'il n'était pas général. Ainsi les uns avaient promis sans pouvoir exécuter, et l'autre parce voulut pas exécuter, qu'il ne n'avait pu promettre. Refus fondés sur une distinction trop subtile pour l'honneur du roi de France et des chefs des armées alliées !

L'Empereur Alexandre accorde à la Pologne la constitution promise (27 novembre 1815) (1). Réunie à l'empire de Russie, et placée sous son sceptre, elle aura toutefois une diète nationale composée du souverain, d'un sénat et d'une Chambre de nonces. Le nombre des sénateurs ne saurait dépasser soixante-quatre. Ils sont nommés à vie par le roi et ne peuvent être élus s'ils n'ont atteint l'âge de trente-cinq ans révolus, et s'ils ne paient une contribution annuelle de 2,000 florins. La Chambre des nonces renferme un nombre double : elle est composée, d'une part, de soixante-dix-sept nonces nommés par les assemblées des nobles, âgés de vingt-un ans et propriétaires fonciers ; et de l'autre, de cinquante-un députés. Ces derniers sont élus par les as-

---

(1) *Collection des constitutions,* etc. par MM. Dufau, Duvergier et Guadet, t. IV, p. 85.

semblées communales, auxquelles assiste tout
propriétaire non noble, soumis à un impôt quel-
conque, tout chef d'atelier, fabricant, mar-
chand, possédant une valeur de 10,000 florins ;
tout instituteur, tout artiste de talent. Pour être
membre de la deuxième chambre, il faut compter trente ans et payer une contribution de 100
florins. Cette Chambre se renouvelle, par tiers,
tous les deux ans : la diète, ensemble de la représentation nationale, s'assemble sur la convocation du roi, de deux années en deux années ;
et sa session se renferme dans l'espace de trente
jours. Enfin, les juges sont inamovibles et à vie ;
et les emplois civils et militaires ne peuvent être
exercés que par des Polonais.

La session des Chambres avait été ouverte en
France, par le roi (7 octobre 1815), qui, du haut de
son trône placé au milieu d'elles, leur dit : « qu'auprès de l'avantage d'améliorer est le danger d'in-
nover. » Ces paroles respiraient le repentir tardif
de la révision annoncée de quatorze articles de la
Constitution. M. Lainé, en qui la loi outragée
avait osé, au déclin de 1813, gémir tout haut contre Napoléon, et qui avait déjà présidé, en 1814,
cette première Chambre des députés, assemblée
depuis la restauration, se succède à lui-même
dans cet honneur de conduire, après le second
renversement de Napoléon, les délibérations des

députés du royaume. Mais le signe des passions de la majorité de cette Chambre se trouvait dans le choix de MM. Bellart, de Grosbois, Faget, de Baure et Bouville, qu'elle avait nommés ses vice-présidens. Bientôt sa sévérité vengeresse contre le parti de Napoléon se manifeste plus clairement dans son adresse au roi, où le mot de justice, répété de ligne en ligne, met dans l'ombre celui de clémence. Dans son impatience de la lenteur accoutumée des tribunaux, elle s'attaque d'abord aux lois, en votant celle qui suspend la liberté des individus (29 octobre 1815); abrège les délais nécessaires pour la recherche des preuves, et proportionne la captivité à la durée du soupçon. Elle discute ensuite et adopte une autre loi (9 novembre 1815) qui punit d'un exil éternel la sédition révélée par un cri, une parole, un dessin, une page, une couleur déployée au vent. Le bannissement perpétuel parut trop doux à MM. Piet, Try, Salabery, Briges, Castelbajac; ces orateurs, qui peignirent avec attendrissement leur amour pour la couronne, demandèrent que ses ennemis fussent punis de mort (1). D'autres membres, tels que MM. De Serres et Royer Collard, trouvèrent qu'aux yeux du plus ardent

---

(1) Annales de la session de 1815, par Gautier du Var, p. 122 et suiv.

ami de la légitimité, le factieux devait paraître assez misérable qui se verrait, par la déporta-tion, retranché de sa famille, jeté sur une plage lointaine et frappé de la mort civile ; la majorité finit par incliner vers cet avis. La Chambre ad-héra ensuite à une loi qui rétablissait les *compa-gnies départementales*, force militaire destinée à prêter des bras à la police générale. Puis elle acheva l'œuvre des précautions législatives par l'organisation des cours prévôtales (20 décembre 1815), qui composées dans chaque départe-ment, de cinq membres assistés d'un colonel, devaient terminer leur interrogatoire en vingt-quatre heures, et rendre sans délai et sans appel, un arrêt exécutable dans l'espace d'un jour.

M. Voyer d'Argenson, sans paraître s'étonner de la solitude immense qui l'environnait sur ces bancs où grondaient les passions du royalisme, s'é-leva avec énergie contre le rétablissement de ces tribunaux extraordinaires. Les quatre lois dont nous venons de parler formèrent le code armé du gouvernement. Il avait des gardes pour saisir ses ennemis, des juges pour les condamner, des pri-sons pour les détenir, des vaisseaux pour les dépor-ter. Alors il cessa de craindre, et, se reposant dans sa force, voulut pardonner. L'amnistie qu'il pro-posa le montra animé de toute la modération qui manquait à la Chambre. Il n'économisait son pardon que pour la famille de Napoléon, exilée sous peine de mort du territoire français, et pour les dix-neuf généraux et les trente-huit personnes désignées dans l'ordonnance du 24 juillet (1), se réservant la faculté de bannir ceux-là, et laissant les conseils de guerre poursuivre ceux-ci.

Mais la Chambre avait déjà rédigé des actes de pardon. M. de La Bourdonnais proposait d'épargner tous ceux qui n'avaient été, sous l'interrègne, ni grands dignitaires, ni généraux, ni gouverneurs, ni commandans, ni préfets; il demandait aussi la mise en jugement des juges qui avaient condamné Louis XVI. C'était ne permettre à la clémence de prendre son vol qu'avec des ailes baignées de sang. Le trône s'obstinait à faire grâce au plus grand nombre; la majorité s'endurcissait à ne pardonner que lorsqu'il n'y aurait plus de coupables. Le roi, honoré par sa résistance, transigea seulement pour les régicides : leur exil fut prononcé (12 janvier 1816), et l'image du reste de leurs jours errant sur la terre étrangère, plut assez au parti royaliste pour l'amener à voter la loi.

Mais, afin d'être justes, remontons vers l'époque; songeons à l'entraînement d'une opinion qui s'exalte dans la victoire, s'enflamme par le

____

(1) Voyez plus haut.

souvenir des malheurs passés, et se redouble à cause du nombre !

Le roi avait annoncé, par son ordonnance du 13 juillet 1815 (1), une révision de plusieurs articles de la Charte, et il avait commencé par établir provisoirement un mode électoral dont la sanction était abandonnée aux Chambres (18 décembre 1815). Le ministère vint donc leur proposer une loi qui, en maintenant le renouvellement annuel par cinquième de la Chambre des députés, abaissait l'âge requis pour ses membres, à vingt-cinq ans, et les faisait élire par des électeurs de département, élus eux-mêmes en partie par des électeurs de canton. Ces derniers étaient de droit les soixante plus imposés, auxquels se joignaient le clergé, la magistrature, et le corps enseignant. La partie des électeurs de département qui n'était pas nommée par le collége cantonal était composée en majorité de fonctionnaires publics : de sorte que les fortunes dépendantes du ministère élisaient dans le premier collége une partie du deuxième collége, dont la plus grande portion se trouvait encore composée de fonctionnaires. La Chambre craignit que cette loi n'assujettît l'urne électorale entre les mains

---

(1) Voyez plus haut.

des ministres (1). Elle refit donc elle-même un autre projet de loi, pour la matière des élections comme pour celle de l'amnistie.

Le parti qui avait poussé le roi à proposer une révision de la Charte dans le chapitre des élections, voyait que le moment d'agir était venu. Réduire à rien l'influence électorale des moyennes fortunes, de ces destinées rangées dans le tiers-état, voilà le but que ses yeux dévoraient. Pour l'atteindre, il exprima le vœu de voir établir deux colléges : il aurait rempli l'un; et la minime propriété, assujettie à son patronage, eût inondé l'autre. Par-là, il retranchait toute puissance aux classes à trois cents francs d'impôt. Enfin, non content d'assurer par-là son triomphe, il voulait le perpétuer, et proposait que la Chambre ne fût plus renouvelée que dans son tout, après chaque révolution de cinq années, au lieu de l'être tous les ans par cinquième. Ce fut M. de Villèle qui exposa ce plan dont les parties étaient bien liées. Il ne réussira pas cette fois à le faire adopter; mais un jour Monsieur régnera, et alors il lui servira de conseiller et d'organe. Nous venons de voir que le ministère avait voulu dominer les élections à l'aide de ses fonctionnaires, et que le

---

(1) *Hist. de la Restauration*, par un homme d'état, t. iv, p. 118.

parti royaliste avait voulu en faire autant à l'aide des petits contribuables. Mais entre ces deux opinions brilla celle qui réclamait le maintien de la Charte, et essayait déjà l'alliance de la monarchie avec la liberté. Les Royer-Collard, de Serres, de Gartempe, Lainé, Pasquier, commençaient à tracer à l'extrémité de l'abîme ce sillon lumineux où les flots et le ciel peuvent se toucher. La Chambre des pairs vint mettre d'accord les deux projets de loi sur les élections, en les rejetant l'un et l'autre; et le gouvernement se vit obligé de s'en tenir à l'ordonnance transitoire du 13 juillet.

La Chambre des députés allait se séparer; mais il lui resta assez de temps pour mettre sous ses pieds un nouveau lambeau de la constitution. Elle avait à régler le compte des finances de l'État. Importunée des dettes vieillies, dont la masse accumulée pendant les quatre dernières années que dura l'empire, obérait encore la chose publique, elle retira à ces créances (2 avril 1815) le gage qui leur avait été assigné sur les forêts du royaume : hypothèque assurée par la loi du 23 septembre 1814, et garantie par l'article 70 de la Charte, qui déclare inviolable toute espèce d'engagement pris par l'État avec ses créanciers.

Ainsi la Chambre oublia non seulement la

Charte, mais encore une loi en vigueur depuis six mois.

Dans cette circonstance, selon l'habitude inconstitutionnelle qu'elle avait pratiquée au sujet de l'amnistie et des élections, elle substitua une troisième fois son œuvre au projet du gouvernement. De sorte que cette assemblée ne cessa, pendant toute la durée de son existence, de commettre des usurpations sur les prérogatives de cette autorité suprême, dont elle se représentait comme une amie si jalouse et une gardienne si vigilante.

Après avoir sanctionné la contribution extraordinaire, levée par le roi (1), et voté un budget de 945 millions, elle se sépara (29 avril 1815) au terme d'une session rendue mémorable par les orages dont les derniers éclairs marquèrent son ouverture, par les talens, les passions et les crimes qu'elle révéla, et par les ardeurs chevaleresques de ce feu du royalisme, qui se répandit avec trop d'indiscrétion pour ne pas s'amortir bientôt et pâlir peu à peu devant l'amour éclairé des institutions nationales !

Le ministère britannique, vainqueur à la fois de Napoléon sur les champs de bataille, et de l'opposition au sein du parlement, obtient l'approbation des traités qui ont terminé cette lutte où le parti Whig n'avait long-temps prédit à l'Angleterre que mauvaise fortune pour ses drapeaux et enchaînement de disgrâces pour son orgueil national. Mais la Grande-Bretagne n'arrive au triomphe que brisée sous le poids des impôts : elle s'aperçoit de ses blessures, les compte, et c'est en vain que les ministres voudraient maintenir les taxes, levées pendant la guerre, sur la propriété du riche et sur la boisson du pauvre (18 mars 1816). Le revenu des impôts ordinaires ne s'elève pas au-delà de 46 millions de livres sterlings, tandis que la dette nationale réclame un intérêt de 42 millions, et que les dépenses relatives au pied de paix en sollicitent dix-huit : les ministres semblaient donc voir déjà le fantôme de la banqueroute tracer d'une main sinistre, sur cette même muraille où leurs lauriers étaient appendus, un chiffre de 14 milions (1).

L'agriculture avait semé les germes de sa propre ruine dans une terre ingrate : obligée long-temps de suffire aux besoins du pays privé de grains étrangers, elle avait employé ses capitaux à défricher un vaste espace dédaigné jusqu'alors par la charrue : et, à peine commençait-elle à en retirer quelques épis, que la paix rouvrit les

---

(1) Séance de la chambre des communes, du 12 février 1816. — Annual register for 1816, p. 29.

ports de l'Angleterre aux importations des autres contrées : le bled du sol anglais se vendit alors à bas prix ; et, bien que l'inclémence de l'année 1816 soit venue ensuite en rehausser la valeur, les agriculteurs, privés de l'or, qui permet d'attendre et de faire attendre, ne pouvaient plus soumettre les nécessités publiques à leurs spéculations. Le travail de l'ouvrier de la Grande-Bretagne languissait : cette immense fabrique avait moins de chalands, les décrets de Buonaparte ayant fait perdre à l'Europe l'habitude de s'approvisionner en Angleterre. Des manufactures rivales s'étaient élevées en d'autres pays : les ateliers de Birmingham, où les armes de la coalition avaient été trempées, se trouvaient réduits à l'inaction : le charbon qui échauffait les fonderies demeurait enseveli dans les mines, et les vaisseaux de l'Angleterre, long-temps maîtresse des possesions coloniales de ses ennemis, ne sillonnaient plus les mers, chargés de commissions et de transports dans chaque partie du monde, pour toutes les nations civilisées.

Le gouvernement nourrissait d'autres sujets d'alarmes, en voyant le parti qui demandait la réforme du mode électoral, sous la direction de Cobbet et de Hunt, en dehors du Parlement, couvrir le pays d'associations téméraires, et de l'autre, en apprenant les troubles qui ensanglantaient l'Irlande. Toutefois, un acte rendu par Georges III, contre l'insurrection dans cette contrée, et remis en vigueur dans les comtés de Tipperary, Limerick et Kilkenny, y jeta violemment, sur les étincelles de la rebellion, un amas de cendres qui, sans les étouffer, les recouvrirent pour un temps.

Un mouvement séditieux éclate en France, autour de Grenoble, où commande le général Donnadieu : c'est un reste des fermens terribles déposés dans le sein de la nation depuis le rétablissement des Bourbons, ranimés par l'interrègne de Buonaparte, et dispersés à la suite de la seconde invasion. La peur arrive par le télégraphe, et la mort retourne par la même voie : l'ordre du supplice de vingt-un malheureux chemine dans les airs.

La princesse Charlotte, fille du prince régent d'Angleterre, épouse Léopold-Georges-Frédéric, prince de Cobourg-Saalfeld (2 mars 1816). Cette union, bénie, au milieu de la nuit, par l'archevêque de Cantorbéry, émeut la ville de Londres, comme un prodige, à cause de l'amour qui s'y est rencontré pour la première fois à côté du rang.

Le feu de l'insurrection, dans l'Amérique espagnole, se nourrissait sur deux foyers, placés, l'un dans la capitainerie de Venezuela et l'autre dans celle de la Nouvelle-Grenade. Marino et

Bolivar se partageaient la gloire de conduire Venezuela à la liberté ; Castillo, Cabal et Urdaneta commandaient les troupes de la Nouvelle-Grenade. Les deux capitaineries révoltées sentirent le besoin de se prêter la main pour déchirer ensemble le joug de la mère-patrie. C'était Venezuela qui dominait dans l'action, mais la Nouvelle-Grenade l'emportait dans le conseil ; Venezuela abondait en hommes de guerre, la Nouvelle-Grenade en publicistes ; Venezuela était « hardie et sanguinaire, » la Nouvelle-Grenade « timide et dissimulée. » Venezuela avait le sang et l'ardeur du nègre ; la Nouvelle-Grenade, de race mêlée, possédait une ombre des mœurs de l'Europe ; aussi toute la fureur vengeresse de l'Espagne se dirigeait-elle contre Venezuela, qui « avait tout fait, disait la métropole, et qui se déchaînait à la façon d'une bête féroce qu'il était à craindre qu'on ne pût réduire qu'à prix de sang, de trésors et d'armées (1). »

Morillo, envoyé à la tête de dix mille Espagnols pour ramener sous la domination de Ferdinand les colonies insurgées, débarqua sur le continent de l'Amérique méridionale au moment

______

(1) Dépêche adressée par le général Morillo au gouvernement espagnol au mois de mars 1816. On la trouve dans l'ouvrage intitulé *Esquisse de la Révolution de l'Amérique espagnole*, par un Américain, traduit de l'anglais, un vol. in-8°, 1817.

où nos deux républiques, long-temps alliées, usaient de leur liberté incertaine l'une contre l'autre. Leur guerre intestine le rendit d'abord heureux dans celle qu'il leur apportait. Il planta le drapeau de l'Espagne dans Caracas et dans Carthagène, places de Venezuela et de la Nouvelle-Grenade : les chefs insurgés prirent la fuite; Bolivar descendit sur les rivages d'Haïti (6 janvier 1816), où d'anciens esclaves, devenus maîtres d'eux-mêmes, respectaient leurs droits mutuels et apprenaient à jouir de la liberté. Pétion, président de la république des noirs, accueillit en frère le libérateur des colonies du Sud, et lui fournit des armes, des munitions et des vivres en abondance (1). Bolivar, rejoint dans *Port-au-Prince* par Marino, son collègue; par Brion, riche marin de Carthagène, et par quelques autres chefs indépendans, prépare une expédition pour tenir tête aux royalistes espagnols. Il triomphe de l'envie dans le cœur de ses égaux, qui le nomment *capitaine général de Venezuela et de la Nouvelle-Grenade* (mars 1816). Le marin Brion a travaillé à lui assurer cette primauté, et s'est fait élire commandant de l'escadre prête à mettre à la voile. Ils sont partis, et se sont emparés, près de l'île Margarita, de deux vaisseaux espagnols,

_____

(1) Hist. de Bolivar, par le général Ducoudray, t. 1, p. 275.

domptés par le feu de Brion : celui-ci tient de sa victoire, qui ramène l'espérance autour des patriotes, le titre d'*amiral de la république de Venezuela*. Ils entrent dans le port de Juan Griego (3 mai 1816), où une fête militaire célèbre la liberté consolée par leur retour. Les prêtres, revêtus de leur lin sacerdotal, vont chanter, aux pieds des autels, des prières pour la délivrance de la république; et, après le divin sacrifice, le général Arismendy, gouverneur de Margarita, présente à Bolivar un roseau, surmonté d'une tête d'or : sorte d'emblême de l'autorité suprême, dans un pays agité par tous les vents des partis et de la fortune (1). Bientôt le généralissime des indépendans comprend le besoin de mêler la politique à la guerre : il pardonne à quiconque, servant dans l'armée royaliste, soit indigène ou Espagnol, mettra bas les armes; il promet la vie sauve aux prisonniers de guerre, et proclame, sur le territoire de Venezuela, l'abolition de la servitude. « Sitôt que nous aurons pris la capitale, nous convoquerons la représentation nationale, afin de rétablir le gouvernement républicain (2). »

---

(1) Hist. du général Bolivar, par le général Ducoudray, t. 1, p. 304 et 315. — Hist. de la Colombie, par Lallement, 1817, p. 186, etc.

(2) Proclamation de Bolivar, du 6 juillet 1816, aux habitans de

C'est ainsi qu'il parle à la patrie gémissante. Quelques centaines d'esclaves accourent à sa voix pour défendre leur liberté nouvelle ; nommés citoyens, ils se cherchent une patrie. Morillo aperçoit le danger, et lâche contre les indépendans son lieutenant Moralès, pour le faire arriver à l'improviste devant Bolivar, au moment où celui-ci vient de diviser en deux parts sa faible armée. Le combat s'engage (16 juillet 1816) : Mac Grégor, capitaine écossais au service du *Libérateur,* mène l'avant-garde au feu, et lui enseigne à l'affronter ; mais Moralès a masqué derrière des arbres, sur la pente d'une colline, une mousqueterie infatigable, qui ne se révèle que par le bruit et la mort (1). Les patriotes avancés se déconcertent ; le désordre gagne ; la peur grossit le nombre des tués et des ennemis ; et, pour la cinquième fois depuis les quatre années de sa vie guerrière, Bolivar abandonne son armée. Tandis qu'elle tombe sous le feu des Espagnols ou entre leurs mains, il fait voile vers *Port-au-Prince,* où les bras de Pétion lui demeurent ouverts.

Au même temps, la capitainerie de Rio-de-la-

---

la province de Caracas.—Esquisse de la révol. de l'Amérique espag., déjà citée. p. 166.

(1) Vie de Bolivar, par le général Ducoudray, t. ii, p. 114.

Plata, qui, à l'exemple de ses voisins de la Nouvelle-Grenade et de Venezuela, enfantait à grand prix de son sang l'indépendance nationale, « prenait le ciel, la terre et les hommes à témoin « de la justice de sa cause, » et annonçait que, « rompant tous ses liens avec les rois d'Espagne, « elle s'élevait au rang d'une nation indépendante « et capable de se gouverner (9 juillet 1816) (1). »

L'Angleterre, humiliée du tribut qu'elle paie aux États barbaresques, veut affranchir les mers, sur lesquelles leurs pirateries outragent et limitent son règne. Lord Exmouth part avec quelques vaisseaux de guerre : saisis de crainte, Tunis et Tripoli s'engagent au respect de la liberté chrétienne; et Alger, plus rusé, réclame un délai pour soumettre le cas au grand-seigneur.

A peine les dernières voiles de l'amiral anglais ont-elles disparu de l'horizon, que le dey lâche le frein à ses cruautés, et s'attaque non seulement aux sujets des autres puissances chrétiennes, mais à ceux de la Grande-Bretagne elle-même. A cette nouvelle, toute l'Angleterre jette un seul cri : Que lord Exmouth, trop complaisant une fois, se rembarque, emportant avec lui la dignité vengeresse du pays, et ne revienne qu'après avoir en—

____

(1) Proclamation du congrès des provinces de Rio de la Plata.— Esquisse de la révolution de l'Amérique espag., déjà citée, p. 266.

seveli l'offense sous les boulets de son escadre !
Déjà il reprend la mer avec sept vaisseaux de
ligne : une tempête qui envie à sa flotte cette
rapidité dont elle aurait besoin, a donné le
temps aux Algériens de massacrer leur ancien
dey, d'en élire un autre plus déterminé, comme
d'élever de nouveaux ouvrages de défense sur les
deux flancs de leur ville, et surtout vers l'entrée
de leur môle formidable (1). Le nouveau dey
avait appelé de l'intérieur des terres quarante
mille hommes, et renfermé ses vaisseaux dans les
eaux du port.

Après une sommation infructueuse, suivie
d'un long silence, un boulet part des batteries
de la ville ; et la flotte anglaise, qui, secondée par
la brise de mer, avait atteint la baie, ne demeure
pas muette. Des pans de murailles se détachent.
Le feu que ces remparts renvoient contre les assiégeans fait tourner, sur leurs ancres ébranlés
quelques-uns de leurs navires, où il porte un assez
grand ravage. Lord Exmouth réduit au silence une
des plus fortes batteries de l'ennemi, par l'explo-
sion des combustibles amassés sur un vaisseau
formé pour à cet usage, et guidé au pied même des
remparts. Le jour baissait, et les ombres du cré-

____

(1) Dépêche officielle de Lord Exmouth, du 28 août 1816. —
Annual register for 1816, p. 331.

puscule ajoutèrent une grandeur inexprimable au spectacle de l'incendie qui, allumé enfin dans le port, dévorait les vaisseaux, l'arsenal et les magasins des Barbares (1). Le traité fut signé aux dernières lueurs de la vengeance britannique (28 août 1816). Le dey abolit pour l'avenir l'esclavage des chrétiens dans ses États, et restitua, avec les rançons qu'il avait reçues pour eux, tous les Européens qui portaient encore ses chaînes.

Le ministère français avait envisagé avec effroi la situation du pays : c'était la Chambre des députés qui avait prétendu gouverner, en se substituant au roi, qu'elle aimait trop pour lui obéir. Le moment était venu de choisir entre les deux élémens que renfermait la constitution : il y avait monarchie et liberté au fond de nos lois. Tous les efforts de la Chambre de 1815 et du parti de Monsieur allaient à ne faire remonter que les traditions du pouvoir royal. Le comte d'Artois et ses confidens, à la tête desquels se distinguait M. Jules de Polignac, pensaient que le monarque, en octroyant la Charte, s'était réservé par-là sur les Chambres une prépondérance qui étant à la fois antérieure et supérieure à la constitution, n'avait pas eu besoin d'y être stipulée (2).

---

(1) Dépêche déjà citée.
(2) Voyez la brochure publiée récemment par M. de Polignac, en réponse à l'auteur de l'*Histoire de la Restauration*.

Mais les hommes sensés comprenaient que la constitution n'avait été écrite que pour assurer la liberté, puisqu'un royaume sans constitution est soumis au régime despotique, et qu'ainsi le vrai développement de cette Charte consistait dans la réalisation des promesses qu'elle faisait au peuple. Ils sentaient que mettre hors de la constitution un pouvoir qui lui fût supérieur, c'était forcer la liberté à sortir des lois; et qu'en la séparant du trône, les imprudens ne faisaient que l'obliger à se former un autre trône, avec quoi? avec elle-même. Le ministère entrait dans ces sages prévisions : déjà il avait appelé dans son sein M. Lainé, qui s'assit au conseil, à la place de M. de Vaublanc. C'était un changement propre à consoler l'esprit gémissant de la Charte. Bientôt, en effet, le roi se détermine, sur l'avis des conseillers de sa couronne, à dissoudre la Chambre, dans l'intervalle de la session, et à déclarer comme non avenue l'ordonnance qui avait menacé le pacte fondamental d'une révision dans l'endroit qui touche les élections (5 septembre 1816) (1). L'on revenait donc aux électeurs à trois cents francs et au renouvellement annuel de la Chambre : deux sujets de désespoir pour le parti plus royaliste que le roi (2).

---

(1) Voyez plus haut.
(2) Idem.

Nous venons de dire la journée du 5 septembre, qui a fait la gloire de M. De Cazes, auteur de ce coup frappé au cœur du parti de Monsieur !

Cependant, comme la Charte se bornait à déclarer que les électeurs à trois cents francs *devaient concourir* à la nomination des députés, et qu'une loi réglerait ce concours, le même parti se flattait de contester la victoire au ministère dans le débat de la loi proposée. Vaine espérance, puisqu'il n'a pas la majorité dans la nouvelle Chambre ! Aussi, à peine est-elle réunie, que, par une soirée d'hiver, soirée mémorable, au bruit inaccoutumé de la foudre qui retentissait dans cette froide saison, le ministère fait adopter, malgré l'opposition royaliste, dirigée par M. de Villèle, une loi décidant que l'élection y émanera, directement, dans chaque département, d'une assemblée de citoyens soumis à un impôt annuel de trois cents francs (6 janvier 1817).

Mais la haine du parti de Monsieur contre la Charte victorieuse se prendra sans différer à M. De Cazes, qu'ils combattront avec furie jusqu'à le renverser. Leurs ressentimens grondent

---

(1) Voyez plus haut.

(2) Précis de la session de 1816, un vol. in-8°, p. 32.

autour du jeune conseiller du monarque dès qu'il apporte à la Chambre une loi nouvelle sur la liberté des individus. Ce projet adoucit et limite la loi qui est en vigueur par rapport au même objet, mais confère peut-être à M. De Cazes, ministre de la police, une autorité plus agissante. Il suffit : les Villèle, les Labourdonnais, les Castel-Bajac, célèbrent la liberté des personnes, adorent la Charte outragée, et frémissent de voter une loi moins sévère que celle qu'ils imploraient, trois mois passés, au nom de la justice. Mais leurs clameurs inconstantes montrent assez qu'ils en veulent plus « aux personnes qu'aux choses (1). » La portion modérée de la Chambre, qui sait attendre, regarde comme gagné pour la liberté ce qui est ôté aux forces de ce parti violent ; elle se rallie donc aux ministres, et la loi se concilie la majorité des suffrages (16 janvier 1817).

La même faveur est acquise à la loi qui prolonge, pour la durée d'une année, la censure exercée sur les journaux et écrits périodiques (28 janvier 1817). Les bons esprits entendaient que la presse, en insultant les souverainetés étrangères, pouvait retarder la délivrance du territoire, et qu'avant d'être libre dans la pa-

______

(1) Discours de M. Delamalle, commissaire du roi, dans la séance du 25 janvier 1817.

trie, il fallait recouvrer une patrie libre. D'ailleurs, la loi se dirigerait surtout contre les organes quotidiens ou périodiques de cette faction, persuadée « que le roi est plutôt son roi que celui « de la France, et que l'amour dispense du res- « pect, le zèle de l'obéissance, la fidélité passée « de la fidélité présente (1); » de sorte qu'une loi destinée à nous ravir nos droits combattrait surtout le parti appliqué à nous les ravir.

Sur ces entrefaites, M. Pasquier, président de la Chambre des députés, est nommé garde des sceaux (16 janvier 1817); et M. de Serres lui succède sur le fauteuil d'où sont dirigées les délibérations de l'assemblée.

La loi la plus importante, à cette époque où la France cherchait où trouver sa rançon, regardait les finances publiques. Le ministère vint demander à la Chambre le vote d'un budget qui portait les dépenses à près de onze cents millions. MM. Roy et Beugnot, rapporteurs de la commission chargée de sonder cette grande plaie de la France, déclarent que tous ses revenus, contributions mobilières, directes et indirectes, droits de toute espèce; produits du timbre, de l'enregistrement, des postes, des loteries; retenues

_____

(1) Discours de M. Decazes, dans la séance du 16 janvier, relative à la loi électorale.

sur les traitemens, abandon généreux de dix millions consenti par le roi sur sa liste civile, loin de monter au niveau des besoins, laissent à découvert un déficit de trois cents millions, déplorable vide qu'il s'agit de combler, si l'on est dans un souci amer pour le salut du pays. Ils vont, concluant à un emprunt de trois cents millions, garanti par tout ce qu'il serait possible d'offrir en assurances morales, dispositions législatives, gages matériels; lequel emprunt acquitté à l'aide d'une inscription de trente millions de rentes perpétuelles, répandrait son produit sur les années 1817 et suivantes, suivant la mesure des nécessités. Ils proposent d'appeler l'avenir au secours du présent, l'or des autres pays pour acquitter nos dettes envers l'étranger, le crédit et la confiance afin de suppléer aux ressources réelles. L'argent n'a pas de patrie, disaient-ils; il va et se fixe où il se multiplie : qu'on ne s'alarme pas des intérêts qu'on nous demandera; plus ils seront élevés, plus ils le feront couler en abondance. Tous les capitaux de l'Europe combleront à l'envi notre déficit; alors les étrangers seront désireux de notre prospérité, principal gage de leur créance; et une fois la France sauvée, elle n'a plus besoin que d'elle-même pour s'enrichir. Ils proposent donc d'affecter la totalité des revenus des bois de l'État à l'amortissement

(11 février 1817), à cet abri contre le naufrage, à cette puissance incessamment libératrice, placée entre le gouvernement et les créanciers.

A peine achevaient-ils de parler, que le président du conseil des ministres annonce à la Chambre que les puissances alliées consentent à réduire leur armée d'occupation de trente mille hommes. L'assemblée a répondu par le cri de *vive le roi!*

M. de Villèle, qui discipline l'opposition royaliste, ne veut pas repousser la proposition d'un emprunt; mais il en établit le gage sur l'*économie*. Il demande surtout la réduction du nombre des préfectures; son idée favorite retourne aux administrations provinciales. Le parti attendait pour parler que le chef eût pensé : de nombreuses voix appuient donc sa motion, déclament contre la centralisation et le maintien du système de Buonaparte, système auquel il manque « son sceptre de fer, le fantôme d'une gloire gigantesque et les dépouilles du monde. » Ce parti, qui n'osait pas contester ouvertement la nécessité de l'emprunt, se contentait de le rendre impossible, soit pour embarrasser le ministère, au prix même de la délivrance de la patrie, soit qu'il ne fût pas touché d'un vif désir d'accélérer le départ de l'étranger. Il s'indignait de ce qu'on eût proposé de doter la Caisse d'amortissement avec la totalité des bois du royaume :—Quoi! ces antiques forêts, ces temples vénérables de la religion naissante, ces berceaux de la monarchie française, ces héritages perpétuels des générations entre elles, ces apanages des rois et des prêtres du Dieu vivant ne commandent plus le respect, au nom de leur légitimité ! Pourquoi ne pas les rendre, comme dotations inaliénables, à la religion, qui est sans doute une institution plus utile que la Caisse d'amortissement ? —

M. Lafitte, que les nouvelles élections avaient fait entrer dans la Chambre, se plaignit, avec l'accent du patriotisme, de la préférence déjà montrée par le ministère aux banquiers étrangers, plutôt appelés que les banquiers français, au secours de la patrie. Mais on lui répond que lorsqu'un emprunt est ouvert, dans quelque lieu qu'il le soit, il l'est pour tout le monde; qu'un emprunt n'est qu'un échange de rentes payables à échéance contre des capitaux sans nationalité; que les prêteurs étrangers accourus plus vite au marché, en ont eu la primeur; et que ce n'est pas un mal, d'autant que l'industrie et l'agriculture du pays réclamaient avec jalousie les capitaux français pour reprendre la vie et la fécondité.

La Chambre s'était alarmée, avec justice, de l'énormité du nombre des pensions : par-là, le sixième des revenus de la France était dévoré.

Elle sentit que le moment était venu d'arrêter ce tourbillon de faveurs qui emportait la fortune publique; la distribution de ces grâces fut réduite et captivée entre des limites et sous des règles dures pour l'intrigue, mais favorables au bon droit.

Le budget, ramené à une somme d'un milliard soixante millions, obtint la majorité des voix, malgré les boules noires que les membres du côté droit jetèrent dans l'urne des suffrages, où la chute de ces boules, dont ils avaient laissé voir la couleur entre leurs doigts, par un esprit de hauteur chagrine, annonçait leur éloignement pour des mesures qui devaient hâter la liberté du territoire (1).

Le ministère n'avait pas trop présumé de l'avenir, en comptant sur la résurrection du crédit. L'or de la Hollande et de l'Angleterre se précipita, par les mains des banquiers Hope et Baring, dans l'abîme de notre déficit. Bientôt la rente s'éleva rapidement, pareille au reflux de la mer qui rentre à l'heure attendue dans le port desséché.

Cette conduite habile de nos finances défendra le nom de M. Corvetto contre l'oubli.

Le roi de Wurtemberg expire (février 1817), laissant, au prince royal qui lui succède sous le

---

(1) Précis hist. de la session de 1816. un vol. in-8°; 1817, p. 98.

nom de Guillaume, le gouvernement d'un petit État placé entre deux constitutions : savoir, l'ancienne qu'il redemandait, sans pouvoir l'obtenir, et la nouvelle qu'il tenait du roi, sans vouloir l'accepter (1). Le premier acte du souverain actuel est de publier un autre plan de constitution plus rapproché de cette antique forme de gouvernement, présente encore aux yeux de cette nation qui fut autrefois aussi libre que l'Angleterre (2).

Bolivar avait quitté Port-au-Prince, remporté une victoire sur les royalistes, près de Barcelone, et assemblé, sur le champ de bataille, selon ses promesses, un Congrès qui l'avait confirmé dans son titre de capitaine-général des deux républiques (8 mai 1817).

L'Espagnol Morillo devient cruel; sa raison se trouble comme sa fortune; il se baigne dans le sang des malheureux indépendans qu'il fait prisonniers; et proclame le pardon de ceux qu'il a égorgés.

En Angleterre, l'agriculture sortait de ses ruines, grâce à une récolte moins avare que la précédente, et à l'abaissement des effets publics, qui forçait les capitaux à refluer vers l'exploita-

____

(1) Voyez plus haut. — Edinburgh-Review, t. xxix, p. 337.
(2) Allusion à un mot de Fox, voyez l'Edinburg-Review.

tion des terres. Les fabriques où le fer était travaillé pour la guerre, commençaient à le manier
au profit des besoins de la paix, sur la demande
des industries étrangères. La supériorité de l'Angleterre, dans l'art d'assouplir ce métal, devenait
telle qu'elle l'achetait en Suède, où la nature le
produit, et l'y revendait une fois qu'elle en avait
fait l'œuvre de ses mains. De même, le travail du
coton prenait, sous ses mécaniques, une vitesse
merveilleuse. Elle était parvenue à habiller les
Indous de ce léger et blanc tissu dont ils lui ven-
daient le fil grossier. Ses machines ne demandaient qu'un seul ouvrier pour faire la même be-
sogne qui, sans leur aide incomparable, en eût
réclamé cent : et elles lui donnaient, par l'économie du temps, un avantage supérieur à celui
même dont aurait joui une nation qui aurait
possédé toutes les matières premières de l'industrie humaine. D'ailleurs, l'Amérique espagnole,
nouvellement émancipée, devenait une pratique
de la Grande-Bretagne, qui s'enrichissait ici par
la liberté, comme dans l'Inde par l'esclavage.

Cependant, une conspiration qui se proposait
d'ouvrir les prisons, de piller la banque, de proclamer le partage des terres s'est éventée dans Londres. La société secrète des Spencéens était l'âme
du complot; elle, dont la pensée philosophique
rêvait le nivellement absolu. Le ministère alarmé

sacrifie la liberté privée à la sûreté de la chose commune, et suspend, pour l'espace d'une année l'*habeas corpus*, garantie de l'inviolabilité des personnes (3 juin 1817). Cette mesure diminue la popularité de lord Sidmouth, secrétaire d'État au département de l'intérieur. Nous avons dit la faveur acquise à lord Castlereagh et à ses collègues, depuis la chute de Napoléon, qu'ils avaient laissé se renverser lui-même; en cela plus fortunés que Pitt, qui n'avait pu détruire un Empereur incapable d'être ruiné par un autre génie que le sien. Quant à l'opposition, elle descendait, de nuance en nuance, dans le Parlement, passant d'abord par M. Wilberforce et lord Grenville qui, tantôt attaquaient, et tantôt défendaient les projets de la couronne; de là, parvenant à MM. Ponsonby et Tierney, fidèles aux démarches de la vieille et régulière opposition, pour s'animer des attaques plus vives de M. Brougham, et aboutir à sir Francis Burdett et à lord Cochrane, avocats d'une réforme dans les lois fondamentales. Qu'on sortît du Parlement, et on trouvait toujours l'opposition à ses portes, dans les personnes du major Cartwright, de MM. Cobbett et Hunt, demandant, par leurs discours sur les chemins publics ou dans leurs pamphlets errans, le suffrage universel et un Parlement annuel. Cependant, la

suspension de l'acte sur l'*habeas corpus* avait effrayé Cobbet qui, cherchant pour refuge une
terre aussi libre dans ses lois, qu'il voulait que
l'Angleterre le devînt, et que lui il l'était dans
ses écrits, avait fait voile pour l'Amérique.

Le ministère français allait peu à peu vers
le système de modération. M. Dubouchage et
le duc de Feltre étaient les seuls qui fissent
encore ombre dans le conseil : ils sympathi-
saient avec la majorité de la Chambre de 1815.
Le roi les avertit donc de céder l'un la marine, et l'autre la guerre, au maréchal Gouvion-
Saint-Cyr et à M. Molé (12 septembre 1817) :
deux hommes de conseil et d'action, loués par
Napoléon, qu'ils avaient servi et qui s'était servi
d'eux.

Le renouvellement par cinquième de la Chambre des Députés achève de retirer au parti royaliste une force que gagne l'opinion assise au conseil de la couronne. Le banc du côté gauche perd
aussi un peu de sa solitude. MM. Dupont (de
l'Eure), Chauvelin, Bignon et Casimir Périer se
placent dans le rang de MM. Voyer-d'Argenson
et Lafitte. Les chefs manquent encore à l'extrémité de ce côté : la porte à demi ouverte envie
la place de passer à MM. Lafayette, Manuel,
Benjamin-Constant.

Des troubles sérieux éclatent autour de Lyon,

à cause de la stérilité des campagnes noyées sous de longues pluies. La disette produit la révolte; les cours prévôtales étouffent la sédition par les supplices : ceux à qui le pain manquait sont punis de mort. Enfin, le maréchal duc de Raguse est envoyé dans ces contrées malheureuses pour arrêter la désolation que cause la sévérité des tribunaux.

La princesse Charlotte, l'espérance et la joie de la nation anglaise, descend au tombeau (6 novembre 1817), en mettant au monde un enfant mort dans son sein. Les premiers mois de son mariage avec le prince de Saxe-Cobourg, avaient coulé loin de la cour, près de la vertu et du bonheur. Sur le point d'obtenir ce qui manque à sa félicité, c'est sa propre vie qui s'achève. Cet événement produit l'effet d'un malheur public, et les larmes de la nation enseignent au gouvernement comment se gagne l'affection du peuple anglais.

La république fédérative des États-Unis devient de plus en plus florissante. Ce n'est plus un ramas de malheureux colons, esclaves à la fois d'une nature sauvage et de la métropole avare qui leur donne des lois. La puissance des forêts et des déserts a cédé à l'industrie des Américains, comme la domination anglaise à leur courage. Ils se sont mis à l'aise par la liberté dans leurs lois, dans leur gouvernement, leurs mœurs et leur commerce, autant qu'ils l'étaient par l'espace, dans leur patrie sans bornes. Là l'individu se possède; nulle corporation dans les villes; aucun réglement pénible au commerce; pas d'entraves à la volonté, au calcul, au genre de vie. Leur population s'accroît incessamment d'un nombre infini d'émigrans du vieux monde qui, las des contraintes de la civilisation et de la société, viennent respirer sur ce territoire de huit cents lieues, où l'homme déploie mieux sa force, où il cultive, chasse, défriche, combat les montagnes, les forêts, les torrens, les Indiens et l'ennui. Le nouveau président de cette vaste république, qui est le cinquième depuis la fondation de son indépendance, M. le colonel Monroë (1), annonce, par un message, aux deux Chambres du Congrès (2 décembre 1817) que l'empire prospère; que son revenu a surpassé ses dépenses par un excédent de 2,700,000 dollars (environ quinze millions de francs), que la valeur des terres augmente, et que les tribus sauvages, vaincues par la civilisation, se soumettent ou s'éloignent (2).

____

(1) Elu le 11 février 1817, à la place de M. Madison.

(2) Voyez le message du président dans les journaux du temps. On le trouve dans l'Annual register for 1817.

Quel spectacle fait pour les regards du politique et du philosophe, que celui de la grandeur croissante de cette nation! Au sortir de la guerre qui lui procura l'indépendance, faible, épuisée, pauvre, n'ayant pour marine que deux frégates, pour population que celle de deux villes comme Londres, elle paraissait avoir achevé de consumer la chaleur de vivre dans son effort pour exister indépendante; et aujourd'hui sa population allait de pair avec celle de la Grande-Bretagne; elle avait mis en campagne, dans sa dernière lutte autour des lacs, des soldats qui avaient lassé le courage des meilleures bandes de l'ancienne armée de Wellington; sa marine, admirablement tenue et commandée, ne cédait plus dans le monde qu'à la première de toutes les marines. Enfin, exempts de la crainte de perdre, et sages économes de leurs forces, les États-Unis ajoutaient à leur puissance celle que leur donnait la foi de l'univers dans leurs accroissemens futurs.

TROISIÈME ÉPOQUE.

CONGRÈS D'AIX-LA-CHAPELLE,

ou

ÉVACUATION DU TERRITOIRE FRANÇAIS.

Concordat conclu entre la France et le Saint-Siége. — Discussion dans les chambres françaises, d'un projet de loi sur le recrutement de l'armée. — Etat des finances dans ce pays. — Liquidation de ses dettes étrangères. — Guerre soutenue dans l'Inde par l'Angleterre. — Soumission définitive des Mahrattes à la domination britannique. — Situation intérieure de l'Espagne. — Premiers travaux de la diète germanique. — Les habitans de quelques provinces prussiennes réclament une constitution. — Le roi de Bavière en accorde une à ses sujets. — Le grand-duc de Bade suit cet exemple. — Mort de Charles XIII, roi de Suède. — Le général Bernadotte, prince royal de Suède, lui succède, sous le nom de Charles XIV. — Première session de la diète de Pologne. — Congrès d'Aix-la-Chapelle. — Négociations relatives au retrait de l'armée qui occupe la France. — Protocole du 15 novembre 1818. — Admission de la France dans le système d'union des souverains. — Libération du territoire français. — Division dans le conseil de Louis XVIII. — Crédit de M. De Cazes. — Retraite de M. le duc de Richelieu. —

Formation d'un nouveau cabinet, sous la présidence du général Dessole. — Le gouvernement incline vers un système libéral. — Amélioration des finances. — Budget de 1819.

Le roi de France ouvre la session législative (5 novembre 1817); et la nation inquiète se suspend à ses lèvres augustes; mais le monarque se borne à gémir sur les impôts qu'il sera forcé d'augmenter, et qu'il croit alléger en les regrettant. Dans sa réponse, la Chambre des Députés souhaite la délivrance prochaine de la patrie, avec une liberté digne de cette espérance.

Des difficultés sur l'admission de quelques députés, font naître une loi sur les conditions d'éligibilité à la Chambre; et, dès ce moment, un député devra compter quarante ans, au jour de son élection, et non à celui de l'ouverture des Chambres.

Le gouvernement français avait repris ses négociations religieuses avec la cour de Rome (1). Louis XVIII demandait l'abrogation du concordat conclu en 1801 entre Pie VII et Napoléon; mais sous la réserve du maintien des dispositions favorables aux principes de l'Eglise gallicane, à l'indépendance du pouvoir temporel et à l'égale protection de tous les cultes. Le pape désirait,

____

(1) Voyez la page 66.

au contraire, faire annuler en France les articles additionnels qui renfermaient ces clauses; et il se refusait à prononcer l'abrogation d'un traité signé avec l'anneau de saint Pierre. Le roi travaillait donc à retrancher ce que le pape tenait à honneur de maintenir, et Sa Sainteté visait à détruire ce que la Charte et le repos du royaume obligeaient sa majesté à laisser debout. On parvint à s'entendre, en se bornant à supprimer les noms des choses. Ainsi le gouvernement français obtint qu'on annoncerait qu'on revenait au concordat passé entre Léon X et François Ier; ce qui était abolir le nom de celui de 1801 : mais le Pape se réserva d'ajouter qu'on maintiendrait les églises et les titulaires actuels : ce qui retenait la chose même. D'un autre côté, la cour de Rome fit insérer que les articles organiques ajoutés par Napoléon cesseraient d'avoir leur effet; mais le gouvernement de Louis XVIII écrivit après : « en ce qu'ils ont de contraire aux lois de l'Église; » restriction qui laissait aux lois temporelles tout leur effet.

On tomba ensuite d'accord sur une clause qui créant quarante-deux nouveaux siéges, élevait le nombre total des évêchés du royaume, de cinquante à quatre-vingt-douze (1).

_____

(1) Voyez le discours de M. Lainé, dans le Moniteur du 23 novembre 1817, et le concordat, dans celui du 24.

Ce concordat fut déposé sur le bureau de la Chambre des Députés par M. le duc de Richelieu (22 novembre 1817). M. Lainé, ministre de l'intérieur, proposa en même temps à la Chambre d'imprimer la sanction législative aux dispositions qui en étaient susceptibles. Mais à peine ce traité fut-il aux mains du public, que ce fut comme une tempête de cris et de plaintes contre son contenu. Les uns y voyaient la résurrection de la vaste Église du seizième siècle, le rétablissement des redevances au Saint-Siége, la reconstruction des monastères et des abbayes; d'autres, une loi de l'État abolie par un traité, la constitution violée, l'État mis dans l'Église; ceux-ci, la restitution des biens du clergé et la ruine des finances du pays; ceux-là, enfin, une cause d'embarras de toute espèce, de schisme, de tyrannie, de discordes, et peut-être de révolution. Au milieu du bruit de l'orage, le gouvernement, signataire de ce traité religieux, ne trouvait plus de saint à qui se vouer, et la session s'acheva sans qu'il eût osé provoquer la discussion de la loi proposée.

C'est en étudiant ces négociations avec Rome qu'on peut se donner le nouveau spectacle de ces incertitudes déplorables et de ces contradictions perpétuelles qui ont abondé dans la politique étrangère du gouvernement des Bourbons. Il avait travaillé à grande peine à faire supprimer par le

Saint-Siége le concordat de 1801, sans prévoir l'opposition que cette abrogation soulèverait en France; et bientôt il va se retirer près de la cour de Rome, pour la faire renoncer au nouveau traité que sa dignité avait balancé à conclure, et que cette même dignité ne lui permettra plus de révoquer. L'Église de France se trouvait placée par ces funestes retours, entre deux concordats, dont l'un était reconnu comme loi de l'État en France, mais regardé comme abrogé par le pape, et l'autre tenu pour valide par la cour de Rome, mais dépourvu de la sanction législative en France.

La loi qui suspendait la liberté individuelle, et celle qui soumettait les journaux et écrits périodiques à la censure, votées dans la session précédente, n'avaient d'effet que jusqu'au 1er janvier 1818. Le ministère ne crut pas le salut de la France intéressé à la prolongation de la première; mais il redoutait plus la liberté de la presse que celle de l'action, songeant que l'intelligence chez l'homme conduit son bras. Il vint donc proposer aux Chambres une nouvelle loi (17 novembre 1817), précisant les cas de culpabilité pour la pensée, mais offrant à l'auteur un abri contre la peine, au prix d'un consentement à la saisie de l'ouvrage. Le dernier article où reposait toute la loi, défendait aux journaux et ouvrages périodiques, traitant de choses politiques, de paraître sans l'autorisation du roi. La vigueur de la loi devait se soutenir jusqu'en janvier 1821.

M. le baron Pasquier, garde des sceaux, soumet ce projet à la Chambre des Députés. La commission, chargée de l'examiner, se prononce fortement contre l'article qui ouvre un droit de refuge à l'auteur, dans sa renonciation à publier l'ouvrage.

Alors, les voix nouvelles qui partaient du côté tout libéral, se réunissent à celles venues des bancs tout royalistes. C'était dans chacune de ces oppositions une même jalousie du droit du citoyen. L'inviolable sainteté du droit d'écrivain fut défendue ici par MM. Casimir Périer, Bignon, Lafitte et Voyer-d'Argenson ; là, par MM. Villèle, de Labourdonnais, Benoît, Corbière et de Bonald : de sorte que ces derniers se trouvaient partisans de l'opinion de leurs ennemis.

« L'intelligence humaine allait tomber sous la juridiction de la police. Les abus de la presse, classés en crimes et en délits, conduiraient un La Bruyère ou un Montesquieu devant les tribunaux de police correctionnelle, ou devant la cour d'assises. Les délits de la presse, ne ressemblant qu'à eux-mêmes, doivent relever d'un tribunal fait pour eux. Un jury ne serait-il pas préférable à des juges subalternes enclins à regarder,

avant de prendre la balance, du côté du ministère? « Ainsi s'élevaient les deux oppositions. Mais
leur énergie se ramassait contre le dernier article qui établissait, par la censure, un mode d'é-
touffement pour la presse qui, si elle verse le mal
d'un côté, répand le bien de l'autre, et en se
combattant, triomphe d'elle-même.

Le ministère se retranche derrière le mot solennel que le projet de loi « a pour but de roya-
« liser la nation, et de nationaliser le roya-
« lisme (1). » Si le gouvernement demande la
censure, ajoute-t-il, c'est pour préserver le roi du
malheur d'être le souverain de deux peuples. » Cependant, effrayé d'une opposition si générale,
le gouvernement (20 décembre 1817) consent à
la séparation du dernier article, pour en faire la
matière d'un projet de loi spécial qui maintiendra
la censure jusqu'au terme de la session : cette
proposition obtient une majorité de onze voix.

Le même projet de loi, dans la Chambre des
Pairs, se surcharge dans sa route de tant d'amen-
demens, qu'il cesse d'appartenir au ministère, et
finit par ne plus aller au goût de personne : tant
qu'enfin il y fait naufrage contre une majorité de
quarante-trois voix. Cependant, la proposition

---

(1) Discours de M. De Cazes, dans la séance du 11 décembre.

du maintien de la censure jusqu'à la fin de la présente session , trouve grâce devant l'assemblée.

Mais voilà que la France malade se relève de son lit de douleur, se remue et sent sa force renaissante : spectacle sublime d'une nation qui, fidèle à ses engagemens , paie sa rançon d'une main et reprend son épée de l'autre ! Le maréchal Gouvion Saint-Cyr vient présenter aux Chambres (29 novembre 1817) une loi sur le recrutement et la composition de l'armée nationale. C'est un consolant présage de la prochaine libération du territoire. On voit que l'honneur militaire remplit le cœur du guerrier, qui propose de soutenir « cette indépendance et cette dignité sans les-« quelles il n'y a ni roi, ni nation (1). » Selon la teneur du projet, il faudra, pour contracter un engagement volontaire, compter au moins dix-huit années, n'avoir point reçu de flétrissure, et se vouer au drapeau pour six ans; mais si le nombre des engagemens volontaires ne suffit pas, le gouvernement recourra aux appels forcés sur les jeunes gens de vingt ans accomplis, dans un nombre proportionnel à la population de chaque canton. Cette levée annuelle devra produire qua-

---

(1) Discours du ministre de la guerre, dans la séance du 29 novembre 1817.

rante mille hommes. Les mariés, les infirmes, les élèves des écoles spéciales, les lauréats de l'Institut, demeureront exempts du service. Les anciens militaires qui sont rentrés dans leurs foyers devront, en cas de guerre, défendre le territoire national. Alors ils veilleront, durant six années, autour de l'étendard. Dans tous les corps, et pour tous les grades, l'ancienneté deviendra un droit légal à l'avancement. La totalité de l'armée ira à cent cinquante mille hommes.

La discussion de ce projet de loi s'engage (14 janvier 1818). On objecte qu'il y va d'un véritable impôt sur la vie des hommes; qu'obliger les vétérans à un service territorial, c'est leur demander deux fois le sacrifice de leur vie, qui, en s'exposant d'abord, a gagné le droit de couler son reste de jours paisiblement; que l'ancienneté, érigée en droit à l'avancement, attente sur la prérogative royale, et sur les précoces espérances du mérite et de la valeur.

Mais on répond que les vides laissés dans l'armée par le petit nombre des engagemens volontaires ne pouvaient être comblés que par ces appels, existant toujours et partout sous des noms divers; que l'État se trahirait lui-même, s'il se privait des services de ces vétérans, mâles courages, nourris sous le feu de l'ennemi; et qu'enfin l'avancement par droit d'ancienneté ne disputait

au roi aucun des moyens qu'il tient de sa couronne pour récompenser des services plus brillans que longs.

Toute l'opposition royaliste, qui voyait fuir de
loi en loi le privilége des vieux noms et des
hautes fortunes, combattit cette disposition sur
l'avancement avec l'énergie qu'elle avait mise à
contester aux électeurs à trois cents francs le droit
de nommer directement les députés. Mais parce
qu'elle se montrait en même temps effrayée du
rappel des vétérans de la grande armée, le maréchal Gouvion Saint-Cyr, l'œil brillant de la
gloire de nos armes, comme s'il se fût agi d'une
victoire, s'élança vers la tribune. Il demanda si
« les empires se fondaient sur la méfiance; » et si
la France devait craindre pour elle-même cette
armée qui l'avait fait redouter de toute l'Europe :
« Nos soldats ont beaucoup expié, car ils ont
beaucoup souffert, s'écria-t-il; qui donc s'obsti-
nerait encore à les empêcher de mourir pour
leur patrie? » A ces mots, il s'était fait un grand
silence; et il n'y avait eu, pour le moment,
qu'une même nation dans l'assemblée.

Cependant, M. Royer-Collard, docteur dans la
science constitutionnelle, exprime le regret de
ne pas voir les Chambres investies du vote annuel du recrutement, comme elles le sont du
vote annuel de l'impôt. Il professe que puisque

le recrutement forcé est une charge pour chaque année, la Chambre, si elle le consentait à perpétuité, se mettrait à la place des Chambres futures, siégerait pour elles, et, existant à la fois dans le présent et l'avenir, aliénerait le droit national du consentement annuel aux charges publiques, droit sacré en lui-même, et sauvegarde de tous les autres. Mais les orateurs du gouvernement vont répliquant que le vote annuel des forces de l'armée donnerait aux Chambres, pour le ravir à la couronne, le droit de paix et de guerre, et qu'en principe tout ce que l'autorité royale ne cède pas, lui demeure. La loi est adoptée à une majorité de cinquante voix dans la Chambre des Députés (5 février 1818) : de là, elle triomphe à la Chambre des Pairs (9 mars 1818), où M. de Châteaubriand, attaquant le projet et louant l'armée, fait entendre cette phrase magnifique : « L'armée a étendu le voile « de sa gloire sur le tableau hideux de la révolu- « tion; elle a enveloppé les plaies de la patrie « dans les replis de ses drapeaux triomphans; « elle ne put, il est vrai, prévenir tous nos excès, « mais du moins elle jeta sa vaillante épée dans « un des bassins de la balance pour servir de « contre-poids à la hache révolutionnaire (1). »

____

(1) Séance de la Chambre des Pairs du 28 février, 1818.

Le roi avait manifesté ses regrets de ne pouvoir diminuer les impôts; on fut obligé de voter des sommes capables de suffire à l'énormité des emprunts et à la liquidation des dettes. Le budget, si impatiemment attendu, fut présenté à la Chambre, et son poids semblait adouci par l'espérance de notre libération prochaine.

Nous avions déjà payé, en trois ans, à l'étranger, pour solder notre contribution de guerre et les frais de l'entretien de l'armée d'occupation, onze cent quatre millions; il nous restait encore à verser dans ses mains, pour le même objet, deux cent quatre-vingts millions (1) : de sorte que, comme la France, pressée jusqu'au dernier écu, ne rendait, pour revenu annuel, que de sept à huit cents millions, il n'y avait que des emprunts qui pussent, durant l'espace de plusieurs années, suffire à ce déficit dévorant. Le ministère proposa, cette année, d'emprunter deux cent vingt-cinq millions, qui seraient couverts par une inscription de seize millions de rente sur le grand-livre. L'année précédente avait exigé un emprunt de trois cents millions : la France en était donc à huit cent cinq millions de dettes nouvelles. Mais elle rachetait sa liberté. MM. Roy et Beugnot, revêtus de l'honneur d'être encore cette fois rap-

____

(1) Discours de M. Lafitte, dans la séance du 17 mars 1818.

porteurs de la commission chargée de l'examen du budget, se bornèrent à mettre le salut de nos finances au prix de l'économie. Le budget passa vite dans les deux Chambres, impatientes de saluer le départ du drapeau étranger.

Mais ce n'était pas tout que le prix de notre délivrance : venaient encore toutes les réclamations individuelles des créanciers du gouvernement français; elles s'élevaient à seize cents millions. Il n'était pas si petit État qui, dans l'intérêt de ses sujets, ne voulût tirer une goutte de sang du colosse abattu. Le gouvernement français invoqua la médiation du duc de Wellington, pour obtenir le rabaissement ou la mise au néant de toutes les prétentions injustes. A cet endroit, le généralissime des coalisés s'honora plus par sa loyauté que par ses victoires : la noblesse du procédé tient mieux à l'homme que les succès, où la fortune se fait toujours sa part. Le duc de Wellington arrêta ce flot de créances étrangères. Sur ses représentations, les grandes puissances décidèrent que la France, moyennant une somme de deux cent quarante millions, versée aux mains de commissaires désignés par elles, éteindrait pour jamais ses anciennes dettes dans les pays détachés de son territoire (25 avril 1818) (1). »

____

(1) Hist. des traités de paix, par Schœll, t. ix, p. 596.

Depuis l'établissement de la Compagnie anglaise dans l'Inde, les chefs de la péninsule supportaient son joug avec impatience. Le marquis de Hastings, gouverneur-général des possessions britanniques, veut mettre fin aux sourds mouvemens de l'esprit de révolte. Son entreprise ne va rien moins qu'à soumettre entièrement l'Indostan à la domination anglaise. Le peishwa, chef de la Confédération mahratte, Holkar, Scindiah et Améer-Khan, rajahs, dont les États se touchent, se concertaient pour briser leurs chaînes. Le gouverneur lui-même, dans l'automne de 1817, s'était mis à la tête de l'armée du Bengale. Les divisions anglaises arrivent trop vite pour que Scindiah et Améer-Khan puissent remuer : ce dernier livre son artillerie aux Anglais, signe le traité qu'on lui impose, et congédie son armée. Le peishwa prend la fuite. Le rajah de Behrar négocie, cède ses frontières et son artillerie. Les Mahrattes résistent avec obstination et constance, jusqu'à ce que, privés de leur chef Holkar, ils perdent avec lui le reste de leur audace, et se laissent enlever ses États. Le peishwa remuait encore ; les généraux anglais, pour en finir, se partagent comme des chasseurs le soin de le forcer, et terminent ainsi la campagne. Il finit par être déposé : son titre, qui donnait un chef aux Mahrattes, meurt avec sa puissance. Au prix de son renoncement à la souveraineté, il obtient un revenu annuel et la protection de ses ennemis.

Le marquis de Hastings revient triomphant à Calcutta : il marche traînant après soi la pompe qui accompagnait naguère le Grand-mogol, dont il a toute la puissance. Suivi d'un cortége immense, de quatre cents chameaux et de deux cents éléphans, dont la plupart portent chacun sur leur dos, richement caparaçonné, une tour d'argent massif, il reçoit les hommages de trente-six rajahs prosternés sur son passage. Alors, il se fait un grand calme dans l'Indostan, et la Compagnie anglaise donne des lois à ce vaste empire, sans contradiction (1).

Le roi d'Espagne interdit l'entrée de son royaume (15 février 1818) à ceux qui auraient servi le gouvernement de Joseph, ordonne la remise de leurs biens aux parens et successeurs immédiats, qui devront verser la moitié des revenus dans la caisse d'amortissement, et faire une pension alimentaire au propriétaire émigré. Le roi donne, dans le délai de six mois, la permission de rentrer à tous les autres bannis; leurs biens leur seront rendus, mais la prétention à leurs an-

---

(1) Voyez la relation de cette campagne publiée dans la Gazette de Calcutta, par les ordres du marquis de Hastings ; et consultez l'*Annual register* pour l'année 1817, p. 388, etc.

ciens droits et titres leur est interdite; et leur domicile est fixé dans un certain rayon autour de la capitale et des maisons royales.

Pour se débarrasser de ses dettes, le gouvernement espagnol déclare déchus de leurs droits à une liquidation tous ceux qui auraient eu recours au gouvernement intrus, pour obtenir la liquidation de leurs titres. Une cédule royale réduit au tiers de leur valeur nominale les biens de l'Inquisition (3 avril 1818). Il est question d'aliéner une grande portion des biens du clergé : les moines s'en émeuvent; mais le roi d'Espagne obtient de la cour de Rome une bulle par laquelle il est autorisé à ne nommer, pendant deux ans, à aucun emploi ecclésiastique, et à consacrer le revenu des charges vacantes à l'extinction de la dette publique. C'était trop oser que d'intimider le clergé sur la conservation de ses richesses. Don Garay, ministre des finances, qui jouait dans ce pays le rôle de Necker, perd le portefeuille d'où s'échappaient les plans de réforme. Il est remplacé par D. J. Imaz; et la direction du cabinet est confiée au marquis de Casa-Irujo, qui n'avait pas assez de fermeté pour démentir une fausse renommée d'exagération qui suivait son nom (14 septembre 1818). Du reste, il n'était plus question d'assembler les Cortès, comme le roi l'avait solennellement promis à son retour dans ses États (1). Cette parole violée sera une semence de tempêtes.

La Diète, organe de la Confédération germanique, en s'assemblant pour la première fois, avait commencé par établir, vis-à-vis de l'Europe, que la Confédération n'était pas une simple alliance, mais une association d'États formant un tout. Puis elle avait réglé son cérémonial, et déclaré que les ministres étrangers seraient admis, non près de la Diète, mais près de la Confédération même (2). Déjà la jalousie de l'indépendance disputait chez les princes confédérés contre le sentiment des avantages de l'Union. Le poids des forces que l'Autriche et la Prusse apportaient dans l'association, fit ombrage aux gouvernemens du second ordre, dont l'opposition éclata dans la discussion du réglement militaire. Les deux puissances prépondérantes avaient proposé un projet dans lequel leurs contingens organisés comme deux armées prêtes à marcher, semblaient mettre dans l'ombre le reste des troupes de la Confédération. Les contingens des autres États, séparés les uns des autres, se trouvaient incorporés dans ces deux grandes masses

____

(1) Voyez la page 40.

(2) La France avait alors pour son ministre plénipotentiaire à Francfort, M. le comte Reinhard, qui a long-temps fait honneur, en Allemagne, à notre diplomatie.

I.   16

qui les eussent absorbés. En outre, il était question de faire désigner, par la Diète, non la personne du général en chef, mais la puissance qui le nommerait. Un cri général s'éleva contre ce projet plein de menaces pour les faibles. L'Autriche et la Prusse cédèrent. Au rebours de leur proposition, il fut admis (9 avril 1818) que la Diète, réunie en assemblée ordinaire, élirait le généralissime; que les petits États assembleraient en un corps d'armée leurs contingens, et que la direction des arrangemens militaires sérait réservée, dans le sein de la Diète, à une commission mixte. L'Autriche pressentit que le résultat de cette lutte allait montrer aux gouvernemens secondaires la force de leur union; et pour ménager sa dignité dans le cours des débats, elle se fit médiatrice. La Prusse, moins prudente, lutta de bonne foi, et céda de mauvaise grâce. La constitution militaire décida que le contingent des hommes et de l'argent irait en proportion avec le nombre des habitans; que, sur cent hommes, dans chaque Etat, la Confédération demanderait un soldat; et que, sur deux cents, elle en prendrait un pour sa réserve.

Le roi de Prusse avait solennellement promis à ses peuples, en 1815, de leur donner une constitution représentative. Il avait même rassemblé, à Berlin, le 1er septembre de la même année, une commission chargée de préparer le plan de cette loi fondamentale. Mais la monarchie absolue durait encore, et toutes choses se conservaient. Quelques provinces se hasardèrent à réveiller le souverain par des requêtes et des adresses; mais il s'effaroucha de la mémoire de ses sujets, et répondit à une pétition des villes et du gouvernement de Coblentz, que l'art. 15 de l'acte fédératif n'avait pas fixé l'époque de la naissance des constitutions d'État, et que témoigner la crainte que le roi n'oubliât ses engagemens, c'était s'oublier envers lui.

Le roi de Bavière, fidèle à sa parole, promulgua une constitution commune aux provinces bavaroises (26 mai 1818). Dans ce pacte, le roi est chef de l'État; le royaume un tout; la personne est sûre; la propriété inviolable; la pensée libre, sauf les restrictions déterminées par une loi organique (titre IV). L'assemblée des États se divise en deux Chambres, des Sénateurs et des Députés. Le nombre des Sénateurs est indéfini; celui des Sénateurs viagers ne peut dépasser le tiers des Sénateurs héréditaires (titre VI). On compte un Député par sept mille familles; les Députés sont élus, par leur classe respective, pour six ans; sur leur nombre, les propriétaires nobles fournissent un huitième; les ecclésiastiques un huitième; les villes et bourgs un quart; les uni-

versités trois membres (*id.*). Le roi convoque les
états généraux une fois au moins en trois ans;
l'initiative et la sanction des lois lui appartiennent; le vote des impôts est aux Chambres et do-
mine six années; en cas de circonstances extraordinaires , il peut même en embrasser douze
(titre VII).

Le grand-duc de Bade, dans la vue de s'atta-
cher son peuple dont le roi de Bavière lui disputait une portion, par un démêlé de territoire,
donne à ses sujets une constitution plus favorable encore aux libertés nationales. Elle déclare
le grand duché de Bade partie essentielle de la
Confédération germanique; mais indivisible et
inaliénable en soi; la gouvernement du pays héréditaire dans la famille souveraine; le grand-duc
chef du pouvoir exécutif; les ministres responsables; la liberté de la presse réglée par les décrets de la Diète germanique (art. 17) (1). Elle
établit deux Chambres, la première, composée
des princes de la maison ducale, de l'évêque du
grand duché, de huit députés de la noblesse, et
des membres nommés par le grand-duc, jusqu'à

____

(1) Il est présumable qu'il faut entendre, par ces *décrets* , la loi
qu'aux termes de l'art. 18 de l'acte fédéral, la Diète devait pro-
mulguer pour assurer partout la liberté de la presse, et non les
décisions qu'elle s'est cru en droit d'adopter pour établir la
censure.

la concurrence de huit ; la deuxième, de soixante-trois députés des villes et bailliages. Les Députés sont choisis par des électeurs élus (art. 34). Pour être Député, il faut posséder un capital de 10,000 florins. Pour être électeur, ou *électeur d'électeur*, il suffit de compter vingt-cinq ans. Les Députés sont élus pour huit ans. Les décrets organiques de la Diète (1) sont obligatoires lorsqu'ils ont été promulgués par le souverain. Les États, convoqués au moins tous les deux ans, votent l'impôt, et leurs membres siégent publiquement.

Cependant l'empereur de Russie intervient dans les démêlés du grand-duc de Bade, son beau-frère, avec la Bavière. Cette médiation assure le maintien de l'intégrité du grand duché de Bade, à la condition que le grand-duc paiera deux millions à la Bavière, et lui accordera une route militaire.

Nous avons vu les débats suscités dans le Wurtemberg, à l'occasion de la Charte octroyée par la couronne, charte à laquelle la nation s'obstinait à préférer l'ancienne constitution illégalement abolie par le père du roi actuel. Aujourd'hui, les

---

(1) Il s'ensuit que toute décision de la Diète qui n'est pas organique , c'est-à-dire adoptée à l'unanimité par cette assemblée, n'est pas obligatoire pour les Badois.

nobles s'unissaient au peuple dans cette opposition contre une loi fondamentale qui se taisait sur leurs droits primitifs. Dans l'absence d'une représentation nationale, le roi se croit obligé de lever les impôts par une ordonnance (1er juillet 1818).

Dans la Hesse électorale, le souverain avait présenté le projet d'une constitution qui établissait une représentation commune au peuple et à la noblesse : ce dernier ordre l'avait rejeté.

Charles XIII, roi de Suède, n'est plus (5 février 1815) : il a tendu d'une main glacée le sceptre de son royaume au général Bernadotte, appelé par le vœu de la nation à cet héritage. Ce Français, déjà prince royal de Suède, est proclamé roi, sous le nom de Charles XIV, par le conseil d'État; et, en retour de la foi que lui prêtent ses nouveaux sujets, il s'engage au respect des lois fondamentales de la Suède et de la Norwège. Son avénement (11 mai 1818) reçoit l'approbation des cours étrangères, et l'empereur Alexandre donne à Charles XIV le nom de frère (1).

La Diète polonaise s'assemble pour la première fois à Varsovie, sous la présidence de l'Empereur (27 mars 1818). Ce monarque y loue sa propre

____

(1) Mémoires pour servir à l'hist. de Charles XIV, par le chef d'escadron Conpé, t. II, p. 318, etc.

générosité, ainsi que les avantages de la constitution qu'il a donnée à ses sujets de Pologne, et qui garantit à la fois la liberté des personnes et des consciences. Le ministre de l'intérieur rend compte, en son nom, de l'organisation du clergé catholique; de l'adoption d'un système d'instruction publique, qui fait couler la science dans toutes les classes, et des établissemens judiciaire et militaire qui, par les lois et les armes, assurent la vie nationale des Polonais.

Déjà, de plusieurs points de ce royaume, il arrive des pétitions réclamant l'organisation du jury, la liberté de la presse, l'érection d'un monument à Kosciusko, et le respect pour la Charte constitutionnelle, en ce qui touche la nécessité pour les décrets du roi d'être contresignés par un ministre responsable; mais le temps de discuter ces pétitions est ravi par le terme de la session, qui est ouverte et close dans l'espace d'un mois (1).

Le moment arriva où la délivrance du territoire français devait être mise en question. Les puissances allaient décider si sa tranquillité intérieure ne faisait plus de menaces; si l'occupa-

---

(1) Voyez, sur les travaux de cette session, l'ouvrage publié à Varsovie, en français, par Siarczynski, et intitulé : Diète de Pologne, 1818.

tion, qui pouvait durer trois ou cinq années, finirait au premier de ces deux termes. Pour la première fois, le Français souhaita ardemment de n'avoir plus l'ennemi devant ses yeux. Nous étions las de l'engraisser sur notre sol, nous accoutumés à l'étouffer sur le sien.

Les ministres des diverses puissances se rendent à Aix-la-Chapelle (25 septembre 1818). Le roi de Prusse, l'empereur d'Autriche et l'empereur de Russie ne tardent pas à s'y réunir. Après s'être déclarés satisfaits du progrès de l'ordre de choses rétabli en France, ils admettent, pour le 30 novembre prochain, la cessation de l'occupation militaire, stipulée par l'article 5 du traité du 20 novembre 1815.

A cette nouvelle, Louis XVIII croit conquérir ses États; la joie et la félicité brillent dans ses yeux : il respire davantage le roi.

La somme à payer par la France pour compléter le versement de la contribution de guerre se trouve monter à deux cent soixante-cinq millions; une partie de cette somme devait être versée en neuf mois : mais les maisons de banque avec lesquelles le gouvernement français avait traité, ne tardèrent pas à reconnaître ce qu'il y avait de trop court dans ces délais. La rente, qui s'était d'abord élevée, redescendit; l'émission d'un trop grand nombre de billets avait embarrassé le crédit, joint que le numéraire s'en allait dans les pays étrangers. La baisse des effets publics, commencée dans Paris, avait continué sur les autres places européennes. L'intérêt des créanciers de la France exigeait donc qu'ils consentissent aux mesures propres à améliorer le cours des inscriptions sur notre grand-livre ; aussi les gouvernemens, étrangers acceptèrent notre proposition de prolonger à dix-huit mois les termes des paiemens fixés d'abord à neuf (9 octobre 1818), et de donner aux maisons contractantes la faculté d'acquitter une partie de leurs engagemens en lettres de change sur certaines places hors de France, qui seraient spécialement déterminées.

Tout se concerte ; la négociation se mène sans empêchement. Enfin les ministres des quatre puissances adressent à M. le duc de Richelieu l'adieu solennel de l'Europe qui se retire de notre territoire (1er novembre 1815).

Après avoir rappelé les motifs qui avaient amené les conférences d'Aix-la-Chapelle, ils l'invitent à être auprès du roi l'interprète de leurs vœux pour l'affermissement progressif de la monarchie légalement constitutionnelle rétablie en France, et engagent S. M. T. C. à prendre part à leurs délibérations présentes et futures, consacrées au maintien de la paix et des traités (1). Le loyal médiateur, entre les vengeances du monde et notre liberté mourante, leur répondit (12 novembre 1815), que le roi, touché des sentimens affectueux de ses alliés, reconnaît qu'il doit tout aux institutions qui régissent la France, et qu'il voit avec joie que l'affermissement de ces institutions était regardé par les autres souverains comme aussi avantageux au repos de l'Europe, qu'essentiel à la prospérité de la France. Il annonce aussi le consentement de S. M. T. C. à s'associer à un système politique auquel la France ne pouvait rester étrangère (2).

Alors se présente la confirmation de la Sainte-Alliance, mais sous une forme mieux assortie aux négociations politiques.

Les cinq grandes puissances, parmi lesquelles se trouve la France, déclarent (15 novembre 1818) qu'elles sont dans l'intention « de ne point s'écarter du principe d'union intime qui a présidé jusqu'ici à leurs rapports et intérêts communs, union devenue plus forte et indissoluble par les liens de fraternité chrétienne que les souverains

---

(1) Voyez cette note dans les papiers d'Etat, publiés à la fin de l'annuaire historique de M. Lesur, pour 1818, p. 334.

(2) Cette note se trouve *id.*, p. 435.

ont formée entre eux; » que cette union aura pour objet le maintien de la paix générale; que la France s'engage « à concourir désormais au maintien d'un système » qui a donné et conservera seul la paix à l'Europe; que « si, pour mieux atteindre le but énoncé, » les puissances jugent nécessaire d'établir des réunions, soit entre les souverains mêmes, soit entre leurs ministres, « l'époque et l'endroit de ces réunions seront chaque fois préalablement arrêtés; » que si ces réunions se rattachent aux intérêts des autres pays de l'Europe, « elles n'auront lieu qu'à la suite d'une invitation formelle de la part de ces gouvernemens, et sous la réserve expresse de leur droit d'y participer (1). »

Les cinq puissances répètent la même déclaration, dans un manifeste adressé à toutes les cours de l'Europe. « L'objet de leur alliance est aussi simple que grand, » disent-elles; « aucune nouvelle combinaison politique » ne doit en résulter; les souverains regardent comme la base fondamentale de leur union auguste leur invariable fidélité « aux principes du droit des gens, qu'ils maintiendront dans toutes leurs réunions, soit

______

(1) Protocole signé à Aix-la-Chapelle, le 15 novembre 1818, par les plénipotentiaires des cours d'Autriche, de France, de la Grande-Bretagne, de Prusse et de Russie. — Annuaire de Lesur, pour 1818, p. 435.

qu'elles aient pour objet de discuter en commun leurs propres intérêts, soit qu'elles se rapportent à des questions dans lesquelles d'autres gouvernemens auraient formellement réclamé leur intervention. » C'est dans ces sentimens, ajoutent les couronnes, que « les souverains consomment le grand ouvrage » auquel Dieu les avait appelés (1). Voilà le véritable code de cette fédération de souverainetés que nous allons voir intervenir dans les révolutions prochaines des États. De ce jour, la France s'assied dans les conseils de l'alliance européenne, d'abord dirigée contre elle par le traité de Chaumont. Au lieu d'être l'objet de la coalition, elle en devient partie.

C'en est fait ; l'armée d'occupation s'éloigne ; le duc de Richelieu écrit son nom dans l'histoire de notre renaissance nationale, par cette libération mémorable, le but de ses constans efforts, le prix de l'ascendant de son noble caractère, et le trait dominant de sa vie publique.

Cependant la face des choses, dans l'intérieur de la France, ne tarde pas à retirer à Louis XVIII la joie qu'il éprouvait de régner sur un territoire libre. Les élections partielles de 1818 amènent dans la Chambre MM. de Lafayette et Manuel. La cour s'épouvante ; le ministère compte ses

______

(1) *Déclaration*, id., p. 436.

amis; les royalistes parlent d'orages : c'est un changement à la loi électorale, qu'ils méditent. Le comte d'Artois les échauffe; les ministres décident le roi à lui retirer le commandement général des gardes nationales du royaume. Monsieur, irrité, poursuit ses intrigues. Le ministère se divise : le duc de Richelieu veut incliner son système vers la droite; M. De Cazes persiste à prendre l'ordonnance du 5 septembre 1816 pour boussole. La jalousie du pouvoir entre le négociateur d'Aix-la-Chapelle et le favori du roi se cache derrière la dissidence des opinions. Le favori l'emporte; mais se pesant lui-même, il se trouve encore inégal au poids de la charge de premier ministre : il élève donc à ce rang le général Dessole, qui ne peut lui faire ombre; lui-même il s'assied au département de l'intérieur, et place M. de Serres à la justice, le baron Portal à la marine, et le baron Louis aux finances; le maréchal Gouvion Saint-Cyr retenait la guerre (30 décembre 1818). Ce nouveau ministère rappelle les anciens conventionnels, change les préfets, emploie les officiers des Cent-Jours, fait rentrer les généraux proscrits.

Cependant l'attaque contre la loi électorale part de la Chambre des Pairs, dont la majorité se dérobe au système du cabinet. Le marquis de Barthélemy propose de supplier sa majesté de présenter un nouveau projet de loi tendant à modifier l'organisation des colléges électoraux, qui n'avait été annoncée que comme un essai, et dont deux épreuves successives ont démontré aux amis comme aux ennemis de la loi, les vices dangereux pour la monarchie (20 février 1819). M. De Cazes se lève, et repousse de toutes ses forces une proposition « qu'il regarde comme la plus funeste qui puisse sortir de cette enceinte. » Les partisans de la loi électorale montrent la France qui, paisible aujourd'hui du Rhin jusqu'aux Pyrénées, demain va cesser de l'être (1); ils augurent de l'émotion qui trouble déjà l'assemblée, celle que la proposition excitera dans tout le pays (2). Toutefois, la motion est prise en considération (26 février 1819). Le marquis de Barthélemy reprend un à un tous les vices qu'il impute à la loi. Il dit que, dans l'intention d'encourager le commerce et l'industrie, le gouvernement avait assimilé à la contribution foncière de trois cents francs les patentes, qui, n'étant payées que par douzième, pouvaient conférer à un individu, à l'aide de vingt-cinq francs une fois payés, un vote légal dans l'assemblée électorale; que d'ailleurs cette indulgence pour des hommes sans fortune porte

----

(1) Discours de M. le marquis de Marbois.
(2) Discours de M. le comte Chollet.

secours à l'intrigue et à la corruption, et fait outrage à la propriété, force des nations, gardienne des mœurs et des lois, récompense du travail et de l'épargne. Le marquis Dessole, chef du cabinet, répond que, pleinement rassuré sur la bonté de la loi, par l'expérience de deux essais, il ne voit dans la proposition qu'un moyen de semer la défiance entre les institutions et la foi des peuples. M. le duc de Choiseul appuie le gouvernement, et, nommant la loi une seconde Charte, représente que l'accuser, c'est improuver les choix qu'elle a produits, et jeter la division entre les pouvoirs de l'État. M. le marquis de Clermont-Tonnerre et d'autres orateurs reviennent sur l'abus des patentes, et dénoncent, avec la formation arbitraire des listes, le danger du renouvellement par cinquième qui lasse les électeurs, en diminue le nombre aux assemblées, et ne laisse autour de l'urne que la fureur des brigues. M. le comte Lanjuinais défend la loi menacée avec la grande autorité d'une parole qui n'était pas restée muette en 1793 devant l'échafaud. Il signale dans la proposition le premier acte d'une incorrigible faction, très visible hors de cette Chambre, faction des priviléges et de l'oligarchie, qui veut marcher, sur les ruines du présent ministère, à la destruction de la Charte par le rétablissement des deux degrés d'élection,

et par le morcellement des suffrages éparpillés
dans les petits chefs-lieux et obéissans au patronage des hautes fortunes. Cette allusion au parti
de Monsieur soulève une tempête de cris et d'in-
terpellations qui enveloppe l'orateur. Il est rappelé à l'ordre. La majorité adopte la proposition
du marquis de Barthélemy; mais M. De Cazes
répond, trois jours après, à cette majorité, en
l'étouffant sous une création de soixante pairs
(5 mars 1819).

La Chambre des Députés rejette la proposition
de la Chambre haute, à la suite d'un débat dans
lequel M. Royer-Collard enseigne aux ministres
la sagesse et la nécessité de leur propre système.
Il leur rappelle que leur politique doit s'appuyer
sur les intérêts de la classe moyenne, dont l'influence est un fait, un fait puissant et redoutable,
une théorie vivante, préparée par les siècles et
déclarée par la révolution. « La Charte, dit-il, a
passé tout entière dans la loi des élections; en
effet, détruisez la Chambre élective, la Charte
est vaine; détruisez la loi sur laquelle repose la
vérité des élections, vous avez de fausses élections, de faux députés, une Chambre infidèle...
et la nation perd la Charte (1). »

La liberté de la presse et l'arrivée d'un pareil

____

(1) Séance de la Chambre des Députés, du 22 mars 1819.

ministère au pouvoir, devaient se rencontrer. L'homme a été créé libre, et Dieu se borne à punir en lui l'abus de l'indépendance. Telle est la loi divine : ainsi la législation humaine traitera avec la pensée. M. de Serres propose trois lois, l'une qui abolit la censure, mais soumet au jury la poursuite des délits de la presse ; une autre qui assujettit tout journal ou écrit périodique tant à la déclaration d'un éditeur responsable, qu'au dépôt d'un cautionnement de dix mille francs de rentes pour les journaux quotidiens de Paris, et de la moitié pour les écrits périodiques non quotidiens de la même ville ; enfin, un troisième qui classe les délits de la presse, et leur mesure les peines (22 mai 1819). M. de Serres annonce qu'à ses yeux la presse n'est coupable que si elle provoque son lecteur à le devenir ; qu'elle peut donc être jugée en qualité de complice des délits qu'elle fait commettre, et qui se trouvent déjà tous écrits dans la loi pénale ; et que par là se démontrerait la vaine recherche des législateurs appliqués à définir certains attentats, nommés attentats de la presse, pour lesquels ils se mettraient en peine d'une pénalité spéciale. Cette théorie avançait plus la liberté que la loi elle-même ; car elle établissait l'innocence des opinions. M. de Serres respectait la liberté de l'intelligence jusqu'à cette limite où elle peut se transformer en action. Mais un parti aurait voulu que la pensée même tombât sous l'empire de la loi, et fût jugée autrement que par le droit commun, qui ne voit que les actes. Ce parti reprochait encore à M. de Serres d'avoir placé, dans l'énumération des délits de la presse, les outrages à la morale plutôt que les outrages à la religion; mais ce garde des sceaux avait pensé que, sous une Charte qui reconnaît tous les cultes chrétiens, la loi devait préserver de toute attaque non la vérité des dogmes qui diffèrent, mais la morale qui subsiste commune et invariable.

La discussion de ces projets de loi fut remarquable par les débuts parlementaires de Manuel et de Benjamin-Constant, élus peu de jours avant l'ouverture de ces débats, comme aussi par l'éclat prodigieux de la parole de M. de Serres. Ce ministre s'échappait à lui-même, dans l'entraînement d'une éloquence trop vive pour ne rien coûter à la politique; mais il était courageux dans la vérité. On l'entendit s'écrier, au fort de la présente discussion : « La majorité de la Convention était saine ! » Interrompu par les clameurs du côté droit, il répéta sa phrase : « Oui, elle était saine; et si la Convention n'avait pas voté sous les poignards, la France n'aurait pas eu à gémir du plus épouvantable des crimes ! » (19 avril 1819).

Les trois lois obtinrent, sans modification importante, l'assentiment des deux Chambres (5 mai 1819).

Puis, voici une ère mémorable pour nos finances : l'adoption du budget (16 juillet 1819). Les recettes s'égalisent cette année aux dépenses : 889 millions 210 mille francs viennent de celles-là pour retourner à celles-ci. L'éternel et savant rapporteur des budgets, M. Beugnot, a montré la France se suffisant enfin à elle-même; et pour la première fois, depuis quatre ans, le présent n'appauvrit pas l'avenir. Dans cette période, les dépenses extraordinaires, imposées par notre mauvaise fortune et par les traités, se sont élevées à 1680 millions; les revenus du pays n'ont contribué à l'allégement de ce fardeau que pour 367 millions; de sorte que le surplus de ces charges insolites, qui montait à plus de 1300 millions, a été produit par des ressources extraordinaires comme elles, je veux dire par les emprunts : tant il y a que le capital de notre dette publique, évalué avant les Cent-Jours à 1260 millions, flotte maintenant tout près de 3760 millions (1).

Dans ce moment, notre politique étrangère

____

(1) Voyez le beau rapport fait le 10 juillet 1819, à la Chambre des Pairs, par M. Mollien. — Moniteur de 1819, t. II, p. 956.

était fort empêchée. La chute de M. de Richelieu, ministre agréable à la Russie, nous avait retiré les bonnes grâces de cette puissance. L'empereur Alexandre avait cru y voir une ingrate diminution de son influence et un coup porté au respect de ses avis. Nous ne pouvions plus rechercher l'amitié de l'Angleterre, à qui nous avions d'abord tourné le dos; et si ce retour eût été possible, la cour ne l'eût pas tenté, parce qu'il eût contrarié ses inclinations naturelles, et détruit son espérance de rentrer en faveur près du cabinet russe. Nous ne voulions pas faire des avances à l'Autriche, assurés que nous ne fussions pas venus à bout de corriger sa malveillance accoutumée : pour l'alliance de la Prusse, isolée de celle de l'Autriche, il n'y fallait pas songer; puis les moindres pas vers ces deux puissances eussent éveillé les ombrages de l'empereur Alexandre. Ainsi, notre condition était d'endurer la mauvaise humeur de ce souverain et de travailler à l'adoucir. Le noble comte de La Ferronnays, ministre plénipotentiaire de France à Saint-Pétersbourg, s'acquitta de ce soin délicat, de façon à sauver la dignité de la France, qu'il aimait du même amour que la sienne. L'Empereur finit par nous regarder avec plus de complaisance; mais il s'en cachait, soit pour ménager ses frères de l'alliance de Chaumont, soit pour nous faire priser le retour de sa confidence, ou pour observer la suite de nos affaires. Il tolérait donc notre nouveau cabinet, mais sans dissimuler à Louis XVIII que l'amitié de la Russie, déjà mise à l'épreuve par la retraite du duc de Richelieu, ne tiendrait pas contre la remise de la direction des affaires aux mains du prince de Talleyrand, dont la prédilection pour l'Angleterre lui était connue. A cette époque, l'Empereur était si fort entêté de la Sainte-Alliance, que si nous eussions paru rechercher son alliance exclusive, au préjudice de l'Union, il eût été jaloux de lui-même. Du reste, il nous rassura sur le bruit, semé alors, d'un renouvellement de la quadruple alliance qui aurait été formée contre nous, à cause de nos démêlés intérieurs; mais il avouait toutefois que le renversement de Louis XVIII serait l'infaillible signal de cette nouvelle coalition, qui avait juré de défendre deux choses en Europe, l'inviolabilité du territoire et la légitimité.

QUATRIÈME ÉPOQUE.

CONGRÈS DE TROPPAU

ET

DE LAYBACH,

OU

RÉVOLUTIONS ESPAGNOLE, NAPOLITAINE, PORTUGAISE, BRÉSILIENNE, PIÉMONTAISE ET GRECQUE.

———

Ferdinand VII rassemble à Cadix une armée d'expédition pour l'Amérique espagnole. — Bolivar est élu président de la république de Vénézuela. — Traité entre les Etats-Unis et l'Espagne. — L'Angleterre restitue la ville de Parga au Grand-Seigneur. — Détresse des agriculteurs anglais. — Loi sur les grains. — Assemblées populaires à Birmingham et à Manchester. — Effervescence des esprits en Allemagne. — Congrès de Carlsbad. — Le roi de Wurtemberg sanctionne une constitution pour ses États. — Elections de 1819 en France. — Mutation dans le cabinet. — M. De Cazes est nommé président du conseil. — Le système libéral est abandonné. — Congrès assemblé à Angostura, dans l'Amérique espagnole. — Révolution en Espagne. — Ferdinand VII adopte la constitution de 1812. — Mort de Georges III, roi d'Angleterre. — Avénement du prince régent, sous le nom de Georges IV. — Conspiration à Londres. — Succès de la cause des indépendans de l'Amérique espagnole. — Assassinat du duc de Berri en France. — Chute de M. De Cazes. — Retour de M. le duc de Richelieu à la tête des affaires. — Nouvelle loi électorale. — Troubles dans Paris. — Conférences tenues à Vienne sur les affaires germaniques. — Révolte d'Ali-Tébélen contre le Grand-Seigneur. — Il appelle les Grecs à la liberté. — Sentimens divers des puissances à l'égard de la révolution espagnole. — Révolution dans le royaume des Deux-Siciles. — Révolution dans le Portugal. — Congrès de Troppau. — Révolte à Saint-Domingue, dans les États de Christophe. — Boyer devient chef unique de la république. — Procès de la reine d'Angleterre. — Congrès de Laybach. — Une armée autrichienne entre dans le royaume de Naples. — Faible résistance des Napolitains. — Fin de la révolution. — Révolution au Brésil. — Le roi promet une constitution aux habitans de cette partie de ses États. — Il confie la régence du Brésil au prince royal don Pedro, et s'embarque pour Lisbonne. — Révolution dans le Piémont. — Victor-Emmanuel abdique la couronne. — Approche d'une armée autrichienne. — Fin de la révolution. — Déclaration émanée du congrès de Laybach. — Mort de Napoléon à Sainte-Hélène. — Révolution en Grèce. — Ses progrès. — Dispositions de la Russie. — Troubles à Constantinople. — Supplice du patriarche de l'Eglise d'Orient.

Ferdinand VII, qui rassemblait à Cadix une armée destinée à ramener sous sa domination, ses colonies insurgées, en était réduit à acheter quelques vaisseaux russes pour transporter l'expédition en Amérique. L'Océan disparaissait autrefois sous les flottes de Philippe II, et des navires moscovites remédiaient aujourd'hui à la solitude des ports de l'Espagne.

Une conspiration éclate à Valence où commande le général Elio ; des cruautés inouies en suivent la découverte. Elio proclame (**20** janvier 1819) que la pitié est un crime, que les factieux sont des monstres, et « qu'il les anéantira tous. » Sans ces précautions, dit-il, plus de vertus, ni de repos ; et « le fils finira par tuer son père et sa mère (1)! » L'inquisition fait torturer les prévenus que le général Elio interroge, tandis que le bourreau leur arrache les ongles avec des tenailles. Le gouvernement désapprouve ces barbaries, mais il maintient Elio dans son poste. L'armée, rassemblée à Cadix, désertait faute de solde, et formait des bandes de guérillas, et se payait de ses propres mains. La peste courait dans l'Andalousie, et livrant aux soldats restés sous les drapeaux une guerre terrible, favorisait la liberté des colonies.

Celles-ci disputaient leur territoire contre Morillo, qui n'était maître que de la partie couverte par ses troupes. En ce moment (février 1819), il oppressait la Nouvelle-Grenade ; et Vénézuela respirait : car, tour à tour, selon qu'il attaquait l'une ou l'autre de ces républiques, la liberté passait à Caracas ou à Bogota. Bolivar assemble un

---

(1) Proclamation du général Elio aux habitans de Valence. On la trouve dans l'hist. de la révolut. d'Esp., en 1820, par Ch. L. , p. 63.

congrès dans les Etats vénézueliens; présente à cette assemblée un plan de Constitution libre, et offre de se démettre du commandement suprême. Il est supplié de garder l'autorité, sous le titre de Président de la république. Tandis que ces choses se passent, Morillo fait marcher un de ses lieutenans contre la ville même d'Angostura, où se tient le congrès. Il veut étouffer les feux dans leur foyer, reconnaissant la plus vive ardeur qu'ils y jettent. Le général Marino accourt défendre son chef suprême : les deux corps se rencontrent près de San-Diego (12 juin 1819). Le feu est très vif; mais Marino saisit un drapeau, et le courage et la patrie dans les yeux, fait charger les siens à la baïonnette. Les Espagnols lâchent pied, laissant mille des leurs sur le champ de bataille. Cet événement excite à la fois Morillo et Bolivar à se mesurer. Celui-ci, après une victoire miraculeuse remportée à chaque pas sur la nature et la saison, débouche dans la délicieuse vallée de Somagoso, non loin de la ville de Tunja. Il chasse des hauteurs de cette plaine, l'armée espagnole, s'enrichit des pertes de l'ennemi, trouve des alliés à proportion qu'il avance, et remporte enfin une victoire décisive qui délivra la Nouvelle-Grenade (7 août 1819). L'armée royale n'est plus, ce qui en échappe à la mort demeure prisonnier. Cette journée mémorable livre à Bolivar la route de Carthagène, où il fait son entrée au milieu d'un peuple immense qui le proclame son libérateur. Ainsi, la Nouvelle-Grenade et Vénézuela goûtent la liberté, toutes deux ensemble, pour la première fois. Le rêve de Bolivar était de les confondre en une seule et même république (1) : la fortune qui le seconde, semble être dans la confidence de ses desseins.

Cependant, l'armée espagnole destinée à réduire au devoir Bolivar et toute une partie du Nouveau-Monde, s'organisait près de Cadix, ne désirant pas plus de se rendre en Amérique que Bolivar de l'y voir arriver, et aspirant plutôt à restaurer la liberté en Espagne, qu'à l'étouffer dans les colonies. L'esprit militaire est voisin de l'indépendance ou du despotisme : il délivre les peuples, s'il ne sert à les opprimer. Dans un pays où la nation souffre et où le métier des armes est sans honneur, les conspirations réussissent, parce qu'elles ont l'appui de la seule force qui aurait pu les réprimer. Un gouvernement injuste, comme l'était celui de l'Espa-

---

(1) Vie de Bolivar, t. ii, p. 165. — Annual register for 1819, p. 363 et suiv. — Annuaire de Lesur, pour 1819, p. 412 et suiv. — Account of the expedition which sailed from England in 1817, to assist the independants, by M. Brown.

gne, prépare donc sa ruine, s'il rassemble une armée, sans pouvoir la gorger d'or ou de victoires; car, à toute force, il retiendrait, par une police sévère et avec l'aide du clergé, ses sujets dans la terreur; mais des soldats réunis ne craignant ni les lois, ni l'enfer, courent par une révolution à la gloire et au profit qui leur manquent. Ainsi fit l'armée d'expédition cantonnée à Cadix.

Parmi ceux de ses officiers qui portaient un grand dessein dans leur âme, se distinguaient le colonel don Antonio Quiroga, et l'adjudant d'état major don Raphaël del Riego : l'un, patient, réfléchi, politique; l'autre, actif, emporté, intrépide. O' Donnel, comte de l'Abisbal, avait été nommé commandant en chef de l'expédition. Les officiers regardèrent comme désigné par la fortune qui approuvait l'entreprise, ce général initié naguère aux sociétés secrètes, où se rêvaient les nouvelles destinées du pays, et confident d'un général Lacy, qui avait payé de sa vie, en 1817, le plan d'une conspiration prématurée (1). Mais ils commirent l'imprudence de s'ouvrir à la fois et au général O' Donnel, et au général Saarsfield, commandant la deuxième division de l'armée;

---

(1) Précis historique de la révolut. d'Espagne, par Jullian, un vol. in-8°, 1821, p. 27.

de sorte qu'ils en firent deux rivaux, et que chacun des deux eut à craindre d'être dénoncé par l'autre. Aussi, mus par le même intérêt et la même crainte, ils s'entendirent pour se faire du complot étouffé, un mérite auprès de la cour. Un jour, ils rassemblèrent les troupes, leur ordonnèrent de crier : Vive le roi! et arrêtèrent les officiers. Le colonel Quiroga fut enfermé au couvent de San-Augustino del Puerto (8 juillet 1819), non loin de Cadix. L'adjudant Riego échappa aux soupçons (1).

Une grande agitation se manifestait en Allemagne. Les princes promirent, en 1813, des constitutions à leurs sujets pour les emporter contre Napoléon, et au prix de ces espérances de liberté achetèrent des armées et la victoire; mais une fois la paix et la sûreté commune obtenues, leurs promesses restèrent roulées dans les plis de leurs drapeaux. L'oubli n'est pas une loi qui s'impose aux nations. L'Allemagne s'émut pour la liberté. L'institution du Tugen-Bund, formée par les rois eux-mêmes, pour échauffer la jeunesse, au nom de l'indépendance de la patrie, inspira l'idée d'une autre association, connue

____

(1) *Id.* p. 75 et 76. — Hist. de la révolut. d'Espagne, par Ch. L*** un vol. in-8°, 1820 , p. 153. — *L'Espagnol constitutionnel*, journal publié à Londres , par des refugiés espagnols, n° 15.

sous le nom de Burchenschafft. Les imaginations s'échauffaient par l'étude, le mystère et la religion. Des rêves farouches se nourrissaient dans les universités : il n'y allait de rien moins que le renversement des trônes. De jour en jour le soin de la liberté de la patrie devient, aux yeux de ces jeunes fanatiques, toute la vertu : et un jour, l'un d'eux plonge un poignard dans le sein du célèbre Kotzebuë, regardé comme ennemi de l'indépendance allemande (23 mars 1819). M. Ibell, président de la régence de Nassau, manque d'être assassiné par un autre patriote. L'indignation et la terreur gagnent tous les cabinets germaniques.

Les États-Unis venaient de conclure, avec l'Espagne, un traité d'amitié et de fixation de frontières (22 février 1819), par lequel la république américaine gagnait « en toute propriété et « souveraineté les territoires appartenant à S. M. « C., à l'est du Mississipi, et connus sous le nom « de Florides (1). » En revanche, les États-Unis déchargeaient l'Espagne de toutes demandes à l'avenir, sous le rapport des réclamations des citoyens américains, auxquelles elle s'engageait à faire droit elle-même jusqu'au niveau d'une

______

(1) Ce traité se trouve dans l'Annuaire de Lesur, pour 1819, p. 597.

somme de cinq millions de dollars. Ces réclamations, dont la cour de Madrid avait solennellement reconnu la justice en 1802, s'appuyaient
sur les enlèvemens considérables faits au commerce américain, depuis vingt ans, par des croi-
seurs espagnols. Ainsi, le gouvernement des
États-Unis achète, moyennant une faible somme
d'argent, cette possession des Florides, objet de
ses constans et secrets désirs, qui facilitera son
commerce avec Cuba et le Mexique, lui fournira
en abondance des bois de construction pour sa
marine, et couvrira sa frontière du midi.

Méhémet - Ali, vice-roi d'Égypte, gouverne
cette province de l'empire ottoman avec une activité croissante. Tandis qu'il la civilise et y appelle toutes les inventions de l'industrie européenne, on ne sait s'il y travaille au bonheur des
habitans ou à la ruine de l'autorité du grand-
seigneur. Ibrahim, son fils, porte son tonnerre;
c'est lui qui a réduit les Wechabites sous les ruines
de leur capitale, et qui va au loin rendre son père
formidable, sous la couleur de venger la soumission due à la Porte.

Le gouvernement britannique obtient du
grand-seigneur la ratification de la cession des
îles Ioniennes, à la condition de lui restituer la
petite ville grecque de Parga. Cette cité, qui respirait sous la protection de la couronne britan-

1.   18

nique, est livrée au pacha de l'Épire; mais elle lui sera livrée solitaire. Les habitans vont l'abandonner : ce n'est plus leur patrie, sitôt que les Musulmans y règnent. Ils vident les tombeaux, et brûlent sur la place publique les os de leurs pères; puis, dans un profond silence, ils s'arment, et remettent au gouverneur anglais la possession de leur ville. Les femmes baignaient de pleurs leurs enfans; les vieillards baisaient la terre natale; quelques-uns en arrachaient avec désespoir des fleurs, et les mettaient dans leur sein. Des vaisseaux anglais les portèrent à Corfou (mai 1819), et le bruit du malheur de ces fugitifs, qui avaient préféré la liberté à leur patrie, remplit toute l'Europe.

Le tort de l'Angleterre fut d'avoir accepté, avant 1815, le protectorat de cette ville, et d'avoir consenti ensuite à la livrer aux bourreaux des chrétiens. Il y allait de son honneur de faire insérer dans l'acte du congrès de Vienne une clause favorable à la malheureuse Parga; et ce fut un trait d'ignorance impardonnable, dans son cabinet, d'avoir remis les clefs de cette place au barbare Ali, au nom d'un certain traité de 1800, qui avait stipulé, au contraire, que Parga et les autres villes qui, sur ces côtes, avaient appartenu aux Vénitiens, seraient garanties contre toute vexation de la part des Mahométans. Comme la

Grande-Bretagne avait exigé d'Ali-Pacha le paiement des propriétés des Parganiotes, la pitié du monde accusa cette puissance d'avoir trafiqué de leurs misères ; mais la dureté du gouverneur de Corfou, qui retint, sur la somme à restituer aux Parganiotes, le prix de leur embarquement, fut, sur ce dernier point, tout le tort de l'Angleterre (1).

L'agriculture, qui avait paru se relever dans ce pays pendant la précédente année, retombait plus épuisée encore par ses vains efforts. Le Parlement avait révisé les lois sur les grains, et déterminé que le blé des autres pays, importé en Angleterre, ne pourrait s'y vendre avant que le *quarter*, mesure qui renferme huit boisseaux de France, y eût atteint le prix de quatre-vingts schellings (96 francs). Ce prix avait semblé permettre au fermier anglais de retirer les intérêts de son capital et les profits de son travail, et de s'acquitter envers le maître de la terre comme envers l'État ; mais la ruine générale des agriculteurs trompait le calcul du Parlement. Les pluies de 1816, en faisant hausser le prix du grain, en avait rendu la qualité trop inférieure, pour que la quantité perdue ne disputât pas au fermier son

---

(1) Annual register for 1819, p. 358.—Edinburgh-Review, vol. xxxii, october 1819, p. 263.

bénéfice sur la vente du reste. D'ailleurs, une moisson d'épis noyés sous les eaux et couchés à terre avait exigé des frais plus considérables; de sorte que, pour fermer les plaies de l'agriculture, il aurait fallu que le quarter se fût vendu assez long-temps au-dessus du prix fixé par la législation ; mais il arriva que les grains étrangers, attirés en 1846 par la disette, avaient rempli les ports britanniques, et comme ils se présentaient au marché, dès que le prix courant s'élevait à 96 francs le quarter, ce prix ne pouvait plus monter, et les fermiers ne retiraient jamais qu'un bénéfice insuffisant pour soulever le poids de leur détresse antérieure.

Les souffrances de l'agriculture, cette nourrice d'un État, sont les plus dangereuses : elles retirent au gouvernement l'affection du paysan, lui qui doit être d'autant plus attaché au sol natal, qu'il le voit et le remue sans cesse. En même temps, le commerce intérieur languissait, parce que la consommation des campagnes devenait plus faible. Un mécontentement vague s'en suivit. Les agitateurs lui indiquèrent où se prendre. Des pamphlets à bas prix circulèrent dans les mains des mécontens ; on leur persuadait que toute misère vient d'un mauvais gouvernement, et que le mauvais gouvernement en Angleterre subsistera tant que le Parlement ne sera pas radicalement réformé, c'est-à-dire que tous les travailleurs et producteurs n'auront pas le droit d'en élire annuellement les membres. Le peuple conclut de ces avis qu'étant dépouillé de ses droits, il devait essayer s'il était assez fort pour les reprendre. De nombreuses assemblées se tiennent dans les districts manufacturiers d'Angleterre et d'Écosse. Les chefs du parti radical, Hunt, Watson, Thistlewood, Harrison, haranguent le peuple, et lui font adopter cette résolution : que nul ne peut être soumis à l'impôt, qui ne jouit pas du droit d'élection. Dans l'une de ces assemblées, à Birmingham, les réformateurs vont jusqu'à se nommer un député. Un Charles Wolseley, Anglais, qui joua un rôle dans le siége de la Bastille, au commencement de la révolution française, est élu par cinquante mille individus, représentant de la ville de Birmingham au Parlement. Déjà le bruit se répand d'une assemblée plus terrible que les précédentes. C'est une insurrection générale, dit-on, une révolution, le partage agraire. Les radicaux s'arment de piques, et s'exercent à les manier. Le gouvernement fait filer des troupes vers Manchester. Un matin, les colonnes des radicaux commencent à y déboucher (16 août 1819); l'air se remplissait de lances, de bâtons surmontés du bonnet de la liberté, de drapeaux sur lesquels on lisait : *suffrage uni-*

versel! à bas la loi sur les grains! réforme ou la mort! Hunt, le héros de la fête, paraissait sur un char, au bruit de la musique, lorsque des corps de cavalerie arrivent pour défendre la loi, et le tout n'est plus qu'une masse d'hommes, mêlés, renversés les uns sur les autres, meurtris, sanglans, hurlans, blessés ou tués. Triste scène où la loi s'était oubliée elle-même (1) !

L'Autriche et la Prusse avaient convoqué, à Carlsbad, un congrès pour aviser aux moyens de maintenir la paix intérieure de l'Allemagne. Elles réussissent à faire décider (20 septembre 1819), par les princes de la Confédération, que l'article 13 de l'acte fédératif, qui accorde des assemblées d'États à chaque pays allemand, sera interprété authentiquement par la Diète; que cette assemblée, en attendant qu'elle ait assuré par un réglement l'exécution de ses décrets, pourra se faire obéir dans chaque État de l'Union, en y envoyant des troupes; que les universités locales y tomberont partout sous sa surveillance, et qu'elle en exclura tels professeurs ou étudians qui auront enseigné ou sucé une doctrine dangereuse; que chaque gouvernement exercera une censure préalable sur les journaux et écrits périodiques publiés sur son territoire; et enfin qu'une com-

____

(1) *Annual register for* 1819, p. 337 et suiv.

mission extraordinaire, composée de sept membres, se réunira à Mayence pour saisir les fils des menées révolutionnaires, et faire comparaître devant elle tout individu dont elle aura ordonné l'arrestation (1).

Tout cet esprit de liberté qui venait de fuir les décisions de la Diète, se retrouvait dans une Constitution nationale sanctionnée par le roi de Wurtemberg (23 septembre 1819). C'est de toutes les Chartes de l'Allemagne la plus ouverte à l'égalité des droits et à l'indépendance des personnes; c'est la seule qui n'ait pas été octroyée, et qui résulte d'un traité légal entre le monarque et ses sujets. En effet, le roi de Wurtemberg, las des dissidences élevées à l'occasion du rétablissement d'une loi fondamentale, avait fini par convoquer les notables de son royaume en assemblée constituante. Le prince et cette réunion se rencontrèrent sur les clauses principales à insérer dans la Charte nationale, qui reçut enfin la sanction souveraine.

Elle déclare le royaume de Wurtemberg un tout indivisible (2), membre de la Confédération germanique, dont les décrets organiques y seront

____

(1) Extrait du protocole des séances de la Diète germanique, du 20 sept. 1819. — Annuaire de Lesur, pour 1819, p. 548 et suiv.

(2) Art. 1er.

obligatoires, « après qu'ils auront été proclamés par le roi (1). » Comme un décret organique de la Diète doit être adopté à l'unanimité par cette assemblée, il en résulte comme pour le Grand-Duché de Bade, que toute décision diétale, qui n'est portée qu'à la majorité, n'oblige pas les États de Wurtemberg. Le roi, chef de l'État, réunit tous les droits du pouvoir exécutif (2); la foi ne lui est prêtée que lorsqu'il a engagé la sienne à la Constitution (3). Tous les Wurtembergeois sont égaux en droits, soumis au devoir de défendre la patrie, libres dans leurs personnes, leurs propriétés, leur conscience, leurs plaintes, s'ils se croient oppressés, leurs mouvemens, s'ils veulent émigrer (4). La liberté de la presse est admise dans toutes ses conséquences, « en se conformant néanmoins aux lois rendues ou à rendre pour prévenir ses abus (5). Les juges peuvent être destitués, mais non sans un jugement (6). Le roi convoque tous les trois ans les États (7), divisés en deux Chambres, celle des seigneurs, dont le tiers seulement, soit hé-

----

(1) Art. 3.
(2) Art. 4.
(3) Art. 10.
(4) Art. 20, 23, 24.
(5) Art. 28.
(6) Art. 46.
(7) Art. 127.

réditairement, soit à vie, appartient à la nomination du roi (1), et celle des députés, composée
de treize membres que la noblesse a choisis dans
son propre sein, de neuf autres appartenant au
clergé ou à l'université, et d'un certain nombre
de représentans des villes et des communes. Le
choix de ces représentans appartient à des électeurs dont les deux tiers sont les plus imposés de
la ville ou de la commune, et dont le dernier
tiers y est choisi par les petits contribuables (2).
Être chrétien, n'avoir été impliqué dans aucune
enquête criminelle, et compter trente ans, telles
sont les conditions de l'éligibilité. Les fonctionnaires nommés députés ne peuvent accepter ce
titre qu'avec l'agrément du gouvernement (3).
Les députés élus le sont pour six ans (4). La Chambre des Députés discute et vote les impôts : celle
des Pairs délibère sur ce vote même des députés,
et accepte ou rejet'e en masse la taxe proposée,
sans pouvoir la discuter en détail (5). Aucune loi
ne peut être rendue, abolie ou interprétée sans le
consentement des États. Dans l'intervalle des sessions, ils sont représentés par un comité de douze

---

(1) Art. 128, 129, 130, 133, 134, 138, 139, 140.
(2) Art. 139, 140.
(3) Art. 146.
(4) Art. 157.
(5) Art. 181.

membres, élus dans leur sein (1). Le roi a le droit de rendre des ordonnances sans la coopération des États, et, « dans les cas urgens, de prendre toutes les précautions qu'exige la sûreté de l'État (2). »

On voit que la Charte wurtembergeoise renferme aussi son article 14.

L'Empereur de Russie éluda de donner son assentiment aux résolutions de Carlsbad, alléguant qu'elles n'avaient pas obtenu, dans le sein de la Diète, l'unanimité des suffrages. Il regardait alors l'alliance européenne comme investie du droit d'examiner si les lois générales à imposer à la Confédération germanique étaient conformes à l'esprit des traités européens. Il alla jusqu'à sonder la pensée de l'Angleterre à cet égard ; mais cette cour se borna à lui répondre qu'il existait des cas où l'intervention de l'alliance se justifiait d'elle-même, comme si le trouble répandu en Allemagne compromettait la paix générale ; mais que la conjoncture présente ne lui paraissait pas motiver l'ingérence étrangère. L'Empereur, blessé de voir pâlir son influence en Allemagne et en France, cherchait à faire ressouvenir l'Europe de sa force. En même temps, son activité s'appliquait dans l'intérieur de son empire à deux grandes entreprises : l'une de

____

(1) Art. 88, 187, 188, etc.
(2) Art. 89.

ramener toutes les sectes chrétiennes de la Russie à la profession de la religion grecque (septembre 1819), et l'autre de distribuer ses troupes sur le sol de ses vastes États en colonies militaires. Ce moyen de nourrir une armée sans la payer, et de retenir dans la paix les apprêts de la guerre, fit quelque ombrage aux autres puissances.

Lord Castlereagh invite la Chambre des Communes à rendre le gouvernement anglais plus fort que la sédition (29 octobre 1819) : il lui présente cinq bills] : l'un ramenant à dix mille personnes le nombre que ne pourra point surmonter toute assemblée publique, et assujettissant les citoyens à faire connaître aux magistrats le jour et le lieu choisi pour ces réunions; l'autre, prohibant les exercices militaires comme un danger pour la paix commune; le troisième autorisant les magistrats à saisir les armes suspectes; le quatrième, soumettant au même timbre que les journaux, tous les écrits politiques qui n'excéderaient pas deux feuilles d'impression; la cinquième, exigeant la fourniture d'un cautionnement, de la part de tout individu qui voudrait publier ces sortes d'écrits (1). Ces bills passèrent après un débat qui ne dura que cinq jours, tant l'alarme,

____

(1) Annual register for 1819. — Annuaire historique pour 1819, p. 482.

causée par des troubles qui menaçaient la richesse, dut faire croire aux législateurs que la propriété était la patrie.

En France, les élections partielles de 1819 venaient d'amener un nom, épouvantail de la monarchie : c'était celui de M. Grégoire, ancien évêque de Blois, qui avait voté de loin et par écrit, la mort de Louis XVI. Monsieur avait rompu un silence de six mois, et, regardant son auguste frère, lui avait dit : « Eh bien (1)! » Une grande solitude se faisait sur les bancs royalistes, tandis que les membres du côté gauche ne se comptaient plus. La loi des élections refluait d'une rive pour inonder l'autre. M. De Cazes se troubla ; il avait abandonné d'abord le ressort de la Constitution à son propre poids ; mais avant que ce ressort ne fût descendu à ce point où l'équilibre produit le repos, il le repoussa en sens inverse.

Le choix de M. Grégoire ressemblait à cette question du pays : « Savez-vous oublier? » C'était un traité de paix proposé par la révolution au frère de Louis XVI. Le gouvernement y vit une déclaration de guerre.

Dès lors, la loi des élections va être changée : on retournera aux royalistes. Le ministère se dissout. M. De Cazes se flatte de garder la puissance,

---

(1) Hist. de la Restauration, par un homme d'Etat, t. vi, p. 216.

tout en détruisant la loi électorale proposée, soutenue et proclamée par lui-même, comme le salut de l'État. Le général Dessole, le maréchal Gouvion-Saint-Cyr et le baron Louis, aiment mieux renoncer au pouvoir qu'à leur ouvrage. MM. de Serres et Portal consentent à demeurer dans le conseil avec le favori de Louis XVIII : celui-ci monte à la présidence du conseil ; M. Pasquier remplace le général Dessole au ministère des affaires étrangères ; M. Delatour-Maubourg, cet ancien général de la cavalerie de Napoléon, est rappelé de Londres où il tient l'ambassade, et il succède au maréchal Gouvion-Saint-Cyr ; M. Roy accepte l'héritage du baron Louis. Le nouveau président du conseil prépare d'une main des changemens à la loi des élections, seconde Charte de la nation, et rédige de l'autre des ordonnances qui rouvrent les portes de la France à tous les bannis, et celles de la Chambre des Pairs aux membres de cette assemblée, précipités de leurs siéges par l'ordonnance du mois d'août 1815. Mais plus il semble aimer la liberté, plus aussi il travaille à lui rendre sensible le coup qu'il lui portera, et moins il doit s'attendre qu'elle le lui pardonne. Il n'a pas vu qu'en politique, il est souvent courageux et nécessaire de se ménager, mais toujours inhabile et dangereux de se repentir.

La session des Chambres vient de s'ouvrir : c'est l'image du chaos. Les amis se cherchent; les ennemis s'ignorent : tout se confond; les projets abondent; les ambitions se concertent, et le vaisseau dérive de plus en plus.

M. Lainé propose à la Chambre des Députés de déclarer M. Grégoire indigne de siéger dans son sein : « Il faut que cet homme se retire devant la dynastie régnante, a-t-il dit, ou que la race de nos rois recule devant lui. » Manuel lui répond que Fouché, qui avait condamné Louis XVI, fut, en 1815, l'un des ministres du roi, et une preuve vivante de la fidélité de Louis XVIII à l'oubli du passé. « Ce serait donc blâmer S. M., ajoute-t-il, que de proclamer à l'Europe qu'il serait indigne pour la Chambre d'imiter l'exemple donné par le roi dans ses conseils. » Il demande où s'arrêtera la violation une fois commise de cette Charte qui prescrit le silence et le pardon, et si l'autorité de l'exemple ne rendra pas la majorité maîtresse d'exclure ceux de ses membres dont l'énergie ou l'éloquence importuneraient la tyrannie du nombre ?—Mais MM. Pasquier et Corbière s'élancent tour à tour à la tribune pour s'écrier : l'un, que l'évêque conventionnel « n'avait pas le droit d'exiger du roi de France ce que le roi de France avait cru pouvoir faire une fois, et ce qu'il n'appartenait qu'à lui seul de faire; »

et l'autre, « qu'il ne s'agissait pas ici d'opinions, mais de crimes, et que le crime jusqu'à ce jour n'avait pas demandé à être représenté dans la Chambre. » « Que ceux qui sont d'avis d'exclure M. Grégoire se lèvent! » a dit brusquement M. Ravez, qui préside à l'assemblée; et on force ainsi Louis XVI, tout mort qu'il est, à revenir sur son pardon (6 décembre 1819).

Bolivar, vainqueur de l'armée de Morillo, a réalisé son vœu le plus cher, de réunir en une seule république, les provinces de Vénézuela et de la Nouvelle-Grenade : leurs habitans qui n'avaient pas de patrie tant qu'ils manquaient d'indépendance, deviennent concitoyens le jour où ils sont libres. Le Congrès assemblé à Angostura sous la présidence d'Antonio Zéa, docteur nourri dans l'étude austère des lois, et ami de la liberté comme il l'est de la justice, décrète la loi fondamentale de l'Union (17 décembre 1819) (1). La république commune prendra le glorieux titre de république de la Colombie (2); les dettes se confondent (3); le pouvoir exécutif résidera entre les mains d'un président, et en cas de vacance, d'un

____

(1) Cette loi fondamentale de la république de la Colombie se trouve textuellement dans l'Hist. de Bolivar, déjà citée, t. II, p. 291.

(2) Art. 1er.

(3) Art. 3.

vice-président, nommé par le congrès (1); la république se donnera une Constitution, délibérée dans un Congrès général qui s'assemblera le 1er janvier 1821 (2); et elle se bâtira une capitale qui recevra le nom de Bolivar, fondateur de la liberté nationale (3).

Le gouvernement espagnol, aveugle à la révolution qui le menace, s'empêche de plus en plus en des intrigues de palais. M. de Tatischeff, ministre de Russie près de Ferdinand VII, règne en secret sur l'esprit de ce souverain, à l'aide d'un Espagnol, nommé Ugarte, qui a passé de son service dans la domesticité royale. Ce dernier, ancien portefaix à Madrid, entre dans les bonnes grâces de Ferdinand, manie les finances, choisit les ministres, gouverne la monarchie. L'orage ne tardera pas à éclater. Le colonel Quiroga s'est enfui du cloître qui lui servait de prison; l'adjudant Riégo est au milieu des troupes que le gouvernement a donné l'ordre de faire embarquer pour l'Amérique, et qui déjà s'irritent contre ce voyage lointain. Quatre bataillons cantonnés au pied des montagnes de la Ronda, consentent à se révolter sous ses ordres. Il se charge de publier

---

(1) Art. 4

(2) Art. 9.

(3) Art. 7.

la Constitution de 1812, et de faire prisonnier le comte de Calderon, qui avait succédé au général O'Donnel dans le commandement en chef de l'armée. Au premier jour de l'année, fixé pour l'exécution de l'entreprise, Riégo proclame, en effet, sur la place du village de Las Cabezas (1er janvier 1820), la forme de gouvernement instituée en 1812 par les Cortès, et répudiée en 1814 par Ferdinand. Un officier obscur a poussé en faveur de la liberté ce premier cri que, dans trois mois, le roi va être contraint de répéter.

A la tête de quelques centaines d'hommes qu'il enflamme de sa hardiesse, il marche sur Arcos, où le comte de Calderon tient son quartier-général; surprend ce commandant en chef dans sa maison, et l'entraîne avec quelques autres officiers supérieurs. Le colonel Quiroga, non moins hardi, fait un premier usage de sa liberté, en arrêtant de son côté M. Cisneros, ministre de la marine, qui s'était rendu dans l'île de Léon pour hâter l'embarquement de l'armée. Quiroga devient maître à la fois du ministre et de l'île, et il se flatte que Cadix, où il a des intelligences, va lui ouvrir ses portes. Mais le succès d'une révolution n'est jamais aussi rapide que l'imaginent l'espérance des uns et la crainte des autres. Le général Campana, chargé du commandement de Cadix, a pris les devans, intimidé

les agitateurs, et maintenu la troupe dans la fidélité, en augmentant leur solde (1). Quiroga s'en-
ferme donc dans l'île de Léon; Riégo se met en
marche pour le rejoindre, proclame la Constitution à Xérès, où un citoyen exhume avec joie et
arrose de larmes un exemplaire de cette loi, qu'il
avait tenu enseveli pendant six années (2): symbole touchant de la chose elle-même qui ressus-
citait! Les deux troupes insurgées qui ont agi séparément se réunissent enfin, grossies par deux bataillons qu'elles ont emportés sur leur route à leur
exemple. Puis elles sont rejointes par quelques officiers, arrêtés naguère avec le colonel Quiroga, et
parvenus comme lui à s'échapper de leurs prisons.

Le nombre des insurgés ne surmontait pas
alors quatre mille cinq cents. En face du reste
de l'armée, qui va à dix mille hommes, ils jugent comme le meilleur, de laisser la patrie, l'imitation et le temps combattre pour eux dans le
cœur des Espagnols, et de ne pas faire dépendre
tout d'abord de quelques coups de feu la fortune
de la révolution. Se concentrer dans un lieu défendu par la nature, qu'ils fortifieront en outre
par l'art et leur courage, et d'où ils atten-
dront que leur nombre s'accroisse et que le gou-

---

(1) Précis hist., par Julliau, déjà cité, p. 106 et 107.
(2) *Id.* p. 110.

vernement devienne plus haïssable par un redoublement de précautions : c'est le plan que fait adopter le politique Quiroga. La position de l'île de Léon semblait faite pour donner l'idée de cette entreprise, et pour en promettre le succès. Entourée au levant par la rivière de Santi-Petri, et fermée du côté opposé par la baie de Cadix, elle communique avec cette dernière ville par une chaussée coupée tout juste dans son milieu; de sorte qu'on peut s'y défendre aisément, sans cesser de menacer Cadix. Il y a précisément dix années que la liberté espagnole s'était réfugiée dans cette île, devant nos aigles, n'ayant plus que ce bout du royaume pour tenir pied, et attendre. Elle y revient aujourd'hui, forcée de combattre le gouvernement qu'elle a rétabli.

L'armée des insurgés prend le nom d'armée nationale, élit pour son général en chef le colonel Quiroga, et pour son commandant en second, l'adjudant Riégo. Puis, elle lance tout autour d'elle, de sa retraite qu'elle s'occupe à fortifier, des manifestes brûlans du feu qui l'anime (1). Elle y proclame que « les rois appar-

______

(1) Proclamation de Quiroga à son armée, 5 janvier 1820. — Adresse de l'armée nationale à la marine espagnole, id. — Lettre de Quiroga au roi, 7 janv. 1820. — Manifeste de l'armée nationale à la nation espagnole; 13 janvier 1820, etc. — Voyez ces pièces dans *l'Hist. de la révol. d'Espagne, par C. L** déjà citée, p. 170

tiennent aux nations; » mais que, « soutien et boulevart de la patrie, elle ne se fait pas législatrice, et consacre son sang à la noble ambition de se soumettre aux lois fondées sur la justice et la raison. » Elle proteste enfin, à la face de Dieu et du roi, de son respect pour la religion des ancêtres. Quiroga n'oublie pas de tenter l'amour de la liberté dans la ville dont il convoite la possession. Il s'adresse à cette cité voisine (11 janvier 1820) : « Cadix ! Cadix ! où est ton patriotisme?..... La liberté est à tes portes, et tu hésites !..... Réveille-toi !..... Cadix esclave est l'image de l'humiliation et de la misère; Cadix libre sera le premier des peuples opulens (1) ! » Cette proclamation avait produit de grands effets sur les esprits; mais le commandant et l'évêque de Cadix se concertent pour menacer le peuple, l'un de son artillerie, l'autre des châtimens du ciel; et Cadix demeure muet et immobile.

Cependant, la cour épouvantée envoyait courriers sur courriers au général Freyre, chargé de bloquer l'île de Léon. Celui-ci ramassait avec grande peine des soldats et de l'argent, et ses proclamations languissaient auprès de celles de Qui-

---

et suiv. et dans le *Précis historique par Jullian*, déjà cité, pièces justificatives.

(1) Proclamation de l'armée nationale aux habitans de Cadix. — *Hist. de la révol. d'Espagne, par Ch. L***, p. 189.

roga. Toute l'Europe regardait l'Espagne. Le général des insurgés sent le besoin d'exposer ses troupes au danger, pour leur ôter le temps de le prévoir ; il veut les occuper afin de les distraire, et les compromettre, de peur qu'elles ne se repentent. Lui qu'on voulait cerner, il se met à assiéger Cadix. L'intrépide et remuant Riégo va prouver que le général Freyre ne les serre point : il part avec quinze cents hommes pour rendre la confiance à leurs amis dispersés dans le gros de la nation ; il entreprend de lever des troupes avec des proclamations, et par l'effet de son audace. Les montagnes sont traversées, les rochers et les torrens franchis, les villes appelées en témoignage de sa marche ; il avait déjà proclamé la Constitution dans Chiclana, Conil, Béjer et Algésiras, quand son général en chef lui envoie l'ordre de ramener sa colonne à l'île de Léon. Alors l'impossibilité du retour sert de matière aux prodiges du courage. La petite colonne de Riégo, harcelée par des corps nombreux de royalistes, ne voit plus que la solitude, la fatigue et la mort, de quelque côté qu'elle se tourne. Nul secours de la part de la nation, qui n'ose se déclarer (1). Cette bande héroïque tra-

---

(1) Voyez la relation publiée en 1820 par le colonel San-Miguel sur la marche de la colonne commandée par Riégo.

verse, en quarante-cinq jours, vingt villes, blessée, affamée, poursuivie, laissant à chaque pas un débris d'elle-même, toujours courant, combattant, chantant des hymnes à la patrie, et proclamant la liberté. Lasse enfin jusqu'à la mort, trop faible pour résister à l'ennemi, trop nombreuse pour lui échapper, elle se disperse dans les montagnes, et ôte à ceux qui la poursuivent, l'honneur de la rompre (1).

Mais le général Espoz y Mina, qui avait fait une si rude guerre à Napoléon dans la Navarre, et qui indigné de la conduite de Ferdinand, avait essayé, en 1814, de surprendre la ville de Pampelune et d'y publier la Constitution, s'est réveillé à la nouvelle de la tentative de Quiroga; il sort de France (25 février 1820), où il pleurait la liberté mourante, et montre à la Navarre cette épée qui servit jadis à sa délivrance. Il s'empare avec quelques compagnons, attirés au bruit de son nom, de la fonderie de canons d'Aizzabal. Bientôt il compte sous ses drapeaux de nombreux partisans, et s'en fait une armée, qu'il intitule l'*armée nationale du nord de l'Espagne* (2). En même temps toute la Galice s'insurge, adopte la Constitution, et se choisit des juntes provisoires.

---

(1) Essai sur la révol. d'Espagne, par M. de Martignac, p. 185 et suiv.

(2) Hist. de la révol. d'Espagne, par Ch. L**, p. 251.

Le roi congédiait l'un de ses ministres, exilait son favori Ugarte, annonçait la réforme des abus, demandait conseil aux tribunaux, aux universités, aux corporations, à tout bon citoyen, invités à émettre librement leurs avis (1).

Quiroga commençait à sortir de son repos; ses détachemens occupaient les principales villes de l'Andalousie; il pressait Cadix de manière à le forcer. Plusieurs grands d'Espagne, amis de leur pays et de leur roi, se jetaient aux pieds de Ferdinand, et le suppliaient de faire publier la Constitution. Il hésitait encore. La ville de Sarragosse ne tarde pas à adopter cette loi adorée. La révolution gagne de proche en proche; elle arrive : elle sera bientôt aux portes de Madrid. Déjà des rassemblemens se forment autour du palais; le roi, s'il tarde, n'aura plus d'asile dans sa volonté même. Il promet donc la convocation des Cortès; c'est beaucoup, ce n'est plus assez. La Constitution! la Constitution! non celle de son choix, mais celle qu'il devait jurer, qu'il a déchirée en montant sur le trône, et dont son peuple a ramassé les débris ! Il faut qu'il la jure; il la jurera, mais ce serment qu'on a beau lui tirer du bout des lèvres, n'entrera jamais dans son cœur. C'est le général Ballesteros, rappelé tout à l'heure de

___

(1) Ordonnance du roi, même ouvrage, p. 262.

l'exil, qui a déterminé Ferdinand VII à signer le décret qui met fin à la révolution en la rendant victorieuse (7 mars 1820). Ferdinand déclare, dans un acte officiel, que « la volonté générale du peuple s'étant prononcée, il s'est décidé à prêter sa foi à la Constitution promulguée par les Cortès généraux et extraordinaires en l'an 1812 (1). »

Georges III, roi d'Angleterre, qui, privé de raison, était déjà mort pour ses sujets, achève de descendre au tombeau (29 janvier 1820), et le prince régent, son successeur, reçoit de tous les ordres de l'État, sous le nom de Georges IV, le serment accoutumé. Une horrible conspiration marque les premiers jours de son règne (février 1820). C'est le rêve de quelques assassins, qui ont médité de tremper leurs mains dans le sang de tous les ministres, et de piller ensuite les ruines de sa capitale livrée aux flammes. Un démagogue, nommé Thistlewood, était l'âme de la conjuration. Sa tête appartient à la loi irritée.

L'Irlande continue le travail de ses douleurs. Les paysans catholiques ont attaché un ruban à

______

(1) On trouve ce décret dans l'essai sur la révol. d'Espagne, par M. de Martignac, p. 197.—Dans l'Hist. de la révol. d'Espagne, par Ch. L**. — Dans l'Annuaire de Lesur, pour 1820, p. 410.

leurs chapeaux, marché par bandes, et résisté aux troupes anglaises. Les prisons y manquent aux juges.

Bolivar, après avoir affranchi la Nouvelle-Grenade et Vénézuela, réunies sous le nom de république de Colombie, secondait les efforts des insurgés dans les autres États de l'Amérique espagnole. Un général Saint-Martin, aidé par l'amiral Cochrane venu d'Angleterre pour se faire un nom au péril de sa vie, avait opéré la délivrance du Chili. La liberté venait également de s'asseoir, à côté d'un directeur suprême, nommé Puyrredon, dans un Congrès assemblé à Buénos-Ayres, capitale du Paraguay. Quatre grands États respiraient donc, les pieds dans le sang, et le front libre du joug de l'Espagne : Buénos-Ayres, le Chili, la Nouvelle-Grenade et Vénézuela. Restaient encore sous l'ombre de la métropole les vices-royautés du Pérou et du Mexique; mais bientôt tout ce qui est libre se réunira, pour affranchir ce qui est encore esclave.

Le ministère français allait présenter une nouvelle loi d'élections, lorsque le duc de Berry fut assassiné (13 février 1820). Un Pierre Louvel, garçon sellier, avait fait le coup, et avoué que s'il n'avait pas été pris, il avait d'autres poignards pour toute la famille. Les royalistes regardèrent cet attentat détestable comme produit par le système libéral de M. De Cazes; peut-être ne venait-il, au contraire, que de l'abandon présumé de ce système. Cependant le prince frappé entraîne avec soi la politique promise par l'ordonnance du 5 septembre. Il est mort en pardonnant à ses meurtriers; et M. De Cazes sort du ministère, accusé par les royalistes d'avoir laissé tuer le prince. Le monarque, rassasié d'années et de chagrins, ne retire pas néanmoins ses bonnes grâces au jeune conseiller de sa couronne qu'il nommait son élève. Il l'envoie représenter la majesté du roi de France près de la Grande-Bretagne.

L'assassinat du duc de Berry avait mis en émoi la Sainte-Alliance. La Russie déclare sans détour que si le trône des Bourbons s'écroulait, le gouvernement qui s'établirait sur ses ruines ne pouvant être que révolutionnaire, et par-là en hostilité avec le reste du monde, aurait à se défendre contre une nouvelle coalition de l'Europe. Louis XVIII cherche encore dans le duc de Richelieu un médiateur entre l'autocrate et la France. Le libérateur du territoire est sollicité de nous sauver une seconde fois, et contre l'étranger et de nous-mêmes. Il accepte la présidence du conseil, sans portefeuille (20 février

1820), et maintient les autres ministres présens, auxquels il joint M. Siméon, chargé du département de l'intérieur.

Mais ce n'est rien que des collègues : il faut une majorité dans les Chambres. Le côté gauche est devenu ennemi; le centre gauche refuse son appui; le centre droit ne suffit pas : ainsi, nul moyen de gouverner sans le côté droit. En conséquence, le baiser de paix est offert aux royalistes, qui obtiennent d'abord, pour prix de leur alliance, au nom de ce sang royal que le poignard vient de tirer du cœur d'un prince, deux lois d'exception, l'une qui suspend de nouveau la liberté des personnes, et l'autre qui remet soudain à la chaîne les journaux et écrits périodiques. En vain le général Foy les invite éloquemment « à ne pas remplacer la douleur publique par d'autres douleurs qui feraient oublier la première; à ne pas indigner l'ombre généreuse du prince qui pardonnait en mourant à son assassin; à ne pas immoler la liberté des citoyens pour servir d'hécatombe aux funérailles d'un Bourbon (1) ! » Ils soutiennent que l'attentat du 13 février n'est pas un crime isolé; ils parlent « d'exécrables injures adressées à un père dont l'auguste douleur aurait attendri des tigres,

____

(1) Discours du général Foy , dans la séance du 6 mars 1820.

mais n'a fait apparemment qu'irriter la soif du
sang, qui dévore les tigres révolutionnaires ! » Ils
signalent des clubs, « antres ténébreux, dans lesquels on compte les royalistes sur leurs bancs, et
où l'on assigne à chaque poignard la place qu'il
doit frapper. » Enfin, ils ne voient partout que
« l'homicide et le régicide convertis en préceptes,
et ordonnés comme une œuvre de gloire et d'im-
mortalité (1) ! »

Le ministère avait montré que les lois d'exception n'appartenaient qu'aux gouvernemens
libres, et que, dans les occurrences extraordinaires, une législation habituellement douce se
rend hommage en se changeant elle-même : de
sorte que, ne craignant pas d'avouer « qu'il demandait l'arbitraire (2), » il avait représenté la
nécessité comme une loi à laquelle il obéissait
lui-même, en demandant à s'écarter de celles du
pays.

M. de Châteaubriand revendique le maintien
de la liberté de l'esprit, et, conseillé par le sien,
il se sépare, dans la Chambre des Pairs, de la majorité royaliste. Les deux lois passèrent, faiblement
amendées, avec cette clause commune,

____

(1) Discours du duc de Fitz-James, à la chambre des pairs, dans
la séance du 24 mars 1820.

(2) Discours de M. Pasquier, ministre des affaires étrangères,
dans la séance de la chambre des députés du 8 mars 1820.

qu'elles n'auraient leur effet que jusqu'à la session prochaine (1).

Mais les contradictions se réservaient pour la nouvelle loi des élections. Quand « l'étendard royal, que l'ordonnance du 5 septembre 1816 avait planté au milieu de la nation, commença à errer, inconstant et incertain (2), » le gouvernement se combattait en lui-même, partagé entre le désir d'arrêter les progrès de la liberté et la crainte de s'assujettir à la domination des exagérés. La question était de rendre aux grands propriétaires une certaine influence sur les élections. Par la loi en vigueur, ils votaient avec la masse des électeurs; et là, leurs voix se perdaient dans le nombre immense des suffrages. Les réunir en un collége séparé, c'était le premier moyen pour que leurs votes comptassent. Cela fait, on pouvait leur donner un certain nombre de députés à nommer, et laisser le reste des élections aux mains des petits contribuables, ou bien les investir du droit d'élire la Chambre entière, à la condition qu'ils feraient leurs choix dans un cercle de candidats proposés par les électeurs minimes. La première de ces combinaisons

_____

(1) La loi sur la suspension de la liberté individuelle fut promulguée le 26 mars 1820 ; et la loi sur la publication des journaux le 31 mars. — Voyez l'Annuaire de Lesur, pour 1820, p. 548 et 549.

(2) Expression de M. Royer-Collard, dans la séance du 25 mars.

avait été proposée par M. De Cazes, la veille de sa chute; la seconde fut goûtée par M. de Richelieu, qui tendait la main aux royalistes, et continuait à leur former un douaire.

Il leur accorda même dans son projet le droit de voter deux fois, c'est-à-dire non seulement ensemble dans leur collége séparé, mais encore dans les colléges de la petite propriété, où ils contribueraient ainsi à former les listes de candidats qui devaient ensuite être soumises à eux seuls. Mais force lui fut, au milieu de l'orage, de retourner aux principales dispositions de la loi proposée par M. De Cazes. Car voici les tonnerres de l'opposition qui retentissent aux oreilles de la nation attentive. Le général Foy s'écrie : « Vous craignez des bouleversemens? mais le remède est dans l'instinct conservateur du corps électoral; les cent mille propriétaires les plus imposés de la France, sont là. Il n'est pas permis de prêter gratuitement à l'élite d'une nation le projet d'un suicide (1)! » M. Royer-Collard s'élève si haut que ses paroles écrasent ses adversaires en tombant : ce sont des flots de lumière, qu'il répand sur cette vérité : « que la Charte a fait la part à l'inégalité entre les citoyens, en créant la Chambre des

---

(1) Séance du 15 mai 1820.

Pairs ; mais que retrancher à l'égalité un asile dans la Chambre des Députés, c'est mettre le privilége partout, et faire un coup d'État contre l'histoire, les mœurs publiques et la société (1). » M. Camille Jordan, pâle de sa mort prochaine, semble entrevoir la monarchie qui se perd : il retrace d'une voix mélancolique la destinée des Stuarts (2), et de son âme pure, déchirée entre la dynastie des Bourbons et la liberté qui se fuient et qu'il aime à la fois, s'échappe le conseil de revenir à l'élection directe pour tous les contribuables, afin d'éviter un divorce entre le roi et son peuple. Il propose donc un amendement tendant à faire élire les Députés, non par un concours de colléges de différente nature, mais directement par autant de colléges qu'il y a de membres à nommer. C'était renverser toute la loi nouvelle, revenir à la liberté, relever le drapeau du 5 septembre 1816.

Le ministère s'essouffle à écarter l'amendement. Paris s'en émeut ; des troubles éclatent ; le sang coule autour de l'enceinte de la Chambre. L'amendement est rejeté, mais à une simple majorité de dix voix (1ᵉʳ juin 1820). C'est dans la discussion des articles du projet de loi

---

(1) Séance du 17 mai 1820.

(2) Séance du 30 mai. — Moniteur de 1820, t. 1ᵉʳ, p. 753.

que les partis vont mesurer leurs forces et se disputer le terrain pied à pied. M. Lainé, rapporteur, avait prodigué son éloquence à énumérer
tous les défauts de la loi existante : lui-même,
dit-il, il l'a crue bonne, dans un temps où la gloire
française prenait patience, et où le génie même
de l'empire semblait promettre de se résigner à
la royauté d'un Bourbon; mais bientôt cette loi
est devenue l'âme d'une puissance qui a ses di-
recteurs, ses agens, ses trésors, ses imprimeries,
ses écrivains, ses arrêts. Les royalistes et les fonctionnaires ont cessé de trouver grâce devant les
yeux de ce tribunal; ils ont été écartés, et la
couronne a perdu insensiblement le pouvoir de
dissoudre la Chambre, puisque les Députés ren-
voyés avaient celui de se faire réélire; cette loi
emportait donc le trône pièce à pièce. « Or,
ajouta-t-il, en supposant que le gouvernement
représentatif permette de jouer aux ministères,
il est trop grand pour souffrir qu'on y joue aux
dynasties (1). »

On alla aux suffrages sur le premier article qui
consacrait la division des électeurs en un collége
de département, pour les grands propriétaires, et
en plusieurs colléges d'arrondissement pour le reste
des contribuables. L'article est voté à une majo-

----

(1) Séance du 26 mai 1820.

rité de cinq voix. Paris se trouble de nouveau : la liberté errante comme une âme en peine, raconte sur les places publiques qu'on la chasse des lois. La jeunesse des écoles remplit les airs du nom de la Charte, comme pour la faire revivre par leurs cris. De jeunes royalistes, peut-être gardes-du-corps, veulent étouffer de force ces voix importunes. En même temps, la cavalerie, le sabre à la main, dissipe les groupes : c'est une ombre de guerre civile. L'étincelle partie de la Chambre y revient comme à son foyer. L'agitation produite par la loi devient le sujet des discussions (5 juin 1820). M. Camille Jordan se plaint de retrouver dans ces outrages envers la représentation nationale , les caractères de la journée du 18 fructidor. Le côté gauche fait crier le sang du peuple, que le soldat a versé. M. de Serres, garde des sceaux, tout malade et languissant qu'il est, soutient la tempête et remplit la tribune. Cependant, pour ce qui regarde les bases de la loi électorale, le ministère fléchit. La monarchie qui a fait un pas en arrière s'arrête : elle ne tombera pas encore; l'aristocratie ne remporte que la moitié d'une victoire. On retourne au projet de M. De Cazes (6 juin 1820); et un amendement de M. Courvoisier fait sortir de ces débats terribles, où le privilége et l'égalité ont été aux prises, une loi portant que les grands propriétaires, rassemblés dans chaque département, en nombre égal au quart de tous les électeurs, nommeront seuls deux cent cinquante-huit Députés, et voteront une seconde fois avec tous les autres électeurs, pour élire encore avec eux cent soixante-douze autres Représentans; ce qui élevait en conséquence le nombre des Députés à quatre cent trente (1). Le tiers-état retenait l'élection directe; mais l'aristocratie obtenait de voter avec lui, après avoir voté avec elle-même.

La réunion des plénipotentiaires envoyés à Carlsbad, par les princes de la Confédération germanique, avait ajourné à un prochain Congrès, la solution définitive des plus graves questions qui pussent intéresser les rois et les peuples de l'Allemagne. Ce Congrès s'assemble à Vienne.

1° Où commence et s'arrête l'autorité de la Diète? 2° Comment fera-t-elle exécuter ses décisions? 3° Quelle étendue ou quelle restriction faut-il assigner à l'art. 13 de l'acte fédéral (2)?

Tels sont les trois points à régler : il y va de l'indépendance des peuples allemands, vis-à-vis de leurs rois, et de celle de ces rois vis-à-vis de

______

(1) Cette loi, promulguée le 29 juin 1820, se trouve dans l'Annuaire de Lesur pour cette année, p. 551.

(2) Cet art. est ainsi conçu : « Il y aura des assemblées d'états dans chaque pays de la Confédération. »

l'Autriche et de la Prusse. Car, si les décisions de la Diète où ces deux grandes cours ont une large place, deviennent la loi des lois, et maîtresses de toute constitution nationale; si la Diète, disposant d'une armée pour se faire obéir, peut intervenir entre chaque prince et ses sujets, et si cette assemblée, une fois tenue pour l'autorité générale et suprême, restreint l'art. 13 de l'acte fédéral entre des limites qui étouffent la liberté représentative, alors les rois sont sujets, et les sujets esclaves.

Les deux premières questions furent résolues contre l'indépendance des princes : la troisième laissa quelque place à la liberté des peuples. En effet, par rapport à la puissance de la Diète, on déclara cette assemblée l'organe de la volonté et de l'action de la Confédération tout entière (1). Elle fut appelée à interpréter, en concile infaillible, l'Evangile fédéral (2). On lui confia une épée vengeresse de la paix dans le sein de la Confédération (3). Elle put combattre elle-même la révolte dans tout état confédéré, sans y être

---

(1) Art. 7 de l'acte final des conférences ministérielles tenues à Vienne pour compléter et consolider l'organisation de la Confédération germanique.—Annuaire de Lesur, pour 1820, p. 588.

(2) Art. 17.

(3) Art. 18.

invitée par le gouvernement local (1). Quant aux mesures d'exécution, elle dut, à son gré, choisir telle puissance de la Confédération pour accomplir, à main armée, ses décrets; de sorte qu'elle eut sous sa main, toutes les troupes de l'Allemagne-unie (2). Mais pour ce qui regardait l'interprétation de l'art. 13 de l'acte fédéral, on n'osa point toucher aux Constitutions existantes, et on se borna à stipuler qu'elles ne pourraient être changées que par des voies constitutionnelles (3). Cependant, pour ravir à la liberté nationale les avantages de cette concession, on déclara : que le principe fondamental de l'Union exigeait que tous les pouvoirs de la souveraineté restassent réunis dans le chef suprême du gouvernement, si ce n'est pour l'exercice de droits déterminés (4); qu'aucune constitution particulière ne pourrait arrêter ni restreindre les princes confédérés dans l'exécution de leurs devoirs fédéraux (5); que, dans les États constitutionnels, il serait pourvu par un réglement d'ordre à ce que les bornes légales de la liberté des opi-

____

(1) Art. 26.
(2) Art. 33 et 34.
(3) Art. 56.
(4) Art. 57.
(5) Art. 58.

nions ne fussent pas outrepassées au préjudice de la tranquillité générale (1).

Nous avons montré (2) que l'introduction des mots : *sûreté intérieure*, dans la définition du but de la Confédération, pouvait fournir à la Diète le moyen d'arrêter le progrès de l'esprit constitutionnel, *au nom du repos général*. En effet, ces deux mots détournés de leur premier sens, et appliqués au moindre conflit entre un gouvernement et ses sujets, et non comme il devait l'être uniquement à une guerre intestine entre deux ou plusieurs rois confédérés, feront dégénérer désormais l'action de la Diète en une magistrature de police, à l'exercice de laquelle coopéreront des princes qui trouveront leur profit à céder quelque part de leur propre indépendance, pour retrouver une plus grande portion d'autorité contre leurs propres sujets. Toutes ces dispositions, arrêtées à Vienne, composent, sous le nom d'*acte final*, une loi supplémentaire pour la Confédération. Mais les puissances signataires de l'acte du Congrès de Vienne, sont toujours censées ne connaître que l'acte fédéral lui-même (8 juin 1820).

------

(1) Art. 59.
(2) Page 111.

Le beau pays, où la poussière qu'on foule est la cendre des héros, dont le nom réveille la liberté et le génie, cette terre d'imagination et de poésie, berceau des faux-dieux, patrie d'Homère et de Platon, de Léonidas et de Philopœmen, la Grèce, dont l'histoire est la leçon de l'univers, commençait à remuer sous le poids de ses chaînes. Sa foi chrétienne l'avait empêchée de se perdre dans la nation musulmane; la religion lui tint lieu de patrie; le commerce et la science lui préparaient peu à peu la force d'échapper à la servitude. Les navires d'Ipsara, d'Hydra, de Samos, parcouraient les mers harmonieuses qui rafraîchissent ses rivages; des académies s'élevaient dans Chios, Cydonie, Athènes, autour du mont Pélion, sur le penchant du Taygète et dans les vallées du Ménale. Une société s'était formée en 1815, à Vienne et à Saint-Pétersbourg, sous le nom de celle des *Hétéristes*, pour amener la Grèce, par les sciences et les arts, vers des destinées à la fois anciennes et nouvelles. Chaque personne qui s'y faisait initier jurait de ne jamais révéler le nom de celui qui l'y avait admis. Le but de la société caché à la plupart des membres, se voilait sous l'amélioration de l'enseignement primaire en Grèce, ou sous l'intérêt de la délivrance des familles grecques, réduites en esclavage par le Pacha de l'Épire (1). Les Hellènes fondaient l'espérance de leur liberté sur l'appui de cette association. Déjà le courage de leurs aïeux revivait dans certaines de leurs peuplades. Les Souliotes, chassés de leur ville, cachaient dans les montagnes leur espoir de vengeance, et le besoin belliqueux de se refaire une patrie plus vaste que celle qu'ils avaient perdue.

Oui, la Grèce allait se réveiller et accepter sa délivrance : de quelle main? de celle de l'un de ses bourreaux. Le sanguinaire Pacha de Janina, Ali Tébélen, menacé par le Sultan auquel sa puissance et ses richesses font ombrage et envie, se retournera du côté de ses victimes, et l'infatigable vieillard engagera cette portion des Grecs à verser, pour leur liberté, le peu de sang qu'il leur a laissé. Sa Hautesse avait prononcé contre lui la sentence formidable de l'excommunication (mai 1820). Déclaré coupable de lèse-majesté, il avait été mis au ban de l'Empire ; son nom était effacé du tableau des visirs ; et Pachô-Bey, qui avait reçu le commandement de l'armée destinée à le réduire, avait été nommé son successeur. Ali,

---

(1) Voyez sur l'origine et les travaux de cette société , l'ouvrage intitulé : *Révolution actuelle de la Grèce*, par Edward-Blaquières, traduit de l'anglais, p. 39 et suiv.; et l'hist. de la révol. grecque, par Alex. Soutzo, p. 13 et suiv.

l'excommunié, savait trop qu'il n'avait plus rien à se promettre des Musulmans, et que mettre aux mains des Chrétiens les débris de leurs fers, c'était embrasser la seule défense qui lui fût ouverte, aussi bien que se réserver en tombant la consolation d'ébranler la domination ottomane.

Ce qui commença à remuer la Hellade entière, c'est l'adresse avec laquelle un Grec conseilla au pacha, porteur de la condamnation d'Ali, de répandre ce firman dans tout le pays, et d'inviter les Grecs à se lever pour combattre les alliés du pacha proscrit (1). Ainsi la Hellade se trouva toute armée, depuis le Pinde jusqu'aux Thermopyles. Ali se réjouit de ce mouvement; et, représentant aux Grecs sa foi placée sous la garde de son intérêt, leur proposa « de se mettre à leur tête, afin de chasser la race ennemie des Osmanlis au-delà du Bosphore (26 mai 1820) (2). » Mais pour l'aider à se venger de la Porte, les Chrétiens aspiraient trop à se venger de lui-même. Leur légitime haine contre le monstre disputait encore chez eux la place à la liberté. Il fallut que le passage de toutes les troupes musulmanes qui se rendaient en Épire pour forcer le

---

(1) Hist. de la régénération de la Grèce, par Pouqueville, t. ii, p. 33, 34 et 85.

(2) Circulaire adressée aux Épirotes, Id. p. 40.

satrape excommunié, comblassent la mesure de leurs malheurs, par l'excès des réquisitions de guerre, par le débordement des outrages et par la destruction sacrilége de leurs églises, pour qu'ils songeassent à se placer à l'ombre de cette main rougie du sang des leurs, que leur tendait aujourd'hui Ali Tébélen.

Ses trois fils, Méhémet, Véli et Mouctar, avaient reçu de lui le commandement des villes de Parga, de Prévesa et de Bérat, places dont le siége aurait suffi à lasser la courte patience de l'ennemi ; mais à peine ont-ils successivement aperçu, du haut de leurs remparts, la condamnation d'Ali, portée au bout d'une lance, en tête de l'armée du grand-seigneur, qu'ils ont capitulé, et livré les chemins qui mènent jusqu'à leur père (1). Le vieillard, assis sur la plate-forme de son château de Janina, vient de reconnaître les ennemis qui s'avancent : il veut mettre entre leur marche et lui quelque chose de plus sûr que la foi de ses enfans ; et c'est le feu dont il embrase la ville entière de Janina. Sous une pluie de bombes et de fusées incendiaires, il met sa capitale en cendres, après en avoir accordé le pillage à la garnison du seul château qui lui reste (2). Puis, renfermé au

____

(1) Hist. de la régénération de la Grèce, déjà citée, t. ii, p. 88 et suiv.

(2) Id. p. 104 et suiv.

fond d'une casemate de son harem, non loin de ses trésors, dont la convoitise ajoute au courage des assiégeans, il médite sur les moyens de vaincre ceux-ci par l'intrigue. D'ailleurs, s'il se voit prêt à succomber, un vaste amas de salpêtre enflammé par ses mains, servira à l'ensevelir, avec ses femmes et ses richesses, sous les ruines de son château. Cependant, il est parvenu à conclure une secrète alliance avec un corps de Souliotes qui était entré au service de Pachô-Bey. Marc Botzaris les commande, jeune homme aux pieds légers et aux yeux d'azur, qui chante sur la lyre les malheurs de son pays (1), et que nous allons voir bientôt contribuer à ressusciter par son courage cette ancienne Grèce dont l'esprit immortel se retrouve dans quelques âmes comme la sienne.

L'Empereur de Russie avait conclu, en 1812, avec les Cortès d'Espagne, un traité par lequel « il reconnaissait la légitimité de l'assemblée générale et extraordinaire tenue à Cadix, ainsi que la Constitution qu'ils avaient décrétée et sanctionnée (2). » Malgré les liens de cet ancien engagement, le cabinet russe avait répondu (2 mai 1820) à la cour de Madrid, qui l'informait de la

---

(1) *Id.* p. 92 et 186.

(2) Traité de Weliki-Louki, art. 3. — Voyez le t. x de Schœll, p. 543.

révolution survenue dans la péninsule, « que l'avenir de l'Espagne se présentait de nouveau sous un aspect sombre et ténébreux, » et que « les institutions sorties du milieu des troubles n'enfantaient que le chaos. » Il ajoutait que « les mesures par lesquelles l'Espagne s'efforcerait ultérieurement de détruire l'impression produite en Europe par sa révolution décideraient de la nature des rapports que l'Empereur conserverait avec le gouvernement espagnol (1). » En même temps la cour de Saint-Pétersbourg proposait à ses alliés de déclarer unanimement au cabinet de Madrid, que « le salut de l'Espagne, ainsi que le bien de l'Europe, exigeaient que les Cortès réprouvassent hautement le moyen employé pour établir un nouveau mode de gouvernement dans leur patrie, et qu'en consolidant un régime sagement constitutionnel, ils portassent les lois les plus rigoureuses contre la sédition et la révolte : qu'alors, et seulement alors, les cabinets alliés pourraient maintenir avec l'Espagne des relations d'amitié et de confiance (2). »

La Prusse, et particulièrement l'Autriche, désapprouvèrent une note si sévère. La France,

___

(1) Note du ministère impérial de Russie au ministre résidant d'Espagne. — Annuaire de Lesur, pour 1820, p. 662.

(2) Circulaire adressée à tous les ministres de Russie, près des cours étrangères : *ibid.*, p.663.

avec tous les ménagemens dus à la susceptibilité de son auguste allié, exprima le même sentiment. Cependant elle annonça l'intention d'envoyer à Madrid, M. de Latour du Pin, pour y intervenir entre la royauté et la révolution, et pour demander que la Charte espagnole fût modifiée, à ce point de mieux ressembler aux Constitutions de France et d'Angleterre (1). Quant à cette dernière puissance, elle combattit avec force les deux propositions de la Russie et de la France. Évitons, disait-elle, de provoquer la jalousie espagnole par une réunion ostensible de souverains. C'est le trait particulier de son caractère de ne pouvoir souffrir l'ingérence d'autrui dans ses affaires. Une intervention étrangère ferait courir au roi un danger imminent. La mission projetée de M. de Latour du Pin a déjà répandu l'alarme dans Madrid. Ainsi toute idée d'influence sur les conseils de l'Espagne est impraticable. Il faut que nous nous bornions à exciter, par l'intermédiaire de nos légations respectives à Madrid, une crainte salutaire sur les conséquences qui pourraient résulter de toute violence faite à la personne ou à la famille du roi (2).

----

(1) Essai sur la révolution d'Espagne, par M. de Martignac, p. 219.

(2) Note confidentielle du vicomte Castlereagh. — Annuaire de Lesur, pour 1822, p. 681.

La grande raison qui portait l'Autriche à se montrer si généreuse à l'égard de la révolution espagnole, était la peur qu'elle avait que la France fût chargée de la réprimer : elle pressentait que cette circonstance rendrait quelque ascendant au cabinet des Tuileries dans l'alliance des rois.

Cependant, Ferdinand VII s'occupait à mettre en vigueur cette constitution de 1812 qu'il avait jurée (1). Elle disait que la souveraineté réside essentiellement dans la nation (2) ; que la seule religion du pays est et sera à jamais la religion catholique (3) ; que les Cortès sont la réunion de tous les députés élus par des assemblées de province, composées d'électeurs nommés par des assemblées d'arrondissement, composées elles-mêmes d'électeurs, nommés enfin par des assemblées universelles de chaque paroisse (4) ; que, pour coopérer aux élections universelles d'une assemblée paroissiale, il suffit d'être citoyen et domicilié sur le territoire de cette paroisse ; que, pour être nommé *électeur de paroisse,* c'est-à-dire électeur qui ira voter dans le collége d'arrondissement, il suffit d'ajou-

----

(1) Cette constitution se trouve textuellement dans *l'Annuaire de Lesur, pour* 1820 , p. 622.

(2) Art. 3.

(3) Art. 12.

(4) Art. 35 , 41 , 59.

ter à ces deux conditions celle d'avoir vingt-cinq ans ; qu'il n'en faut pas plus pour être nommé électeur d'arrondissement , c'est-à-dire électeur qui ira voter au collége de province ; mais que, pour être élu député aux Cortès, il faut, en outre des trois mêmes conditions, jouir d'un revenu annuel et suffisant , provenant de biens propres (1) ; que chaque population de soixante-dix mille âmes fournira un Député aux Cortès (2) ; que les Députés assemblés chaque année tiendront une session de trois mois, et seront renouvelés en totalité tous les deux ans (3) ; qu'ils votent les impôts et proposent seuls les lois (4) ; que le roi, chargé du pouvoir exécutif, les sanctionne; que s'il a refusé sa sanction deux années de suite à un même projet, et que les Cortès le lui soumettent une troisième fois , sa sanction alors deviendra obligatoire (5).

Telle devait briller , en 1812, aux yeux du peuple espagnol, une Constitution méditée pour servir d'appât à l'énergie du patriotisme. La liberté qu'elle promettait rendit plus insupportable la servitude de l'étranger ; et leurs campagnes se

____

(1) Art. 45 , 85, 91 , 92.
(2) Art. 31.
(3) Art. 104 , 106 , 108.
(4) Art. 142.
(5) Art. 147, , 148 , 149.

sont blanchies des ossemens de notre armée. Mais cette Constitution jalouse, qui n'accorde pas même au souverain le rejet absolu des lois, lui enviera, en 1820, le pouvoir de se faire respecter, d'autant qu'elle lui a été imposée par ses soldats; et la liberté populaire se perdra, parce qu'elle n'a pas cédé assez à la force de l'autorité monarchique.

Le nouveau gouvernement établi en Espagne, songeait à ses possessions d'outre-mer. Au lieu de prétendre à les réduire, il espère les gagner; et à la place d'une armée, il leur envoie un manifeste. L'inexorable Morillo, à qui cette proclamation ôte les armes des mains, après être demeuré plusieurs jours enseveli dans un muet et sombre ennui, se décide à faire, au nom du gouvernement espagnol, les avances d'une réconciliation (17 juin 1820). Mais cette nouvelle république, enfantée dans le long travail des victoires de Bolivar, ne se ravira pas à elle-même, par un traité, l'indépendance souveraine. « Il n'y aura de paix possible, a répondu Fernando Penalve, président du Congrès, que celle qui aurait pour fondement l'existence même de la Colombie (1). » — « Ce serait faire violence aux lois de la nature, proclame Boli-

____

(1) Voyez cette réponse dans l'hist. de Bolivar, par le général Ducoudray, t. II, p. 195.

var, que d'assujettir à la même Constitution deux pays si éloignés, qui ne peuvent se réunir qu'en traversant l'Océan (1). » Morillo, réjoui que le sang ne s'arrête point long-temps de couler, rouvre les hostilités, après une trêve d'un mois.

Ferdinand VII compose son nouveau ministère : le rajeunissement de la Constitution y fait entrer quelques membres des anciens Cortès, dont elle est l'ouvrage. Pérez de Castro occupe le ministère des affaires étrangères; Garcia Herréros, celui de grâce et justice; Canga Arguellès, de l'intérieur; le marquis de Las Amarillas, de la guerre; D. Juan Jabat, de la marine; et D. Antonio Porcel, le département d'outre-mer. L'époque solennelle des élections est arrivée. L'assemblée va se former, qui doit « ranimer une nation à l'agonie, remplir un trésor épuisé, relever une marine anéantie, s'occuper de l'artisan oisif dans son atelier, du guerrier qui, à la honte de ses concitoyens, montre en tendant la main, les blessures qu'il a reçues pour eux; du laboureur qui, faute des moyens de communications nécessaires, périt de faim au milieu d'une récolte abondante (2). » Les élections s'opèrent tranquille-

____

(1) *Id.* p. 211.
(2) Manifeste de la Junte suprême. — Annuaire de Lesur, pour 1820, p. 421.

ment. Quiroga est nommé député. C'est dans le clergé, le barreau et l'armée que les choix sont attirés, et qu'ils se reposent. Pas un seul grand d'Espagne n'a été élu. La majorité, de qui dépend les destinées de la couronne, compte pour ses chefs : Martinez de la Rosa, à la bouche dorée et au caractère poli par les arts; Calatrava, esprit ouvert par la nature et ses études aux choses du gouvernement, et Toreno, politique savant, qui se ménage et met dans la conduite de ses intérêts la prudence habile qu'il recommande aux chefs de l'État (1). Romero Alpuente et Moreno sont à la tête du parti violent qui penchera aux extrêmes, mais qui n'occupe encore que peu de place dans l'assemblée. Don Juan Espiga, archevêque de Séville, obtient l'honneur de présider. Bientôt la tolérance retirée à la Compagnie de Jésus, le tribunal de l'Inquisition aboli, le supplice de la potence supprimé, la liberté de la presse promulguée, annoncent les effets du règne de la Constitution. Les Cortès travaillent, dans leur première session, à couper dans la racine les plus sensibles abus. La cognée leur fraie un passage dans cette épaisse et antique forêt. Ils ne permettent plus qu'à l'avenir les propriétés foncières aillent se concentrer et languir dans les

---

(1) Essai hist. sur la révol. d'Espagne, par Martignac, p. 226.

mains d'un petit nombre de familles. Remarquant que la plupart des terres de l'Espagne demeurent stériles en tant qu'elles sont tenues en majorats, ils rendent la liberté au sol lui-même. De ce jour, la terre et le possesseur actuel ne tiendront plus invariablement l'un à l'autre, et toute substitution sera interdite (20 août 1820).

Le prince régent d'Angleterre, devenu roi, fait présenter à la Chambre des Lords (5 juillet 1820) un bill d'accusation contre la princesse de Galles, son épouse, qui, au bruit de l'avénement de Georges IV, a mis fin à sa vie errante, et est revenue réclamer la jouissance des prérogatives de la majesté souveraine. Ce bill propose aux Pairs de la Grande-Bretagne de déclarer que « Caroline-Amélie a entretenu un commerce adultère avec Barthélemy Bergami, étranger de basse destinée, dont elle fit son amant; et que s'étant rendue par-là indigne du rang de reine-épouse, elle sera dépouillée de ce titre, ainsi que de tous les droits et priviléges qui y appartiennent, et de plus, que le mariage entre le roi et ladite Caroline-Amélie, sera dissous pour toujours et mis au néant (1). » La cause entre les augustes époux devient un procès entre les partis. L'op-

____

(1) Annual register for 1820.

position ne doute plus de l'innocence de la reine, depuis que le roi l'accuse. Le peuple la protège comme la plus faible : MM. Brougham et Denman la défendront.

La révolution d'Espagne était un tremblement de terre, dont la secousse se fit sentir jusqu'aux Deux-Siciles. La secte des Carbonari y était forte, nombreuse, prête à agir. Nourrie d'abord et échauffée par les Bourbons de Naples contre la domination de Napoléon, elle avait subsisté et grandi, et elle réclamait aujourd'hui de cette famille restaurée la liberté, au nom de laquelle on lui avait autrefois demandé son sang (1). Ainsi avait fait le parti national qui nous avait arraché jadis, en Espagne, les fruits de toutes nos victoires. Ainsi voulait faire la jeunesse d'Allemagne, qui, prêtant l'oreille, en 1813, aux prières de ses rois, se précipita à l'encontre de nos foudres tonnantes par où la mort ou la servitude avaient accoutumé de sortir : joint que l'exemple de Riego et de Quiroga, devait remuer au cœur de plus d'un officier napolitain la jalousie de les imiter. La fortune et les hommes, tout se reproduisit. Un matin, le lieutenant Morelli proclame à Nola la liberté napolitaine (2 juillet 1820). Dieu! le Roi et la Constitution! Ces cris sont répé-

____

(1) The Edinburgh Review-March, 1821, n° LXIX, p. 79.

tés par cent trente hommes du régiment de Royal-
Bourbon, dont il dispose, et retentissent jusque
dans Avellino, « portés par ce souffle divin qui
devait opérer de si grandes choses (1). » Morelli,
c'était le Riego. Le Quiroga ne tardera pas à se
rencontrer. Un lieutenant-colonel, chef d'état-
major à Avellino, se déclare donc pour le mouvement, ouvre à Morelli les portes de cette ville,
et convertit la garnison composée de trois cents
hommes à la cause nationale. Cet officier, nommé
de Concilii, est proclamé commandant en chef.
Morelli lui jure obéissance, et le salue du nom du
Quiroga napolitain (2). Le drapeau national, où
les trois couleurs, le bleu, le rouge et le noir se rejoignent pour enflammer les yeux, a déjà attiré à
soi douze cents hommes armés et pleins de mer-
veilleuses espérances. Le télégraphe, mis en activité par les ordres du commandant, annonce partout la résurrection de la liberté qui se féconde
bientôt elle-même. Les Carbonari, dont le nombre
s'élevait dans le royaume à six cent quarante-deux
mille (3), s'agitent sur chaque point du territoire :
la révolution est devenue en trois jours une mer

---

(1) *Cinq jours de l'hist. de Naples*, par *le général Colletta ;*
brochure traduite de l'italien ; 1820, p. 6.
(2) *Id.*, p. 13.
(3) *Id.*, p. 3.

furieuse, et la capitale ressemble à une île prête à être submergée.

Le gouvernement avait envoyé contre les insurgés le général Carrascosa avec toutes les forces disponibles, et les pouvoirs nécessaires pour combattre ou traiter. En même temps il avait donné au général Campana, qui se trouvait à Salerne, l'ordre de se porter sur Avellino par la route de Solofra. Mais le quatrième jour, vingt mille Carbonari étaient soulevés. Foggla, Molise, Salerne à peine vide de troupes royalistes, Basilicata, avaient successivement arboré le bleu, le rouge et le noir sur leurs murailles. Le lieutenant général Guillaume Pepe, objet des soupçons du gouvernement et des recherches de la police, s'était enfui de Naples (1), et, arrivé au camp des insurgés, leur avait donné dans sa personne plus que n'avaient fait toutes les villes insurgées ensemble, savoir, un chef de quelque importance. Le roi des Deux-Siciles, abandonné de ses troupes, pressé par le danger, imite Ferdinand VII (6 juillet 1820), et promet de publier les bases d'une Constitution dans l'espace de huit jours. La répétition des événemens d'Espagne se poursuit, soit par une bizarrerie de la fortune,

____

(1) Sketch of the late revolution at Naples. By an Eye-Witness, London, 1820, p. 12-14.

soit par un effet singulier de l'autorité de l'exemple sur les hommes. Les insurgés napolitains protestent contre l'édit du roi, et exigent que le soleil ne se couche pas, avant que la Constitution n'ait été publiée (1). Et quelle constitution? Ils la désignent : celle qui fut promulguée par les Cortès d'Espagne en 1812. On négocie avec eux jusqu'au jour suivant, où paraît un rescrit du roi (2) annonçant que, déterminé par la fragilité de sa santé à déposer le fardeau du gouvernement, il remet ce poids aux mains de son fils François, duc de Calabre, qu'il nomme lieutenant général dans le royaume des Deux-Siciles. Puis le nouveau chef décrète (7 juillet 1820) « que la Constitution du royaume des Deux-Siciles sera la même que celle qui a été adoptée pour le royaume des Espagnes en 1812, sauf les modifications que la représentation nationale, constitutionnellement convoquée, jugera convenable de proposer pour l'adapter aux États de S. M. (3). » Cela fait, le général Pepe, à la tête de l'armée constitutionnelle, fait son entrée dans la capitale conquise à la liberté. Le roi et son

---

(1) Proclamation du roi. — Précis historique sur les dernières révolutions des royaumes de Naples et de Piémont , par M. le comte V***. Paris , 1821 , p. 165.

(2) Acte de cession du roi au duc de Calabre. — Précis hist. déjà cité, p. 167.

(3) Proclamation du duc de Calabre ; *id.*, p. 168.

fils jurent la Constitution devant une Junte provisoire nommée tout à l'heure, et la convocation du Parlement est ordonnée pour le 1er octobre.

La Sicile était à peu près, vis-à-vis de Naples, dans la situation d'une colonie. Nous verrons que la Constitution des Cortès, proposée aux Américains du Sud, leur parut moins douce que l'indépendance entière; de même en sera-t-il des Siciliens qui aspirent à se gouverner, et ne verront plus la liberté pour eux-mêmes dans celle que renferment des lois qu'on leur donne. Les couleurs de l'indépendance sicilienne circulent, attachées aux chapeaux, dans les rues de Palerme, le lendemain du jour où la Constitution des Cortès y a été proclamée. Le général Church, Anglais attaché au service de Naples, cause une révolution (15 juillet 1820), en arrachant l'aigle et le ruban jaune du front d'un citoyen. Il n'a eu que le temps de dérober sa tête aux ressentimens populaires, par un embarquement précipité. Le tocsin a sonné; la foule a pris les armes, enfoncé les prisons, délivré les forçats, pillé l'Arsenal, égorgé la garnison, livré aux flammes les palais et hôtels du gouvernement (1). Le lieutenant-général Nazelli, gouverneur de Palerme, recon-

----

(1) Précis historique déjà cité, p. 10.—Révol. de Sicile, en 1820, par C. Famin; 1832, p. 28, etc.

naît qu'il « n'a plus rien à faire (1), » et part, laissant l'autorité aux mains d'une Junte provisoire, qu'il a consenti à nommer, et à laquelle « il souhaite d'être plus heureuse que lui (2). » La famine se rend maîtresse de l'anarchie, et la populace aux abois se couche devant les portes auxquelles sa rage a cloué les corps des soldats du roi. La Junte veille aux approvisionnemens, et « appelle chaque district du royaume de Sicile à envoyer dans son sein un représentant, » jusqu'à ce que le gouvernement représentatif puisse être mis en vigueur (3). Mais déjà quelques provinces refusaient de convenir avec Palerme, et voulaient pour elles-mêmes un gouvernement particulier; de sorte que la capitale de la Sicile se trouvait, à l'égard de ces villes, dans la même situation que Naples, par rapport à Palerme. Puis Palerme veut ramener par la force ces provinces dans sa dépendance, au même temps que le gouvernement napolitain envoie une escadre pour la soumettre elle-même. Ses habitans ont déjà pris d'assaut et réduit en cendres la ville de Caltanisette, qui rejetait toute union avec eux; mais le

---

(1) Lettre du lieutenant-général Naselli à la Junte de Palerme. — Précis historique, p. 12.

(2) *Idem*.

(3) Circulaire de la Junte aux municipalités de Sicile; *id.* p. 172.

général Florestan Pepe (1) a débarqué avec les forces de l'escadre, et il les tient assiégés à leur tour. La terreur d'un bombardement adoucit l'orgueil des Palermitains : ils capitulent, et reconnaissent l'autorité du gouvernement des Deux-Siciles (5 septembre 1820).

Mais voici dans un autre pays de l'Europe, un troisième Quiroga. Le colonel d'un régiment portugais, Bernardo Sépulvéda, a tracé avec la pointe de son épée, dans l'espace d'une nuit, une seconde image de la révolution espagnole (24 août 1820). Il a lu la Constitution des Cortès aux soldats dans l'enceinte d'une caserne d'O-porto, et, dès le point du jour, une salve d'ar-tillerie, à l'embouchure du Douro, a proclamé dans cette ville le réveil de la liberté. Toutes les autorités, militaires, ecclésiastiques, judiciaires et administratives d'Oporto se rendent sur la place publique; une Junte de gouvernement est élue; puis, chacun retourne à ses devoirs; le peuple continue ses travaux, et la révolution est faite (2). Les chefs du mouvement annoncent, par un ma-nifeste, que « la loi fondamentale régnera au nom

----

(1) Il ne faut pas confondre ce général avec Guillaume Pepe, mentionné plus haut.

(2) *Courrier Anglais* ; 11 sept. 1820. — *Moniteur*, t. 11, 1820, p. 1267.

de leur auguste souverain, don Jean VI, » et que
la sainte religion de la nation protégée par l'armée, protégera leur cause (1)! La Junte provisoire invite officiellement tous les habitans du
royaume à se donner une Constitution « que leur
souverain bien-aimé n'a omis de leur donner, que
parce qu'il ignorait leurs désirs (2). » Les corps
militaires en garnison, du Minho jusqu'à Leyria,
adhèrent à l'entreprise de l'armée constitutionnelle, qui représente à leurs yeux la patrie agissante. Déjà la troupe insurgée s'élève à vingt
mille hommes : il est temps de marcher sur Lisbonne. La Régence, mise en possession des rênes
de l'État depuis que le souverain a transféré sur
une plage de l'Océan atlantique le siége de son
gouvernement, promet une amnistie au repentir,
et fait partir des troupes à l'encontre de la ré-
bellion. Mais rapprocher une armée du parti
constitutionnel, c'est la lui donner. La Régence
se détermine à convoquer les Cortès, selon la
teneur des vieilles coutumes du royaume. Cette
déclaration n'atteste que sa faiblesse. Les troupes
cantonnées à Lisbonne se révoltent, et en pous-
sant un seul cri, achèvent de mettre la régence à

---

(1) On trouve ce manifeste dans les deux numéros du *Courrier*
et du *Moniteur* déjà cités.

(2) *Courrier Anglais*, du 11 sept. 1820. — *Moniteur* déjà cité
p. 178.

bas. Un vieillard, sorte de tribun populaire, nommé le *Juis o Povo* (juge du peuple), long-temps délaissé par la couronne, est traîné, dans sa chaise, sur la place, et, bien que chargé d'années et d'oubli, il devient roi pendant une heure. C'est lui qui nomme le gouvernement pro-visoire (1). Enfin, l'armée constitutionnelle fait son entrée dans Lisbonne (1ᵉʳ octobre 1820); et la Charte des Cortès a triomphé pour la troi-sième fois.

Une conjuration militaire, visant à faire as-seoir le fils de Buonaparte sur les ruines du trône de Louis XVIII, est découverte, dans Paris (20 août 1820) (2). La nouvelle de la mort du roi aurait été semée, au milieu de la nuit, dans les casernes. Les conjurés eussent fait prisonniers les officiers généraux, et tenté un coup de main sur les Tuileries. La Chambre des Pairs, cette haute cour de justice, est saisie de l'affaire et prononcera sur la destinée des militaires arrêtés.

La duchesse de Berry met au monde un prince (29 septembre 1820), que les royalistes, pleins d'une joie religieuse, nomment l'enfant du mi-racle.

Le cabinet russe avait refusé de recevoir le

____

(1) *Gazette officielle portugaise, du 15 sept. 1820.*
(2) *Moniteur de 1820, t. 11; 20 août.*

prince Cimitile, que le gouvernement constitutionnel des Deux-Siciles désirait accréditer à
Saint-Pétersbourg (1). Mais l'Autriche, inquié-
tée par la révolution de Naples, ne s'était
pas bornée à des paroles. L'article secret du
traité conclu par elle, en 1815, avec le roi
des Deux-Siciles, portait : « Que ce souverain,
en reprenant le gouvernement de son royaume,
n'y introduirait pas de changemens qui ne
pussent se concilier, soit avec les anciennes
institutions monarchiques, soit avec les principes
adoptés par sa majesté l'Empereur d'Autriche, dans le régime intérieur de ses provinces
d'Italie (2). » La cour de Vienne n'était pas d'humeur à mettre cette clause en oubli. Une armée
d'*observation*, portée à soixante mille hommes,
sous les ordres du général Frimont, est réunie
dans sa Lombardie. Cette puissance qui avait
combattu toute idée d'intervention en Espagne,
changeait de maximes depuis que le feu était à
ses portes. Elle avait suspendu toute communication diplomatique avec le gouvernement constitutionnel de Naples, et engagé les grandes

---

(1) Précis historique déjà cité. — Pièces justificatives, p. 182. —
Annuaire de Lesur, pour 1820, p. 671.

(2) Voyez l'art. secret de ce traité, dans le Précis historique sur
les révol. de Naples et de Piémont, déjà cité p. 22 ; et dans l'Annuaire de Lesur, pour 1820, p. 681.

puissances à se concerter par rapport à une politique commune. L'Autriche aurait voulu qu'elles prissent l'engagement de déclarer publiquement qu'elles regardaient le royaume de Naples comme placé en état de révolte contre son souverain légitime. Mais prendre d'avance et à l'aveugle toute la responsabilité de ce que l'Autriche jugerait à propos d'entreprendre, c'est ce que l'Angleterre et la France n'étaient pas disposées à faire. Se concerter avec elle, volontiers; mais se lier, par écrit, à soutenir un plan que l'Autriche n'indiquait pas, et que les événemens pouvaient modifier, c'était chose impossible. L'exemple de l'Angleterre nous fit du bien en cette occasion; c'est ce cabinet dont la leçon nous détourna de signer une déclaration commune contre la Charte napolitaine : et le gouvernement français apprit, dans cette école, à sentir des scrupules constitutionnels.

Cependant il s'élevait dans le cœur de Louis XVIII, fraîchement émancipé, une secrète envie de prendre place avec les souverains dans une réunion solennelle. Aussi ce fut lui qui mit le premier en avant l'idée d'un nouveau Congrès. L'Empereur de Russie entra dans cette pensée qui se réalisa malgré les répugnances de l'Angleterre.

Des conférences préliminaires s'ouvrirent à Troppau, où les trois monarques du Nord décidèrent (13 octobre 1820), qu'avant de rien en-

treprendre contre la Constitution napolitaine,
ils inviteraient le roi des Deux-Siciles, lui-même,
à se rendre à Laybach, siége d'un nouveau Congrès. Les seules mesures auxquelles l'Angleterre
et la France voulurent s'associer à Troppau furent celles qui concernaient la sûreté du roi de
Naples et de sa famille. Mais elles se concertèrent
pour qu'il fût bien entendu que l'Autriche agirait
sous sa propre responsabilité et dans un esprit de
désintéressement absolu.

Pendant ce temps-là, le roi de Naples prêtait,
pour la seconde fois, un serment solennel à la
constitution, à la face du parlement assemblé ;
et ses ministres envoyaient à toutes les cours de
l'Europe une apologie de la révolution napolitaine (1), rappelant que « le roi, libre dans son
palais, au milieu de son conseil composé de ses
anciens ministres, avait pris la détermination de
satisfaire le vœu général de ses peuples ; » qu'il
ne convenait guère au cabinet de Vienne de mettre en problème, dans ce siècle, « si la solidité
des trônes était mieux garantie par le régime arbitraire que par le système constitutionnel ; »
soutenant que le roi de Naples, « en se confor

---

(1) Note du ministère des affaires étrangères de Naples, envoyée
au nom de S. M. le roi des Deux-Siciles, à toutes les cours de
l'Europe. — Annuaire de Lesur, pour 1820, p. 678.

mant au sens de l'article secret de la convention avec l'Autriche, lors de la restauration du gouvernement napolitain, avait rempli ses engagemens à cet égard, et que le cabinet de Vienne ne pouvait plus se prévaloir d'une stipulation une fois accomplie : enfin, représentant « le roi et la nation entière, résolus à défendre jusqu'à la dernière extrémité, l'indépendance du royaume et la constitution, et préparés à s'ensevelir sous les ruines de la patrie. »

Retournons en Espagne. Le gouvernement avait à s'y garer à la fois contre les excès de l'amour et de la haine qu'inspirait la révolution. L'adjudant Riégo, promu au grade de maréchal de camp, avait demandé et obtenu le maintien, dans l'île de Léon, de l'armée constitutionnelle : chef de cette armée, il s'assurait une royauté sans nom. La pierre élevée sur les plans de quelques villes de la Galice et de l'Aragon, en l'honneur de la Constitution, était tombée, au moment de la convocation des Cortès, sous les coups des royalistes. Les clubs formés à Madrid avaient tonné contre la cour, et invoqué, dans leurs soupçons, l'appui de l'armée qui, sous les ordres de Riégo, tout immobile qu'elle était dans son camp, semblait veiller et agir partout (1). Le

____

(1) Essai sur la révol. d'Espagne, par M. de Martignac, p. 236.

roi, sur les conseils du marquis de Las Amarillas, l'un de ses ministres, prononce la dissolution de l'armée constitutionnelle. Riégo, qu'on veut apaiser en le nommant gouverneur général de la Galice, se rend dans la capitale; et, reçu en triomphe par son parti (3 septembre 1820), va entonner au théâtre de Madrid la *Tragala perro,* chant grossier et démagogique, dont le ministère étouffe, par la force, les derniers sons. Quiroga, lui-même, prend parti pour la couronne : Riégo, destitué de son commandement de la Galice, part pour l'exil (1). Le club Loranzini, où les démocrates tenaient conseil, est fermé. Au moment où le roi venait de dissoudre l'armée de l'île de Léon, il sanctionnait un décret pour la recomposer : conduite approuvée par la saine politique qui agit toujours des deux mains ; à l'effet de corriger avec l'une le coup trop fort qu'a porté l'autre. Chaque soldat avait obtenu son congé, quelques arpens de terre et une pension (10 septembre 1820). Ces mesures, adroitement combinées, faisaient rentrer les révolutionnaires de 1820 entre les bornes de la Constitution de 1812.

La politique, heureusement employée envers

---

(1) *Id.* p. 241 et suiv.

les démocrates, aurait dû être aussi pratiquée pour les absolutistes. On n'avait laissé aux premiers aucune raison majeure de se plaindre, ce qui semblait avoir prospéré contre eux. Ainsi la sagesse et l'expérience commandaient-elles d'en user avec les seconds. En effet, dompter un parti à l'aide de la justice, c'est lui imposer une loi plus puissante que la force même du vainqueur. Les Cortès oublièrent cette vérité, à l'endroit des ménagemens qu'ils devaient au clergé. Tandis qu'il était d'un sage conseil de faire tomber peu à peu, avec des moyens concertés de longue main, cet excès injuste et funeste de l'autorité de cet ordre; l'assemblée décréta, tout d'abord, la suppression des ordres religieux et la mise en vente de leurs biens, sans autre indemnité qu'une pension pour les religieux qui se sécculariseraient. Cette faute rendit au clergé le droit de la plainte, indisposa le roi, blessa les cœurs où régnait le respect des choses ecclésiastiques : elle perdra la liberté.

L'île de Saint-Domingue était divisée en deux gouvernemens, placés l'un, au Port-au-Prince, entre les mains de Boyer, successeur de Pethion; et l'autre, au Cap, dans celles de Christophe. Boyer se contentait de présider à une république; Christophe, plus ambitieux, tranchait du roi. Boyer faisait aimer ses lois par son équité;

Christophe se croyait plus puissant, à mesure qu'il se voyait plus craint. Chacun d'eux aspirait à devenir souverain unique de l'île entière. Boyer avait pris la meilleure voie; car les idées de justice ne fuient pas la raison des Nègres, tout bornée que certains la représentent. Aussi, advint-il à Saint-Domingue ce qui fût arrivé ailleurs : toutes choses s'y mirent à leur place. Une révolte éclata dans les États de Christophe. La garnison de Saint-Marc envoya vers le président Boyer, une députation d'officiers chargée de lui offrir, dans un sac de crin, la tête du gouverneur de la ville, comme un tribut de leur fidélité. Richard, l'un des généraux de Christophe, proclama, dans la ville du Cap, l'abolition de la royauté (6 octobre 1820). Christophe, malade au fond de l'un de ses palais, se tira un coup de feu dans le cœur. Le peuple ravi insulta, durant plusieurs jours, à ses restes jetés sur la grande route. Les généraux proclamèrent que l'île d'Haïti ne connaissait plus désormais qu'une seule loi et un seul gouvernement (26 octobre 1820). Boyer reçu avec enthousiasme, dans la ville du Cap, où il trouva une somme de 240 millions amassés par Christophe, fut reconnu président de la république haïtienne; mais comme il maintint le siége de son gouvernement au Port-au-Prince, il laissa, en habile politique, sa propre armée sur l'ancien territoire de Christophe, et emmena au siége de l'empire les troupes qui avaient servi son rival.

Morillo se lasse enfin, en Amérique, d'une guerre où le succès ne lui promet plus la même faveur près de la cour de Madrid : jaloux de retourner dans sa patrie, il conclut un nouvel armistice de six mois avec Bolivar (26 novembre 1820), qui l'accepte comme un loisir pour réparer ses pertes, apaiser les discordes intestines, et rallier à la cause de l'indépendance la population des Créoles. Morillo, après avoir bu dans la coupe de Bolivar, pose avec lui la première pierre d'un monument à élever à la réconciliation, et s'embarque laissant le commandement de l'armée au général La Torre (1).

Le procès intenté contre la reine d'Angleterre était devenu la grande affaire de ce pays. Le procureur général avait résumé tous les faits à la charge de Caroline-Amélie, la suivant dans ses longs voyages, de contrée en contrée, de ville en ville, essayant de marquer tous les progrès de ses amours adultères; tantôt la représentant à demi nue dans une fête napolitaine, sous un costume où la rareté des voiles indiquait l'absence de la pudeur; tantôt la montrant enfermée jour et nuit

____

(1) Hist. de la Colombie, par Lallement, p. 267.

avec Bergami dans une tente dressée sur le pont d'un vaisseau qui faisait voile de Jérusalem pour Jaffa ; et faisant comparaître enfin, comme témoins de l'abandon de son respect pour la double majesté de son rang et de la vertu, un grand nombre de personnages venus de toutes les nations qu'elle avait visitées (1). A peine l'avocat général avait-il épuisé ses foudres, que le comte Liverpool annonça au nom du ministère, que le bill d'accusation avait plutôt pour but de sauver l'honneur de la nation, que d'affranchir le roi de ses liens avec Caroline-Amélie ; et que, si des répugnances religieuses combattaient dans le Parlement la clause du divorce, le gouvernement était disposé à l'effacer du bill (2). Alors M. Brougham, premier défenseur de la reine, fit retentir sa parole puissante (3 octobre 1820) ; il montra la reine placée dans l'alternative « de mendier indignement la société de quelques Anglais, au risque d'un refus, ou de s'exiler et de vivre avec des étrangers. » Il représenta l'impossibilité pour ses prétendus amours de s'être trahis en plein jour, en public, devant des valets, des courriers, des matelots. » Il insinua que le meilleur pays pour fournir de faux témoins était sans

---

(1) Annual register for 1820, p. 193.
(2) Annual register for 1820, p. 205.

doute « celui d'Auguste et de Borgia, où la perfidie avait son tarif; et que des étrangers ne devaient avoir aucun souci de l'opinion bonne ou mauvaise du tribunal, devant lequel on les appelait de si loin. » Il fit mentir les dépositions les unes par les autres, et ajouta que « si le roi avait voulu que le nom de la reine ne retentît plus dans les oraisons publiques de l'Eglise, elle n'en avait pas besoin, parce que les prières de tout un peuple les remplaçaient auprès du trône de la miséricorde divine (1). »

M. Denman, second défenseur de la reine, arme l'histoire contre Georges IV : il s'écrie qu'Octavie devint aussi l'objet des dégoûts de Néron, dès le premier jour de ses noces, et que, répudiée sous un prétexte frivole, elle vit une maîtresse reçue en sa place; que des témoins subornés par le tyran l'accusèrent d'une tendresse licencieuse pour un esclave; et qu'enfin, bannie dans une île de la Méditerranée, la seule pitié qu'on lui témoigna fut de terminer ses souffrances par le poison ou par un coup de poignard (2).

Le docteur Lushington, troisième défenseur de la reine, demande si les annales des accusations offrent un seul exemple d'une personne

---

(1) *Id*. p. 226.
(2) Annual register for 1820, p. 284.

âgée de cinquante ans, contre laquelle ait été dirigée une pareille accusation; et si une seule voix osera dire qu'un roi, dont le caprice a brisé pendant vingt-quatre ans le lien qui l'unissait à son épouse, soit fondé à réclamer un divorce établi sur l'oubli de ces devoirs qu'il a lui-même foulés aux pieds (1).

L'archevêque de Twam, déclare en effet « que l'église anglaise ne pouvait approuver le divorce lorsqu'une des parties avait provoqué une séparation volontaire, et violé le précepte des saintes Écritures, qui défend à un époux de chasser de sa maison son épouse (2). »

L'opposition présageant que l'adjonction de la clause du divorce nuirait au bill d'accusation près des consciences religieuses, vota avec les plus implacables ennemis de la reine, pour le maintien de cette clause; de sorte que le ministère, qui avait offert en vain de la supprimer, désespéra pour le moment du succès définitif, et se vit forcé d'ajourner à six mois la troisième lecture du bill (10 novembre 1820). Le peuple en pousse au ciel des cris de joie, tandis que le roi s'indigne d'un délai qui retarde l'opprobre de son lit.

C'est au Congrès de Troppau que l'alliance des

---

(1) *Id.* p. 301.
(2) Courrier Anglais du 8 novembre 1820.

grandes puissances du Nord érigent décidément
en principe l'intervention armée dans les affaires intérieures des États. Voyons les degrés
successifs par lesquels la politique des monarchies du Nord s'est élevée jusqu'à cette nouvelle
loi des nations. Le traité de Chaumont organise,
le 1er mars 1814, la poursuite vigoureuse d'une
guerre entreprise dans le but de mettre fin aux
malheurs de l'Europe (1), et se donne pour but
de maintenir, pendant vingt années, l'équilibre en Europe ainsi que le repos et l'indépendance des puissances (2). La déclaration ton-
nante du 13 mars 1815, contre Napoléon, qui
avait escaladé la souveraineté, promet à la paix
générale une garantie contre « tout attentat qui
menacerait de replonger les peuples dans les
désordres et les calamités des révolutions (3). »
Le traité conclu douze jours après (25 mars
1815), confirme l'art. 16 du traité de Chaumont
« dans toute sa force et vigueur, aussitôt que le but
actuel aura été atteint (4). » Jusque-là, rien que
Napoléon et la France en butte aux menaces

---

(1) Premier paragraphe du traité. — Collection de Martens;
Supplément, t. v, p. 683. — Voyez la page 20 de cet ouvrage.

(2) Art. 16.

(3) Cinquième paragraphe, *id.* — Supplément, t. vi, p. 3. —
Voyez la page 90 de cet ouvrage.

(4) Art. 4, *id.*, p. 115.

des conventions; mais le but de l'Union va s'agrandir, tant qu'enfin il embrassera l'Europe. Une fois la puissance du géant mise à bas, et la terreur de son nom dissipée, l'alliance européenne dira qu'elle avait pour objet, dans le maintien de la paix générale, la répression de toutes les révolutions possibles. Ecoutons-la parler au Congrès d'Aix-la-Chapelle, au jour où l'ouvrage étant consommé, il lui était permis de briser ce frein que nous avions mouillé de sang et blanchi d'écume. Elle retient la bride en main : et il n'est ni peuple ni roi qui ne soit en danger pour toujours de voir son indépendance ou sa majesté assujetties. Les souverains déclarent donc à ladite assemblée d'Aix-la-Chapelle, qu'ils se réuniront à des époques fixes pour statuer en commun sur leurs propres intérêts, et même sur ceux des autres États de l'Europe qui réclameraient formellement leur intervention (1). Voyez-vous le nouveau droit de l'Europe peser sur l'univers? Il ne reste plus qu'à décider qu'on viendra éteindre le feu au logis, sans même y être appelé par les cris du maître.

Deux ans à peine écoulés, et ce dernier pas est franchi. Les trois monarques assemblés à Troppau établissent que « l'alliance affermie par

____

(1) Voyez la page 249.

les conventions de 1814, 1815 et 1818, de même qu'elle avait délivré le continent européen de la tyrannie militaire, devait être aussi capable de mettre un frein à une domination nouvelle, celle de la révolte et du crime, et que les puissances exercent un droit incontestable, en prenant en commun des mesures de sûreté contre des États dans lesquels le renversement du gouvernement avait pour suite une atteinte hostile contre toutes les constitutions et les gouvernemens légitimes. » Et en même temps, les trois couronnes, sans attendre aucune communication de la part du roi des Deux-Siciles, le somment de se rendre à la réunion assignée à Laybach. Cependant la Grande-Bretagne ne s'abandonnera pas dans cette occurrence solennelle. Elle voit, dit-elle, dans les pouvoirs extraordinaires que s'arrogent les trois cours, une suprématie incompatible avec les droits des autres États; et elle ignore comment les couronnes ont trouvé cette suprématie dans les traités existans. Elle ne croit pas que les cours alliées puissent même acquérir ces pouvoirs du consentement spécial desdits États, sans introduire en Europe un système de fédération oppressive. Elle maintient, il est vrai, à un État le droit d'intervenir lorsque sa sûreté immédiate ou ses intérêts essentiels seront sérieusement compromis par les transactions domestiques d'un autre État; mais elle regarde ce droit comme une très rare exception au principe général de non intervention dont elle a pris la défense en main; considérant que « des exceptions de cette nature ne peuvent jamais, sans le plus grand danger, être réduites en règles pour s'incorporer à la diplomatie accoutumée des États (1). » Il est fâcheux que lord Castlereagh, qui tenait ce beau langage, ne laissât pas que d'encourager, sous main, l'Autriche à agir contre les libertés napolitaines. Le cabinet français eut la pudeur de ne pas signer le symbole de la Sainte-Alliance. Mais épuisé de cet acte de courage, il n'avait plus d'haleine pour protester publiquement avec l'Angleterre; il s'était borné à contredire faiblement la doctrine du droit d'intervention par une note verbale qui, inconnue des peuples, ne lui faisait rien gagner dans l'opinion, et qui, communiquée aux trois cabinets du Nord, lui aliénait leur confiance. L'Empereur Alexandre vit avec étonnement et déplaisir notre inconséquence. Lord Castlereagh s'en frotte les mains, lui qui aura atteint trois buts à la fois : de sembler défendre le

---

(1) Circulaire adressée le 15 janvier 1821, aux ministres de S. M. Britannique, près les cours étrangères. — Annuaire de Lesur pour 1820, p. 689. — Voyez également, sur la circulaire émanée du Congrès de Troppau, les réflexions contenues dans le n° LXIX déjà cité de la revue d'Edimbourg, p. 83 et suiv.

principe de l'indépendance des peuples, de comprimer, de fait, les révolutions, et de relâcher nos liens avec la Russie.

Les Cortès assemblés en Espagne, continuent à mettre contre eux le clergé et la noblesse. Ils avaient déjà supprimé les majorats établis pour celle-ci, et confisqué les biens appartenant à celui-là. Maintenant, ils abolissent les dîmes ecclésiastiques et féodales. Puis ils réalisent un emprunt de 300 millions de réaux, ouvert par des banquiers français qui se sont enhardis au noble orgueil de soutenir en Europe l'esprit de liberté. Tous ces efforts allaient à faire face à la dette nationale estimée près de 4 milliards de francs. Cependant la session est close. Et voilà que le roi, oubliant qu'il a juré une Constitution, destitue, de son autorité privée, le capitaine-général de la province de Madrid, auquel il expédie un décret dépourvu du contre-seing d'un ministre. A cette nouvelle, la capitale s'agite, les clubs se rouvrent; la faute du roi se dénature et grossit en circulant; le souverain qui était hors de Madrid, dans son palais de l'Escurial, doit rentrer dans la capitale : des groupes furieux le menacent et l'outragent. Les ministres, qui soupçonnent sa bonne foi, ne protègent plus que mollement l'inviolabilité du palais et la dignité de la couronne. La digue opposée au parti exagéré de la révolution se brise. Une autre heure que celle de l'union entre le monarque et les constitutionnels a déjà sonné. Riégo est rappelé de l'exil et obtient le commandement général de l'Aragon. Le pouvoir retombe de tous côtés aux mains des violens. Une société secrète se forme sous le nom des *Communéros*, qui s'engage à juger, à condamner et à exécuter tout individu, sans excepter le roi, prévenu d'un abus d'autorité : des ministres s'affilient eux-mêmes à cette secte criminelle. L'anarchie regarde l'état des choses et se réjouit ; le monarque, prisonnier des lois, commence à rompre au fond de son âme le joug du serment.

Le roi des Deux-Siciles, prêt à se rendre au rendez-vous de Laybach, où l'appelaient les trois souverains du Nord, annonce au Parlement Napolitain (1er décembre 1820), que S. M. Louis XVIII s'offre comme médiateur entre Naples et les cours alliées, au prix de la Constitution modifiée et ramenée à une similitude avec les Chartes de la Grande-Bretagne et de la France (1). Le Parlement se borne à rappeler au roi le serment qu'il a prêté à la Constitution des Cortès. Ainsi la liberté périra, étouffée sous la folle intempé-

____

(1) Précis historique sur les révol. de Naples et de Piémont, par M. le comte D*** , p. 41. — Annuaire de Lesur, pour 1820, p. 615.

rance de ses auteurs. Quoi ! ce n'est pas assez aux Deux-Siciles de l'indépendance dont se rassasient deux peuples tels que le britannique et le français ! Ah ! qu'elles montrent combien elles sont loin de la liberté, en s'y précipitant ! L'Espagne aurait pu tout de même entrer dans la jouissance de la Charte française, si elle avait consenti à rabattre jusque-là ses emportemens. Nous lui en avions donné le conseil à l'oreille (1). L'Empereur de Russie n'aurait pas osé la troubler dans la possession des libertés que peut souffrir le régime d'une monarchie, et qui s'accordent avec une sage discipline des lois (2); mais l'Espagne aurait cru se dédire, que de changer sa Constitution victorieuse. Naples a suivi encore son exemple, et toutes deux tomberont, pour avoir embarrassé leurs pas de ce lambeau de papier où elles ont écrit une liberté au-dessus de celle qui se laisse posséder.

Les nouvelles élections s'accomplissent en France (3). La loi électorale, conçue dans une pensée royaliste, ne trahit point son origine; elle repeuple à force le côté droit, et rend un air de

---

(1) Essai sur la révol. d'Espagne, par M. de Martignac, p. 219.

(2) Circulaire adressée à tous les agens russes, au sujet des affaires d'Espagne; Annuaire de Lesur, pour 1820, p. 663.

(3) Voyez plus haut.

vigueur et de jeunesse au parti qui régnait dans la Chambre de 1815. Le duc de Richelieu veut fortifier l'opinion royaliste, seulement jusqu'à ce degré où elle appuiera le trône. Mais ne coupe pas qui veut les branches d'une faction, pour ne les laisser refleurir qu'à la hauteur où elles jeteront de l'ombre, sans empêcher la route. On ne discipline un parti qu'en s'en faisant le chef. Le loyal négociateur d'Aix-la-Chapelle demande les royalistes à ses côtés ; il ne marche pas à leur tête ; la force qu'il leur rend pour les opposer aux libéraux leur servira en effet à vaincre ses ennemis ; mais ils continueront à le laisser si loin derrière eux, qu'il les quittera pour ne pas les suivre. Déjà MM. de Villèle et de Corbière, nommés ministres sans portefeuille (21 décembre 1820), sont appelés à représenter leur parti dans le conseil.

Le roi des Deux-Siciles, une fois arrivé à Laybach (28 janvier 1821), instruit son fils, le duc de Calabre, à qui il a laissé dans les mains l'autorité souveraine, de l'imminence de la guerre, si la Constitution demeure (1). Cette lettre fait sur Naples l'effet de la première lueur qui, avant l'éruption, sort de son volcan. Bientôt

---

(1) Lettre du roi Ferdinand à S. A. R. le duc de Calabre. — Précis historique déjà cité, p. 70 ; Annuaire de Lesur pour 1820.

les envoyés de Russie, d'Autriche et de Prusse demandent une audience au prince régent, et lui annoncent, par l'ordre de leurs cours, la promesse donnée par son auguste père « de rétracter les changemens politiques opérés dans les Deux-Siciles, » ainsi que l'invariable détermination des souverains d'exiger « une garantie momentanée de la cessation d'un état de choses incompatible avec la sûreté des pays voisins et la tranquillité générale de l'Europe. » Alors, ils laissent échapper le grand mot : cette garantie serait « la présence temporaire d'une armée d'occupation, qui, placée sous les ordres du roi, n'entrerait dans ses États qu'au nom des puissances, et n'imposerait au royaume aucune contribution de guerre, si une désapprobation spontanée des événemens des 2 et 6 juillet sauvait la nécessité de recourir à la force (1). » Les ministres des trois couronnes terminent en déclarant « qu'en cas de guerre, les Russes marcheraient derrière les Autrichiens (2); » mais que « les puissances alliées se confiaient d'ailleurs à la prudence et

____

(1) Circulaire adressée par les cours de Russie, d'Autriche et de Prusse à leurs ministres à Naples.—Annuaire de Lesur pour 1820, p. 692 et suiv.

(2) Explications sur l'audience du roi donnée à la députation permanente par le commandeur Pignatelli, ministre des affaires étrangères par interim

aux talens de S. A. R. (1). » Le duc de Calabre répond que, « fidèle aux sermens qu'il a prêtés, il ne se séparera point de la nation, et ne se rendra point l'instrument du renversement de la Constitution nationale (2). » La cour de Vienne lance son manifeste (3) pour annoncer l'ouverture de la guerre; le Parlement des Deux-Siciles fait sa réplique (4). Puis le prince régent invite tous les Napolitains à se souvenir « qu'ils ont dans leurs veines le sang de ces mêmes guerriers qui, guidés par son aïeul Charles III, repoussèrent les Autrichiens dans les campagnes de Velletri (5). » Les généraux Carascosa et Guillaume Pepe se divisent entre eux l'armée, ainsi que le soin de fermer l'entrée du royaume aux Impériaux, l'un en occupant San-Germano, sur la route de Rome à Naples, et en s'appuyant à gauche sur Gaëte, et à droite sur les Apennins; l'autre en gardant la chaîne des Abruzzes, déjà défendue par la nature. Le premier mène sous ses ordres une trentaine de mille hommes, composant la partie de

______

(1) *Id.*

(2) *Id.*

(3) Manifeste de la cour de Viennes. —Annuaire de Lesur pour 1820.

(4) Manifeste du gouvernement des Deux-Siciles. — Précis hist. déjà cité, p. 311.

(5) Ordre du jour adressé à l'armée par le prince régent.

l'armée nourrie dans la discipline, et la plus capable de tenir en campagne ouverte. L'autre ne commande qu'à un petit nombre de volontaires mal armés et inaccoutumés au service. On ne lui laisse que quelques pièces d'artillerie légère; mais il a autour de lui des défilés, des torrens et des montagnes. L'armée autrichienne, forte de cinquante-deux mille hommes, se meut sous les ordres du général Frimont. Au-devant de ses pas est semée une lettre du roi des Deux-Siciles, invitant « ses fidèles sujets à considérer et à accueillir l'armée de ses augustes alliés comme une force agissant pour le véritable intérêt du royaume (1). » Le général Frimont promet amitié et protection à tout Napolitain qui « prêtera l'oreille à la voix paternelle de son monarque (2). »

Nous avons dit que le plus beau et le plus solide de l'armée des Deux-Siciles occupait la route de Rome à Naples, par laquelle les Impériaux étaient présumés devoir s'avancer; mais le général Frimont prit la route des Abbruzzes, où se trouvaient le plus d'obstacles du côté de la na-

______

(1) Lettre du roi Ferdinand, en date de Laybach, 23 février, publiée au quartier général des Autrichiens établi à Forligno. — Précis hist. déjà cité p. 105.

(2) Proclamation du général Jean Frimont. — Du 27 février; *id.*, p. 118.

ture, et le moins de la part des Napolitains. Au chef de la révolution, échut la gloire de la défendre. Le général Pepe avait tout ce que l'occasion lui demandait pour être égal à sa fortune, si ce n'est une armée. Réduit à une poignée d'hommes dénués de munitions, de vivres et de vêtemens, il lui fallut les armer, les nourrir et les couvrir de son propre courage, comme s'il eût eu les privations des siens à combattre, non moins que les forces de l'ennemi. Perdant l'espérance de lui résister, il veut au moins se ménager l'honneur de l'avoir attaqué. Peut-être ainsi soulèvera-t-il les sujets du gouvernement pontifical, dont la révolte mettrait les Autrichiens entre deux feux. Il marche donc en toute hâte sur Rieti (20 février 1821), ville des États romains, que baigne le Velino; mais un détachement de cavalerie autrichienne accourt, bride abattue, de Viterbe, et lui ravit cette position, à l'heure qu'il vient de l'occuper. Néanmoins, après s'être ménagé un point d'appui dans Aquila, place d'armes bâtie sur une colline, il retourne à la charge avec dix mille de ses meilleurs soldats (7 mars 1821). C'était vers le fort du jour. L'action s'engage : elle sera décisive pour les fraîches libertés de ce royaume. Si les Napolitains reculent, il est à douter que le reste de la nation se lève en faveur d'une révolution qui a devancé ses

mœurs. L'avant-garde de l'armée autrichienne
s'est mise en ligne : le major-général Geppert,
qui la commande, s'irrite du feu que lui envoient
les volontaires napolitains. L'engagement dure
jusqu'au déclin du jour; mais le général Wal-
moden fait venir alors de Casa-Vicenti la réserve
du corps des Impériaux : ils débouchent contre la
droite des Napolitains, qui s'étonne et se laisse
enfoncer. Le général Pepe se porte en vain de
tous côtés pour retenir ses bataillons par l'exemple de sa personne et par la honte de fuir devant
lui : le feu redoublé des Autrichiens fait taire en
eux la patrie et l'honneur. Ils se sauvent en désordre dans les montagnes; et, bien que leur vie
soit sauve, ce qui faisait d'eux une armée s'est
évanoui (1). Désormais la marche des Autrichiens sur Naples s'exécute sans résistance : ils
avancent sans bruit, occupant tour à tour Bor-
ghetto, Antrodoco et Aquila. Le général Pepe
rentre seul dans la capitale, sans autre accom-
pagnement que la nouvelle de sa défaite. Son
arrivée fait éclater la terreur du peuple et la rage
des Carbonari. Mais deux escadres française et
anglaise croisaient en vue de Naples pour protéger les sujets de ces deux puissances; et le
maintien de la tranquillité publique fut peut-

____

(1) Précis hist. déja cité, p. 111 et suiv.

être dû, en l'absence du gouvernement, au respect de ces voiles étrangères. A mesure que les
Autrichiens approchent, les soldats napolitains
jettent leurs armes; la garde royale demeure
seule sous ses drapeaux dont elle a arraché les
trois couleurs. Le Parlement aux abois vote une
adresse au vieux roi (11 mars 1821), prêt à rentrer dans ses États, à la suite de l'armée impériale, pour le supplier « de paraître au milieu
de son peuple, et de dévoiler ses intentions pa-
ternelles sans l'intervention de l'étranger, afin
que nos lois, lui disent-ils, ne soient pas teintes
du sang de nos ennemis ou de celui de nos
frères (1). » Le roi s'en réfère à sa proclamation,
et se plaint « qu'on soit demeuré sourd à la voix
magnanime de l'auguste Congrès (2). » Bientôt
les hostilités sont suspendues; Capoue et Naples
capitulent successivement (24 mars 1821); les
Autrichiens font leur entrée dans la capitale. Un
gouvernement provisoire, nommé par le roi encore absent, commence par annuler tous les
décrets du Parlement, et promet une récompense de mille ducats à qui lui livrera les officiers de Conciliis et Morelli, ces héritiers des

____

(1) *Adresse du Parlement napolitain au roi.* — Annuaire de
Lesur, pour 1821, p. 634.

(2) *Lettre du roi des Deux-Siciles à son fils*; id. . p 635.

rôles de Quiroga et de Riego. Ainsi se termine, en dix mois, la révolution napolitaine, où peut-être le besoin d'imiter a eu plus de part que celui d'être libre ; que l'épée avait faite, et que l'épée a détruite.

Il se rencontre jusqu'au Brésil des Quiroga et des Riego. Des militaires ont poussé dans Para, dans Madère, et dans Baya même, la seconde ville du royaume, les cris de *vive la constitution ! vive le roi et la religion !* (10 février 1821). Des Juntes, composées d'officiers, ont remplaplacé les autorités légales ; les troupes qui se trouvent dans la capitale se chargent du reste, entourent le palais du roi et en gardent les issues avec des pièces de canon Le prince héréditaire, Don Pedro, apporte de bonne grâce, à la salle du théâtre où se tient le conseil populaire, un décret par lequel Sa Majesté accepte d'avance la constitution du Brésil, telle qu'elle sera faite par les Cortès du Portugal (1). Des nègres vont chercher le roi à sa maison de campagne et le ramènent en triomphe, le traînant en guise de coursiers. Etrange spectacle ! tremblant dans sa voiture, le souverain reçoit pour

____

(1) Correspondance de Don Pedro avec le feu roi de Portugal, son père, durant les troubles du Brésil, traduite par Eugène de Monglave ; Paris, 1827, p. 34 et suiv., p. 242.

son serment à une charte qui n'est pas encore, les sinistres bénédictions des noirs qui y sont attelés! Après avoir changé son ministère, le roi annonce son prochain départ pour l'autre moitié de son empire où une nouvelle constitution réclame depuis long-temps sa présence et sa sanction suprême. Il confie en effet la régence du Brésil au prince royal (26 avril 1821), et s'em barque pour Lisbonne avec sa famille et tous les représentans des cours étrangères (1).

La Confédération germanique adopte enfin une loi qui règle son établissement militaire (12 avril 1821) (2). Chaque état de l'Union doit toujours tenir prêt à marcher et à entrer en campagne le centième de sa population (3) : et, de plus, dès l'ouverture de la guerre, en entretenir au complet la six centième partie, pour former un corps de réserve (4); les fonctions du général en chef de l'Union, élu par la Diète, commencent au rassemblement de l'armée et finissent à sa dissolution (5). Toutes les opérations de la guerre

____

(1) *Id.* p. 44.

(2) Texte de la loi organique de la confédération germanique pour sa constitution militaire, et du protocole de la 17e séance de la Diète. — Annuaire de Lesur, pour 1821, p. 615 et suiv.

(3) 28e des articles fondamentaux, adoptés dans la 17e séance.

(4) 4e *Id.*

(5) 13e articles de la loi organique, adoptée dans la 15e séance.

sont laissées à la discrétion de son jugement (1).

La clause qui importe davantage aux petits états, est celle qui leur permet de former entre eux des corps d'armée, et préserve leurs contingens d'un mélange avec les armées autrichiennes ou prussiennes, où ils se seraient perdus comme les fleuves s'abîment dans l'Océan.

Au moment où la flamme s'éteignait à Naples, le même souffle qui l'avait allumée passait sur Turin. La partie éclairée de la nation piémontaise souffrait assez impatiemment le régime rétabli, après la chute de Napoléon, par Victor-Emmanuel. C'était un rajeunissement d'institutions faites pour un autre âge, et désaccordées par la marche du temps qui ravit à chaque époque, à mesure qu'elle s'écoule, son harmonie et sa vertu. La générosité souveraine tempérait sans doute la monarchie absolue. Aussi entrait-il dans les esprits importunés de la forme du gouvernement, quelque respect pour la personne du roi. Si donc les hommes que pouvaient toucher, dans ce pays, les idées de liberté nationale et d'indépendance italienne, y soupiraient depuis 1814 contre le règne du bon plaisir, dans son sein, et contre l'administration de l'Autriche à ses portes; leur petit nombre, le voisinage des troupes impé-

____

(1) 15ᵉ *Id.*

périales, les vertus du roi et la lenteur du caractère piémontais, disputaient pour le maintien des choses; et l'étincelle dormait bien avant sous la cendre. Les âmes les plus promptes, dans cette contrée, ne purent s'émouvoir qu'à un double exemple de révolution, et à la chaleur d'une liberté qui fumait tout proche du Piémont. Vers le commencement de l'année, des pamphlets commencèrent à manifester ce mouvement de l'opinion : le vœu d'obtenir une Constitution y était exprimé; les libéraux portaient dans leurs yeux l'ardeur d'agir; ils voyaient les Autrichiens se mettre en marche pour étouffer l'indépendance des Deux-Siciles; mais, se flattant que la vigueur de la résistance du peuple napolitain accorderait le temps à une armée piémontaise d'entrer dans le Milanais, ils se voyaient déjà possesseurs de la ligne de l'Adige, maîtres de Mantoue, et grossis par les peuples de la Romagne, de Parme, de Modène, de Vérone et du Milanais, avant qu'une nouvelle armée de l'Empereur fût arrivée pour contenir à la fois les Deux-Siciles, le Piémont et la Lombardie (1). Quelques troubles dans l'université de Turin préludèrent à l'éclat de la révolution. Le gouvernement averti des approches

---

(1) De la révolution piémontaise.—Brochure attribuée au comte Santa-Rosa.—Paris, 1821, p. 53.

d'un orage, ordonna l'arrestation d'un personnage éminent, renommé par ses opinions libérales. Le prince de la Cisterna, venant de Paris, franchit la frontière de France, et tomba incontinent aux mains de la police piémontaise. Le marquis de Prié et le chevalier de Perron, objets des mêmes soupçons, furent conduits et enfermés avec lui dans le fort de Fenestrelles. L'arrestation du prince de la Cisterna enleva à la révolution un chef considérable dont elle avait besoin, et le seul qu'elle pût avoir (1). Cependant le mouvement se concertait : le marquis Charles de Saint-Marsan, fils du ministre des affaires étrangères, le comte de Santa-Rosa, le chevalier de Collegno et le comte de Lisio, capitaine des chevau-légers du roi, travaillaient d'intelligence à le faire éclater dans la capitale. Séduits un moment à l'espérance de faire entrer dans leurs vues le plus proche héritier du trône après le frère du roi, c'est-à-dire Charles-Albert de Savoie, prince de Carignan, ils ne tardèrent pas à douter de ses résolutions : ce qui les fit chanceler dans leurs desseins (2). Pendant qu'ils consultent et pèsent d'un côté la liberté incer-

____

(1) Même brochure, p. 64. — Précis hist. sur les révol. de Naples et de Piémont, déjà cité p. 140.

(2) *Id.*

taine, de l'autre l'aggravation de maux, qui suivrait une conspiration manquée ; leurs complices devancent leurs ordres à Fossano et à Alexandrie, où le drapeau vert, rouge et bleu, est arboré sur les citadelles conquises par leurs propres garnisons (10 mars 1821) (1). A cette nouvelle les quatre conjurés cèdent à la fortune, et s'empressent vers Alexandrie, d'où le coup le plus fort est parti. Chacun d'eux cherche à soulever le corps auquel il appartient. Le jeune Lisio est le plus heureux. Il s'écrie : « Camarades, à cheval ! courons où le salut de l'Italie nous appelle ! » Les trompettes sonnent le boute-selle, et le régiment se lance au galop vers la révolution (2). Déjà une déclaration invite l'armée « à délivrer le roi du joug que l'Autriche fait peser sur lui, et à le défendre contre toute espèce d'ennemis, s'il est vrai que Victor-Emmanuel puisse en avoir d'autres que ceux de l'Italie (3). » Santa-Rosa prend le commandement d'Alexandrie ; Collegno en occupe la citadelle ; et Saint-Marsan marche sur Catel. Le roi revient en diligence dans sa capitale, où un capitaine Ferrero proclamait im-

---

(1) Hist. de la révol. du Piémont, par Alp. de Beauchamp. — La révol. du Piémont, autre ouvrage par le même, p. 51.

(2) *Id.*, p. 81.

(3) *Id.*, p. 85.

punément la Constitution espagnole, à la tête de quatre-vingts soldats : trait d'audace qui avait attiré le peuple sans l'entraîner, et après lequel Ferrero, désespérant d'échauffer le sang du grave Piémontais, sort paisiblement de la ville, non moins étonné de ce qu'il a fait que le gouvernement qui l'a laissé faire (1). Les choses demeuraient en suspens. Le roi avait proclamé sa résolution de ne rien autoriser qui pût amener l'invasion de son royaume par les armées étrangères (2) ; les partis se mesuraient des yeux, lorsque le silence morne où Turin se trouvait enseveli, est tout à coup rompu par trois coups de canon partis de la citadelle. C'était le signal de la révolution triomphante qui entrait dans ses murs teints du sang du major d'artillerie Desgeneis, percé d'un coup de baïonnette (3). Le roi, moins fort que la sédition, mais résolu à ne céder qu'à lui-même, puisqu'il faut céder, descend volontairement de son trône (13 mars 1821), s'épargnant par-là de jurer une Constitution nouvelle. Rare et précieuse leçon d'un grand respect pour la majesté du serment, dès que ce probe monarque fuit la couronne pour se déro-

---

(1) *Id.*, p. 85. — La révol. du Piémont, par Beauchamp, p. 52 et suiv.

(2) La révol. du Piémont, par Beauchamp, p. 57 et suiv.

(3) Annuaire de Lesur, pour 1821, p. 340.

ber à la nécessité d'un parjure! En même temps qu'il abdique, il choisit et nomme régent de ses États le prince Charles-Albert de Carignan, en l'absence du duc de Génevois, son frère, qui se trouve maintenant à Modène (1). Le jeune régent, à peine revêtu de la puissance, ordonne la promulgation de la Constitution espagnole (2); mais comme il n'a que le dépôt de la couronne, cet acte ne lie personne, entre le roi qui résigne, lui qui administre, et l'héritier qui peut désapprouver. Celui-ci, en effet, gourmande la révolution par une déclaration datée de la ville étrangère où il n'a rien à redouter d'elle, et il mande que « bien loin de consentir à quelque changement que ce soit dans la forme du gouvernement préexistant, il voit une rebellion dans toute innovation contraire à la plénitude de l'autorité royale (3). » A peine cette déclaration est-elle arrivée à Turin que le régent s'en échappe à la faveur de la nuit, et laisse la révolution maîtresse d'elle-même (21 mars 1821). Santa-Rosa, devenu ministre de la guerre, cherche en vain à entretenir l'énergie des espérances

----

(1) *Id.* Texte de l'acte d'abdication, p. 639.

(2) *Id.* Résolution du prince régent, pour la publication de la constitution, p. 641.

(3) Déclaration de S. A. R. Charles-Félix, duc de Génevois, datée de Modène.—Annuaire de Lesur, pour 1821, p. 640.

nationales. Le bruit d'une défaite des Napolitains refroidit les plus fiers courages, qu'achèvent de déconcerter les approches de deux armées : l'une royaliste, confiée au commandement du comte Sallier de la Tour; l'autre impériale, qui a franchi le Tésin, sous les ordres du général Bubna (8 avril 1821). Toute la guerre finit par se réduire à un engagement près de Novare, sur le pont de l'Agogna, où l'effort de la résistance des insurgés tombe par terre avec quelques-uns des leurs: et la révolution n'est déjà plus (1).

Les puissances assemblées à Laybach en rient au fond du cœur, et déclarent, avec une ironie couverte sous les formalités saintes et majestueuses d'une diplomatie chrétienne (12 mai 1821), que « ce n'est pas même à ces hommes qui se sont si mal montrés le jour du combat, qu'on doit attribuer la facilité d'un tel succès, mais à la terreur dont la Providence a frappé des consciences coupables (2). » Elles annoncent au monde l'occupation temporaire des royaumes des Deux-Siciles et de Piémont, protestent à la face de l'univers « de leur justice et de leur désintéressement, » et promettent à tous les amis

---

(1) De la révol. piémontaise, broch. déjà citée, p. 161.

(2) Déclaration publiée au nom des cours d'Autriche, de Prusse et de Russie, lors de la clôture du Congrès à Larbach. —Annuaire de Lesur, pour 1821, p. 642.

du bien, dans la durée de leur union, « une garantie assurée contre les tentatives des perturba-
teurs (1). » Elles proclament, à l'appui de cette
déclaration solennelle, dans une dépêche adressée à leurs ministres près toutes les cours de l'Europe, que « la conservation de ce qui est légalement établi est le principe et la fin de leur politique, tandis que le renversement de ce qui
existe est l'essence de la doctrine d'une secte qui
veut abaisser sous le niveau d'une égalité chi-
mérique, les ruines des monarchies pures,
des monarchies limitées, des constitutions fédé-
ratives, et même des républiques; » enfin les
souverains alliés élèvent leur triple voix de
dessus leurs trônes, pour qu'elle aille faire sonner
partout dans le monde cette maxime formidable,
« que les changemens utiles ou nécessaires dans
la législation et dans l'administration des États,
ne doivent émaner que de la volonté libre de
ceux que Dieu a rendus responsables du pouvoir (2). » C'en est fait! ils ne s'en taisent plus :
l'Europe relève de leur juridiction; les trois souverains se constituent les juges de la terre et les
gardiens de la vérité, celle qu'ils font asseoir à

_____

(1) *Id.* Trois derniers paragraphes.
(2) Circulaire adressée avec la déclaration de Laybach aux ministres des trois cours. — *Id.*, p. 643.

leurs côtés; de la justice, celle dont ils interprètent l'oracle; de la liberté, celle qu'ils rendent à tout roi de résister aux vœux de ses peuples.

Dans cet état de choses, l'Autriche devenait souveraine maîtresse en Italie. La Russie lui servait d'instrument. M. de Metternich, qui avait exercé la dictature du Congrès, semblait gouverner les deux empires. Le comte Capo-d'Istrias, défenseur d'un système contraire à celui du chancelier autrichien, était vaincu et réduit au silence. La France avait perdu l'affection de la Russie; isolée de la Sainte-Alliance, et compromise aux yeux des nations, elle faisait une mine dont l'embarras amusait l'Angleterre. Celle-ci avait cet avantage, que si elle s'était maintenue en dehors de l'Union générale, c'était par sa volonté, et qu'en secret elle demeurait informée de tout par l'Autriche, sa bonne et fidèle alliée; tandis que la France, écartée à son corps défendant des délibérations sur l'occupation des royaumes de Naples et de Piémont, se voyait tout-à-fait boudée par le cabinet de Saint-Pétersbourg piqué de ce qu'elle s'était permis au Congrès, un semblant d'opposition. L'Empereur Alexandre, endoctriné par M. de Metternich, regardait notre pays comme le foyer d'où s'était répandue sur toute l'Europe la flamme révolutionnaire; et la nature de nos institutions commençait à être importune devant ses yeux.

Le ministère français propose aux Chambres (21 janvier 1821) d'affecter à douze nouveaux siéges épiscopaux, une dotation prélevée sur les pensions ecclésiastiques, qui s'éteignent chaque année avec la vie des prêtres qui les possédaient. M. de Bonald, organe de la commission, soulève l'immense et délicate question de la part que les Chambres doivent prendre à l'établissement d'un siége épiscopal; il montre le roi, pouvoir exécutif suprême de l'État, proposant le territoire et présentant l'évêque; le Saint-Père agréant le territoire, l'érigeant en diocèse, instituant l'évêque; et les Chambres pouvoir pécuniaire, dotant l'évêque et l'évêché (1). C'est à cette dotation qu'il borne le concours des Chambres : il ne veut pas qu'elles participent à la création du siége, ni à la démarcation du diocèse. M. Corbière qui est entré dans le conseil avec M. de Villèle, pour y représenter le côté droit, relève toutefois ce que la théorie de M. de Bonald a de trop difficile dans la pratique. Si les Chambres demeuraient étrangères à la fixation du nombre des siéges, elles devraient en délibé-

---

(1) Discours de M. Bonald, dans la séance du 10 mai 1821.

rer chaque année les dotations, de sorte que la religion se trouverait mandée annuellement à la barre de l'assemblée : ne vaut-il pas mieux qu'elles règlent les deux choses à la fois, de bon accord avec le souverain, et fassent passer dans la même loi la quantité des siéges et leurs dotations? Quant à la démarcation du diocèse, cela se passerait entre le monarque et le Saint-Père. Cette réponse met fin au débat, et la loi se vote avec cet amendement où respire l'esprit catholique de la Chambre, que les fonds résultant de l'extinction des pensions ecclésiastiques seront employés, non seulement « à la dotation de douze siéges épiscopaux ou métropolitains, mais encore successivement à la dotation de dix-huit autres siéges dans les villes où le roi le jugera nécessaire (1). » D'ailleurs, l'établissement et la circonscription de tous les diocèses seront concertés entre le roi et le Saint-Siége (2). Comme il existait déjà cinquante siéges, la loi nouvelle obligeait donc le gouvernement à élever, par degrés, ce nombre jusqu'à quatre-vingts. Le concordat conclu, en 1817, par Louis XVIII avec le Souverain-Pontife, mais

---

(1) Texte de la loi. — Annuaire de Lesur pour 1821, p. 588. — Art. 2.

(2) Art. 2.

I.   24

non réduit en loi de l'État, proposait de porter le nombre des évêchés ou archevêchés à quatre-vingt-douze. Le ministère n'eût souhaité d'en voir que soixante; mais la Chambre visait à se rapprocher des conventions faites avec le gouvernement pontifical. Le difficile était de faire entrer dans cet arrangement la cour de Rome qui s'en tenait toujours au Concordat de 1817 (1), et qui se plaignait avec aigreur de ce que le roi ne l'exécutait pas après l'avoir signé, ou l'eût conclu sans être sûr de pouvoir le tenir. Cependant, le Saint-Père, considérant le veuvage de nos églises, se laissa fléchir, et, sans renoncer au traité de 1817, il consentit à l'érection, en partie nominale, des trente nouveaux siéges indiqués dans le projet de loi.

Napoléon exhale, a Sainte-Hélène, le dernier soupir de cette âme qui fut à l'étroit dans le monde (5 mai 1821). Sa dernière demeure sera établie dans un petit vallon de cette île, près d'une source ombragée de deux saules. Le manteau bleu qu'il portait à la journée de Marengo sert de linceul au conquérant détruit. Enveloppé dans le souvenir d'une bataille, il est déposé au gouffre du silence éternel par des soldats Anglais. Des matériaux qui sont arrivés la veille, et qui

____

(1) Voyez la page 226.

étaient destinés à lui bâtir une autre prison, ser-
viront à lui élever un mausolée; et lorsque la
France apprendra sa mort, sa dépouille même
aura presque achevé de rentrer dans le néant.

La Grèce continuait le sourd et majestueux
travail de sa prochaine régénération. Tout le
monde était persuadé, dans cette contrée, des
approches d'un grand changement. Cette opinion seule du public aurait pu amener une révolution. Des fidèles avaient vu pleurer la statue
de la Vierge dans les églises. Les caloyers d'un
couvent avaient entendu, au lever du soleil, une
voix qui leur disait d'espérer (1). Ainsi la Grèce
cherchait à s'inspirer le prodigieux courage dont
elle avait besoin; et sa délivrance lui paraissait
une chose si loin de tout ce qui est humain et
naturel, qu'elle n'aurait pu l'espérer sans croire
le ciel tout entier intéressé dans sa querelle. La
société des Hétéristes avait pris de grands accroissemens : elle avait des commissions nommées
éphories dans toutes les villes principales de la
Turquie et de la Grèce. Voyant la Porte devenir
soupçonneuse, et surveiller les mouvemens de la
Hellade avec des yeux inquiets, la société jugea
que le moment était venu de porter les premiers

(1) Hist. de la régénération de la Grèce, déja citée, t. ii, p. 222
et suiv.

coups à la domination turque. Il fut convenu que
l'étincelle partirait de la Valachie et de la Moldavie, principautés voisines de la Russie qui regar-
derait sans doute avec complaisance l'insurrection de ces provinces, objet de ses démêlés avec
la Porte. Un prince Alexandre Ypsilanti, rejeton
d'une illustre famille d'entre les Grecs, et fils d'un
ancien Hospodar réfugié à la cour du Czar, où lui-
même il avait été nourri et promu au grade de major-général, cède aux vœux des Hétéristes qui l'ont
pressé de se mettre à la tête de l'entreprise (1). Il
affiche sur les murs de la capitale de la Moldavie
(7 mars 1821), « qu'aujourd'hui la Grèce a rallumé
le flambeau de sa liberté (2). » Cette proclamation
attire sous ses drapeaux une foule de jeunes volontaires, les uns Grecs, les autres Russes, Polonais,
Allemands, dont il forme un bataillon choisi (3) :
il lui donne le drapeau blanc traversé de la croix
rouge. Un gouvernement provisoire que Michel
Suzzo, hospodar de Moldavie, malade et gardé
à vue par les insurgés (4), a consenti à désigner

---

(1) Voyez les pages 31 et suiv. de l'Hist. de la révol. grecque,
par Alex. Soutzo, déjà citée.

(2) Texte de la proclamation d'Alexandre Ypsilanti aux habitans de la Moldavie. — Annuaire de Lesur pour 1821, p. 381.

(3) *Mémoires sur la Grèce*, par Maxime Raybaud, ancien officier
supérieur au corps des Philhellènes et aide de camp du président du
pouvoir exécutif du gouvernement Grec, t. 1, p. 191 et 192.

(4) Lettre adressée au rédacteur de l'Annuaire historique, par

lui-même, au préjudice de son autorité, est installé à Jassy. Le prince Ypsilanti impose d'autant mieux à tous, qu'on l'envisage appuyé sous main par le gouvernement russe. Mais la cour de Saint-Pétersbourg, loin d'avoir soufflé l'insurrection, ne l'avait pas prévue. Si elle désirait le rétablissement d'un empire grec, c'était dans l'avenir, à l'aide des lumières, non par les armes. Elle voyait le germe de cette révolution paisible dans les familles grecques établies à Constantinople, qui prospéraient à l'ombre de ses ailes. Sa politique se bornait à se ménager toujours un motif de rupture avec la Porte. Pour le moment, il suffisait à son ambition de protéger les Hellènes, et à sa générosité de les éclairer. Dans cette position, elle s'attachait l'esclave sans effaroucher le maître ; et elle dominait sur tous deux en contenant l'un par l'espérance, l'autre par l'incertitude (1). Mais le prince Ypsilanti laissa croire qu'il était soutenu par elle : cette croyance répandue avec la vitesse de l'éclair, mit le feu aux quatre coins de la Grèce. Les Maniotes, montagnards connus par l'impatience de leurs mœurs,

___

M. Lejeune, secrétaire du prince Suzzo. — Annuaire pour 1824, p. 850.

(1) Rapport fait à la Chambre des Pairs, par M. le comte Guilleminot, sur le projet de loi relatif à l'emprunt grec, dans la séance du 6 juin 1833.

et leur haine de la race musulmane sortent en armes des creux du Taygète, sur les pas de Mavromichali qui administrait le pays sous le nom de bey, et de Colocotroni, autre chef considérable de leur peuplade. Ils fondent sur les Turcs pris à l'improviste, et s'enivrent jusqu'à la fureur d'une victoire qui leur semble incroyable.

Déjà un sénat est formé, que préside Mavromichali, et qui adresse à l'Europe le premier manifeste de la révolution hellénique (28 mars 1821). « Il ne restait aux Grecs opprimés, disait-il, qu'un souffle de vie pour fournir à leurs gémissemens : ils ont donc pris les armes, et sollicitent aujourd'hui de l'Europe, que leurs ancêtres ont éclairée, des armes, de l'or et des conseils (1). » Le reste viendra du ciel et de leur courage.

Les Patréens, de leur côté, se rallient autour de Germanos, leur archevêque, qui les appelle à délivrer plus que leur patrie, c'est à savoir la majesté du Dieu qu'ils servent (30 mars 1821). Les îles d'Hydra, de Spezzia et d'Ipsara, petites en territoire, mais puissantes par le nombre de leurs vaisseaux, l'activité de leur commerce et l'opulence de leurs habitans, ne tardent pas à se commettre dans la cause de la liberté. Elles montrent leur générosité par l'armement d'une flotte entière, qui

---

(1) Texte de ce manifeste; *id.*, t. ii, p. 463.

ne laissera plus le long des côtes un espace où l'oppression ne soit combattue. En même temps, les intrépides Souliotes, toujours dociles à la voix de Marc Botzaris, menacent l'Acarnanie, tandis que l'un des anciens lieutenans d'Ali Tébélen, le téméraire Ulysse, à la tête d'un ramas de ces montagnards connus sous le nom de Kleptes ou d'Armatolis, se charge de mettre en confusion toute la Thessalie.

Ce n'est pas à l'heure où l'Empereur de Russie foudroie les révolutions de l'Italie, qu'il peut approuver avec décence celle de la Hellade. Puis elle est trop faible et trop mal dirigée pour valoir la chance qu'il se compromette. Les prières que lui a envoyées le prince Ypsilanti l'avaient d'abord ému en faveur des chrétiens de la Grèce; mais il est à Laybach : l'Autriche oppose les raisons d'Etat aux sentimens de l'Empereur (1). M. de Metternich lui persuade que les insurgés de la Grèce n'ont fait leur coup sitôt que pour embarrasser les souverains et prêter la main aux révoltés d'Italie ; que le prince Ypsilanti a reçu ses instructions de Paris; que l'espérance des révolutionnaires de l'Orient et de la péninsule est de brouiller les rois entre eux, et de mettre l'Europe entière en défiance contre la Russie ; et le

____

(1) Hist. de la révol. grecque, par Alex. Soutzo, p. 60.

ministre insinuant fait si bien qu'il tourne l'honneur de l'Empereur contre les rebelles de la Valachie , et qu'il lui fait prendre l'engagement solennel de se concerter avec l'Autriche, quoi qu'il
arrive. Alexandre désapprouve donc l'entreprise
du prince Ypsilanti comme celle d'un jeune
exalté ; il l'efface du nombre de ses serviteurs ,
et fait notifier à Sa Hautesse sa résolution de demeurer fidèle à la foi des traités (1). Néanmoins
la Porte qui ne s'en fie pas à ces promesses, ordonne la visite de tous les bâtimens étrangers
passant par les Dardanelles ou le Bosphore : mesure qui attente sur l'honneur et les intérêts du
commerce russe (1).

Une agitation extraordinaire refluait au cœur
de l'empire ottoman. Le propre de l'ignorance
est de laisser arriver le péril , de se l'exagérer
lorsqu'il est venu , et de l'éterniser par l'ardeur
de le supprimer aussitôt. La Porte jure l'extermi-
nation de tous les Grecs , oubliant qu'elle s'ôte-
rait par-là ses esclaves : ce qu'elle veut empêcher
la liberté de faire.

Bysance ne se connait plus. Le Grand-Seigneur
annonce que la religion de Mahomet est en dan-

---

(1) *Mémoires sur la Grèce*, déjà cités , p. 203. — Annuaire de
Lesur pour 1821 , p. 384.

(2) Annuaire ; *id.*

ger (30 mars 1821); il ordonne aux musulmans de renoncer au repos et aux plaisirs, et les rappelle tous à cette vie guerrière, état primitif de leurs aïeux (1). Chourchid, nouveau pacha, qui mène l'expédition dirigée contre Ali-Tébélen, effrayé du feu qui éclate de toutes parts autour de lui, commence par envoyer à Patras une division de son armée, sous les ordres de Jussuf-Sélim, pacha de Négrepont. Les Patréens assiégeaient les Turcs enfermés dans la citadelle de leur ville. A l'arrivée de Jussuf-Sélim, Patras devient une vaste fournaise où la flamme n'est amortie que par le sang des Grecs assiégés (2). Des laves de cendres, d'huile et d'eau-de-vie emmènent dans ses rues les restes de ses habitans; et dans ce jour consacré à la cérémonie des rameaux, le temple consumé et le prêtre martyr se manquent l'un à l'autre. La nouvelle de ces massacres produit à Constantinople l'envie de les surpasser. La soif du pillage aiguillonne le fanatisme auquel s'ajoute le besoin de la vengeance (15-19 avril 1821). Durant quatre jours, une soldatesque, sans frein, se repaît, dans la capitale,

---

(1) Hatti-Schérif, du 3o mars 1821. — Annuaire de Lesur pour 1821, p. 385.

(2) Extrait du journal de M. Hugues Pouqueville, consul de France à Patras, cité dans l'*Hist. de la régénération de la Grèce*, p. 314 et suiv.

de brigandages et d'assassinats. La tête du prince Constantin Morousi tombe par l'ordre et sous les yeux de Sa Hautesse dont il était le premier drogman. Il s'agit d'une guerre entre le Christ et le faux prophète. La rage musulmane cherche où frapper le Dieu des révoltés, et imagine de l'atteindre dans la personne du premier pontife de sa religion, au jour de la plus glorieuse fête de son culte. Le patriarche de l'Eglise d'Orient vient de célébrer la pâque dans la métropole chrétienne de Bysance : les bourreaux sont à la porte : puis, la foule bat des mains à voir son corps vénérable, vêtu de ses habits pontificaux, pendre, en regard du temple, à l'infâme gibet (22 avril 1821) (1). Ce n'est pas tout : des rejetons de ce peuple qui a crucifié le Dieu des chrétiens, reçoivent la dépouille du martyr, la traînent dans la fange, et en précipitent les derniers lambeaux dans la mer. Tout le vénérable synode de Constantinople, placé entre l'apostasie et la mort, résiste aux chevalets, aux ongles de fer, aux tenailles ardentes, et renouvelle les beaux jours de l'Eglise. Il n'en est aucun qui n'ait part bientôt à la couronne de son chef auguste. Le massacre se propage, tant que la mer ne veut plus

---

(1) Panégyrique de *Grégoire, patriarche martyr*, par Théoclète, prononcé à Hydra, p. 36. —

des montagnes de morts qu'on lui donne à ren-
sevelir, et les rejette en proie aux chiens dévo-
rans que la superstition entretient dans Bysance
et qui se repaissent de ces débris d'un peuple
chrétien, depuis les Sept-Tours jusqu'aux rivages de la Propontide.

FIN DU TOME PREMIER.

TABLE

DU PREMIER VOLUME.

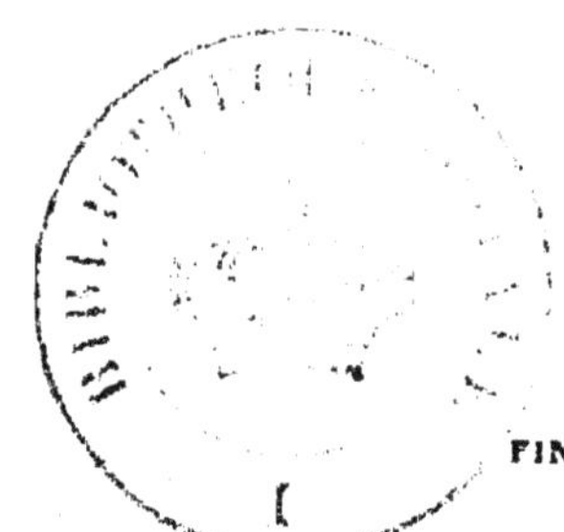

FIN DE LA TABLE.